Die Entgeltgenehmigung im Telekommunikationsrecht

Europäische Hochschulschriften

Publications Universitaires Européennes
European University Studies

Reihe II
Rechtswissenschaft

Série II Series II
Droit
Law

Bd./Vol. 4638

PETER LANG
Frankfurt am Main · Berlin · Bern · Bruxelles · New York · Oxford · Wien

Sandra Preißinger

Die Entgeltgenehmigung im Telekommunikationsrecht

PETER LANG
Internationaler Verlag der Wissenschaften

Bibliografische Information der Deutschen Nationalbibliothek
Die Deutsche Nationalbibliothek verzeichnet diese Publikation in der Deutschen Nationalbibliografie; detaillierte bibliografische Daten sind im Internet über <http://www.d-nb.de> abrufbar.

Zugl.: Mannheim, Univ., Diss., 2007

D 180
ISSN 0531-7312
ISBN 978-3-631-56911-5

Internationaler Verlag der Wissenschaften
Frankfurt am Main 2008

www.peterlang.de

Vorwort

Die vorliegende Arbeit wurde im Sommersemester 2006 von der Fakultät für Rechtswissenschaften der Universität Mannheim als Dissertation angenommen. Sie wurde thematisch von Herrn Prof. Dr. Hans-Wolfgang Arndt angeregt und entstand während meiner Tätigkeit als wissenschaftliche Mitarbeiterin an dessen Lehrstuhl für Öffentliches Recht und Steuerrecht. Für die Drucklegung konnten aktuelle Entwicklungen partiell noch bis Mai 2007 berücksichtigt werden.

Während des Entstehens dieser Arbeit habe ich von vielen Seiten Unterstützung erhalten. Mein ganz besonderer Dank gilt zunächst meinem Doktorvater, Herrn Prof. Dr. Hans-Wolfgang Arndt, der diese Arbeit während meiner Tätigkeit an seinem Lehrstuhl für Öffentliches Recht und Steuerrecht betreut und jederzeit unterstützt hat. Herzlich danken möchte ich auch Herrn Prof. Dr. Kristian Fischer für die Anfertigung des Zweitgutachtens.

Bei meinen Kollegen am Lehrstuhl bedanke ich mich für die fortwährend gute und freundschaftliche Zusammenarbeit. Besonders erwähnen möchte ich an dieser Stelle Herrn Dr. Thomas Fetzer, der stets die Bereitschaft und mitunter auch die erforderliche Geduld aufbrachte in unzähligen konstruktiven Gesprächen wertvolle Anregungen für den Fortgang der Arbeit zu geben.

Ebenfalls danken möchte ich Herrn Dr. Thomas Groß, Herrn Claus Möllinger, Frau Sabine Stollhof, Herrn Dr. Stefan Tichy und Herrn Christoph Wedekind, die ihren Teil dazu beigetragen haben, dass am Lehrstuhl durchgehend eine ausgesprochen freundschaftliche Atmosphäre herrschte.

Eine unschätzbare Hilfe bei der formalen Konzeption der Arbeit war mir schließlich Frau Gertrud Bruck, die mit großer Sorgfalt und viel Geduld wesentlich zum Gelingen dieser Arbeit beigetragen hat.

Mein größter Dank gilt schließlich meinen Eltern, die mich auf meinem gesamten Ausbildungsweg und während der Promotion stets unterstützt und ermutigt haben. Ihnen widme ich diese Arbeit.

Inhaltsübersicht

Teil 1: Einführung 1

A. Problemstellung und Gang der Untersuchung 1

B. Die Entwicklung des Telekommunikationssektors 5

Teil 2: Regulierung im TKG-alt und im Telekommunikationsgesetz 17

A. Gründe für die sektorspezifische Regulierung des Telekommunikationsbereichs 17

B. Vergleich der Regulierung im TKG-alt mit der des Telekommunikationsgesetzes 26

Teil 3: Die Wirkungen der Entgeltgenehmigung 53

A. Die Wirkungen für die Betroffenen 53

B. Die Bindung des Bundeskartellamts an die Entgeltgenehmigung der Bundesnetzagentur 62

C. Ergebnis zu Teil 3 121

Teil 4: Der Rechtsschutz gegen Entgeltgenehmigungen 125

A. Die einzelnen Rechtsschutzmöglichkeiten 128

B. Ergebnis zu Teil 4 162

Teil 5: Zusammenfassung und abschließende Würdigung 165

Inhaltsverzeichnis

Inhaltsübersicht VII
Abkürzungsverzeichnis XVII

Teil 1: Einführung 1

A. Problemstellung und Gang der Untersuchung 1

I. Problemstellung 1

II. Gang der Untersuchung 4

B. Die Entwicklung des Telekommunikationssektors 5

I. Europäische Ebene 6

1. Die Entwicklung bis 1996 6

2. Die Entwicklung seit 1996 8

II. Nationale Ebene 12

1. Von der Postreform I bis zum TKG-alt 12

2. Die Entwicklung seit 1996 15

Teil 2: Regulierung im TKG-alt und im Telekommunikationsgesetz 17

A. Gründe für die sektorspezifische Regulierung des Telekommunikationsbereichs 17

I. Warum gibt es Regulierung? 17

1. Definition Regulierung 17

2. Gründe für die Regulierung 18

a) Sicherstellung von funktionsfähigem Wettbewerb 18

b) Sicherstellung einer flächendeckenden und erschwinglichen Grundversorgung der Bevölkerung mit Telekommunikationsdienstleistungen 20

c) Wahrung der Interessen der Nutzer 21

II. Warum erfolgt die Regulierung sektorspezifisch? 22

B. Vergleich der Regulierung im TKG-alt mit der des Telekommunikationsgesetzes 26

I. Ausgestaltung der Regulierung im TKG-alt 26

1. Die Regulierungsinstrumente 26

a) Marktzutrittsregulierung 26

b) Verhaltensregulierung 26

c) Entgeltregulierung als Form der Verhaltensregulierung 28

2. Die Entgeltgenehmigung 28

a) Die Genehmigungspflichtigkeit 28

aa) Die Genehmigungspflicht von Entgelten nach § 25 Abs. 1 TKG-alt und ihre Voraussetzungen 29

(1) Entgelt und entgeltrelevante Bestandteile von Allgemeinen Geschäftsbedingungen 29

(2) Angebot von Übertragungswegen und Sprachtelefondienst 30

(3) Marktbeherrschung 30

bb) Die Genehmigungspflicht von Entgelten für Zugangsleistungen 30

(1) Die Genehmigungspflicht nach den §§ 39, 35 TKG-alt 31

(2) Die Genehmigungspflicht nach den §§ 39, 37 TKG-alt 32

b) Die Genehmigungsfähigkeit 32

3. Das Entgeltgenehmigungsverfahren 35

a) Antragsstellung 35

b) Einzelgenehmigungs- oder Price-Cap-Verfahren 36

aa) Das Einzelgenehmigungsverfahren 36

bb) Das Price-Cap-Verfahren 36

c) Genehmigungserteilung durch die Regulierungsbehörde 37

II. Ausgestaltung der Regulierung im Telekommunikationsgesetz 37

1. Die Regulierungsinstrumente 37

a) Das dreistufige Regulierungsverfahren 37

aa) Marktdefinition 38

bb) Marktanalyse 40

cc) Marktregulierung 41

b) Zugangsregulierung 41

c) Entgeltregulierung 42

2. Die Entgeltgenehmigung 43

a) Die Genehmigungspflichtigkeit 44
aa) Die Genehmigungspflicht von Entgelten für Zugangsleistungen 44
(1) Die Genehmigungspflicht nach § 30 TKG 44
(2) Die Genehmigungspflicht nach § 25 Abs. 5 Satz 3 TKG 45
bb) Die Genehmigungspflicht von Entgelten für Endnutzerleistungen, § 39 TKG 46
b) Die Genehmigungsfähigkeit 46
aa) Die Kosten der effizienten Leistungsbereitstellung als Preisobergrenze, § 31 TKG 47
bb) Kein missbräuchliches Verhalten eines Unternehmens mit beträchtlicher Marktmacht bei der Forderung und Vereinbarung von Entgelten gemäß § 28 TKG 48
cc) Keine Versagungsgründe gemäß § 35 Abs. 3 TKG 48
3. Das Entgeltgenehmigungsverfahren 49
a) Antragsstellung 49
b) Einzelgenehmigungs- oder Price-Cap-Verfahren 49
c) Genehmigungserteilung durch die Bundesnetzagentur 50
III. Analyse 50

Teil 3: Die Wirkungen der Entgeltgenehmigung 53
A. Die Wirkungen für die Betroffenen 53
I. Die Rechtsnatur der Entgeltgenehmigung 53
II. Die Wirkungen nach § 37 TKG 56
1. Die Regelung des § 37 TKG 56
2. Die privatrechtsgestaltende Wirkung 57
a) Definition des privatrechtsgestaltenden Verwaltungsaktes 57
aa) Rechtliche Relevanz für das Zivilrecht 58
bb) Unbedingte und unmittelbare Wirkung 59
b) Die privatrechtsgestaltende Wirkung der Entgeltgenehmigung 60
III. Zwischenergebnis 61
B. Die Bindung des Bundeskartellamts an die Entgeltgenehmigung der Bundesnetzagentur 62

I. Problemstellung 62

II. Formell: Die Zuständigkeit des Bundeskartellamts und die Anwendbarkeit des GWB neben dem Telekommunikationsgesetz, § 2 Abs. 3 TKG 63

1. Auslegung nach dem Wortlaut 64

2. Historische Auslegung 66

a) § 2 Abs. 3 TKG-alt als Vorgängerregelung 67

b) Die Gesetzesmaterialien 72

3. Systematische Auslegung 74

a) § 2 Abs. 3 Satz 2 TKG 75

b) § 123 Abs. 1 TKG 75

aa) Die Regelung des § 123 Abs. 1 TKG 75

bb) Bedeutung für das Verhältnis von Telekommunikationsgesetz und GWB 77

c) § 111 EnWG 78

aa) Die Regelung des § 111 EnWG 79

bb) Bedeutung für das Verhältnis von Telekommunikationsgesetz und GWB 80

4. Teleologische Auslegung 80

5. Richtlinienkonforme Auslegung 83

6. Zwischenergebnis 84

III. Materiell-rechtliche Fragestellungen 85

1. Kollisionen zwischen den Regelungen des GWB und denen des Telekommunikationsgesetzes 85

a) Anwendbarkeit des § 19 GWB auf genehmigungspflichtige Entgelte 85

aa) Die Regelung des § 19 Abs. 1, Abs. 4 Nr. 1-3 GWB 85

bb) Die Regelung des § 19 Abs. 4 Nr. 4 GWB 89

b) Kollisionen 91

2. Die Bindung des Bundeskartellamtes 93

a) Problemstellung 93

b) Terminologie 94

aa) Bestandskraft 94

bb) Tatbestandswirkung 95

cc) Legalisierungswirkung 96

dd) Feststellungswirkung 96

c) Die Tatbestandswirkung der Entgeltgenehmigung für das Bundeskartellamt anhand von Fallgruppen 97

aa) Fallkonstellation 1: Das Entgelt ist genehmigungspflichtig und wird von der Bundesnetzagentur genehmigt 97

(1) Tatbestandsmäßigkeit eines genehmigten Verhaltens im Sinne des § 19 GWB 98

(2) Tatbestandswirkung der Entgeltgenehmigung 100

(a) Überblick über den Meinungsstand 100

(b) Stellungnahme 101

(c) Der Umfang der Tatbestandswirkung 108

(d) Zusammenfassung 111

bb) Fallkonstellation 2: Das Entgelt ist genehmigungspflichtig und wird von der Bundesnetzagentur nicht genehmigt 113

cc) Fallkonstellation 3: Das Entgelt ist genehmigungspflichtig, die Bundesnetzagentur hat aber noch kein Entgeltgenehmigungsverfahren eingeleitet 115

dd) Fallkonstellation 4: Das Entgelt ist nicht genehmigungspflichtig 117

(1) Variante 1: Der Markt ist regulierungsbedürftig, es besteht aber keine Genehmigungspflicht für das konkrete Entgelt 117

(2) Variante 2: Der Markt ist nicht regulierungsbedürftig und folglich besteht keine Genehmigungspflicht für das konkrete Entgelt 119

C. Ergebnis zu Teil 3 121

Teil 4: Der Rechtsschutz gegen Entgeltgenehmigungen 125

A. Die einzelnen Rechtsschutzmöglichkeiten 128

I. Konstellation 1: der Adressat der Entgeltgenehmigung möchte gegen die Genehmigung vorgehen 128

II. Konstellation 2: ein Wettbewerber möchte gegen die Entgeltgenehmigung bzw. deren Wirkungen vorgehen 130

1. Vorgehen auf dem Verwaltungsrechtsweg 130
a) Zulässigkeit einer verwaltungsgerichtlichen Klage 131
aa) Statthaftigkeit des Verwaltungsrechtsweges 131
bb) Klagebefugnis 131
(1) Die sogenannte Möglichkeitstheorie 131
(2) Die Klagebefugnis Dritter 132
(3) Die Klagebefugnis der Wettbewerber nach dem Telekommunikationsgesetz 133
(a) Allgemein 133
(b) Die drittschützende Wirkung einzelner Entgeltregulierungsvorschriften 134
(aa) § 35 Abs. 3 i.V.m. § 28 TKG 134
(α) Auslegung nach dem Wortlaut und dem Sinn und Zweck 151
(β) Historische Auslegung 154
(χ) Richtlinienkonforme Auslegung 159
(δ) Zwischenergebnis 161
(bb) § 35 Abs. 3 i.V.m. § 31 TKG 143
(cc) § 37 TKG 143
(dd) § 38 Abs. 2 i.V.m. § 28 TKG 144
cc) Ergebnis 144
b) Begründetheit einer verwaltungsgerichtlichen Klage 144
2. Vorgehen auf dem Zivilrechtsweg 145
a) Zulässigkeit einer zivilgerichtlichen Klage 145
aa) Zuständigkeit der Zivilgerichte 145
bb) Entgegenstehen der Entgeltgenehmigung 146
b) Begründetheit einer zivilgerichtlichen Klage 146
aa) Problemstellung 146
bb) Tatbestandswirkung der Entgeltgenehmigung für die Zivilgerichte 147
(1) Überblick über den Meinungsstand 147
(2) Stellungnahme 149

c) Ergebnis 157
III. Konstellation 3: der Vertragspartner möchte gegen die Entgeltgenehmigung 157
1. Vorgehen auf dem Verwaltungsrechtsweg 158
a) Zulässigkeit einer verwaltungsgerichtlichen Klage 158
b) Begründetheit einer verwaltungsgerichtlichen Klage 161
2. Vorgehen auf dem Zivilrechtsweg 162
B. Ergebnis zu Teil 4 162

Teil 5: Zusammenfassung und abschließende Würdigung 165

Literaturverzeichnis 175

Abkürzungsverzeichnis

a. A.	anderer Ansicht
a. F.	alte Fassung
ABl. BNetzA	Amtsblatt der Bundesnetzagentur für Elektrizität, Gas, Telekommunikation, Post und Eisenbahnen
ABl. EG	Amtsblatt der Europäischen Gemeinschaften
Abs.	Absatz
a. E.	am Ende
AfP	Archiv für Presserecht
AGBG	Gesetz zur Regelung des Rechts der Allgemeinen Geschäftsbedingungen
Alt.	Alternative
Anm.	Anmerkung
AöR	Archiv des Öffentlichen Rechts
ArchivPT	Archiv für Post und Telekommunikation
Art.	Artikel
Aufl.	Auflage
BayVBl.	Bayerische Verwaltungsblätter
BB	Der Betriebsberater
Bd.	Band
BGB	Bürgerliches Gesetzbuch
BGBl.	Bundesgesetzblatt
BGH	Bundesgerichtshof
BGHZ	Entscheidungen des Bundesgerichtshofs in Zivilsachen
BNetzA	Bundesnetzagentur
BR-Drs.	Drucksachen des Bundesrates
Bsp.	Beispiel
BT-Drs.	Drucksachen des Bundestages
BEVVG	Bundeseisenbahnenverkehrsverwaltungsgesetz
BuW	Betrieb und Wirtschaft

BVerfG	Bundesverfassungsgericht
BVerfGE	Entscheidungen des Bundesverfassungsgerichts
BVerwG	Bundesverwaltungsgericht
BVerwGE	Entscheidungen des Bundesverwaltungsgerichts
bzgl.	bezüglich
bzw.	beziehungsweise
CDU	Christlich Demokratische Union
CR	Computer und Recht
CSU	Christlich Soziale Union
d.h.	das heißt
dass.	dasselbe
DB	Der Betrieb
DBP	Deutsche Bundespost
ders.	derselbe
dies.	dieselbe
Diss.	Dissertation
DÖV	Die Öffentliche Verwaltung
DTAG	Deutsche Telekom AG
DVBl.	Deutsches Verwaltungsblatt
EG	Europäische Gemeinschaften, Vertrag zur Gründung der Europäischen Gemeinschaft
Einf.	Einführung
Einl.	Einleitung
EnWG	Gesetz über die Elektrizitäts- und Gasversorgung (Energiewirtschaftsgesetz)
ET	Energiewirtschaftsrechtliche Tagesfragen, Zeitschrift für Energiewirtschaft, Recht, Technik und Umwelt
EU	Europäische Union
EuZW	Europäische Zeitschrift für Wirtschaftsrecht
EWIR	Entscheidungen zum Wirtschaftsrecht
EWS	Europäisches Wirtschafts- und Steuerrecht

f.	folgende
ff.	fortfolgende
Fn.	Fußnote
FS	Festschrift
gem.	gemäß
GG	Grundgesetz
ggf.	gegebenenfalls
GVG	Gerichtsverfassungsgesetz
GWB	Gesetz gegen Wettbewerbsbeschränkungen
h.M.	herrschende Meinung
Hrsg.	Herausgeber
i.d.F.	in der Fassung
i.d.R.	in der Regel
i.S.d.	im Sinne des
i.S.v.	im Sinne von
i.V.m.	in Verbindung mit
JA	Juristische Arbeitsblätter
JR	Juristische Rundschau
Jura	Juristische Ausbildung
JuS	Juristische Schulung
JZ	Juristen-Zeitung
K & R	Kommunikation und Recht
LG	Landgericht
m.E.	meines Erachtens
MMR	MultiMedia und Recht
m.w.N.	mit weiteren Nachweisen
n.F.	neue Fassung
NJW	Neue Juristische Wochenschrift
N & R	Netzwirtschaften & Recht
Nr.	Nummer
Nrn.	Nummern

NVwZ	Neue Zeitschrift für Verwaltungsrecht
NZV	Netzzugangsverordnung
OLG	Oberlandesgericht
OLGR	Report der Oberlandesgerichte
ONP	Open Network Provision
o.V.	ohne Verfasser
OVG	Oberverwaltungsgericht
PostG	Postgesetz
PTNeuOG	Gesetz zur Neuordnung des Postwesens und der Telekommunikation
RegTP	Regulierungsbehörde für Telekommunikation und Post
RdE	Recht der Energiewirtschaft
Rn.	Randnummer
RTKom	Zeitschrift für das Recht der Telekommunikation und das Recht der elektronischen Medien
S.	Seite
Slg.	Sammlung
sog.	sogenannte/r/s
SPD	Sozialdemokratische Partei Deutschlands
st. Rspr.	ständige Rechtsprechung
TEntgV	Telekommunikations-Entgeltregulierungsverordnung
TK	Telekommunikation
TKG	Telekommunikationsgesetz
TKG-alt	Telekommunikationsgesetz in der alten Fassung von 1996
TKMMR	Telekommunikations- und Multimediarecht
TKMR	Telekommunikations- und Medienrecht
TKR	Telekommunikationsrecht
u.U.	unter Umständen
usw.	und so weiter

u.v.m.	und vieles mehr
VerwArch	Verwaltungsarchiv
VG	Verwaltungsgericht
vgl.	vergleiche
VwGO	Verwaltungsgerichtsordnung
VwVfG	Verwaltungsverfahrensgesetz
WM	Wertpapier-Mitteilungen
WuW	Wirtschaft und Wettbewerb
z.B.	zum Beispiel
ZEuP	Zeitschrift für Europäisches Privatrecht
ZNER	Zeitschrift für Neues Energierecht
ZögU	Zeitschrift für öffentliche und gemeinwirtschaftliche Unternehmen

Teil 1: Einführung

A. Problemstellung und Gang der Untersuchung

I. Problemstellung

Der ehemaligen Regulierungsbehörde für Telekommunikation und Post[1] (RegTP) wurden im Rahmen der Schaffung eines neuen Energiewirtschaftsgesetzes[2] (EnWG) im Jahr 2005 neue Aufgaben übertragen und damit weitere Betätigungsfelder eröffnet. Während die frühere Regulierungsbehörde ausschließlich für die Regulierung des Telekommunikations- und des Postmarktes und für die Anwendung des Telekommunikationsgesetzes (TKG)[3] und des Postgesetzes (PostG)[4] zuständig war, hat die in Bundesnetzagentur für Elektrizität, Gas, Telekommunikation, Post und Eisenbahnen[5] (BNetzA) umbenannte Regulierungsbehörde die Aufgabe, durch Liberalisierung und Deregulierung für die weitere Entwicklung auf dem Elektrizitäts-, Gas-, Telekommunikations-, Post- und seit dem 1. Januar 2006 auch auf dem Eisenbahninfrastrukturmarkt[6] zu sorgen.

Durch diese Aufgabenausweitung wird die Stellung der Bundesnetzagentur als sektorspezifischer Behörde gegenüber den allgemeinen Kartellbehörden, die die Wettbewerbsaufsicht für grundsätzlich alle Märkte innehaben, gestärkt. Allge-

---

1 Die Regulierungsbehörde für Telekommunikation und Post wurde zur Wahrnehmung der sich aus dem TKG-alt von 1996 und anderen Gesetzen ergebenden Aufgaben als Bundesoberbehörde im Geschäftsbereich des Bundesministeriums für Wirtschaft und Technologie errichtet, § 66 TKG-alt.

2 Gesetz über die Elektrizitäts- und Gasversorgung vom 7. Juli 2005, BGBl. I 2005, S. 1950 ff.

3 Telekommunikationsgesetz vom 22. Juni 2004, BGBl. I 2004, S. 1190 ff.

4 Postgesetz vom 22. Dezember 1997, BGBl. I 1997, S. 3294 ff.

5 Die auf der Grundlage des Zehnten Teils des Telekommunikationsgesetzes vom 25. Juli 1996 (BGBl. I 1996, S. 1120 ff.), das zuletzt durch Artikel 4 Abs. 73 des Gesetzes vom 5. Mai 2004 (BGBl. I 2004, S. 718 ff.) geändert worden ist, errichtete „Regulierungsbehörde für Telekommunikation und Post" wurde am 7. Juli 2005 in „Bundesnetzagentur für Elektrizität, Gas, Telekommunikation, Post und Eisenbahnen" umbenannt. Sie ist eine selbstständige Bundesoberbehörde im Geschäftsbereich des Bundesministeriums für Wirtschaft und Arbeit mit Sitz in Bonn, § 1 des Gesetzes über die Bundesnetzagentur für Elektrizität, Gas, Telekommunikation, Post und Eisenbahnen vom 7. Juli 2005, verkündet am 12. Juli 2005 als Artikel 2 des Zweiten Gesetzes zur Neuregelung des Energiewirtschaftsrechts, BGBl. I 2005, S. 2009 ff.

6 § 4 des Gesetzes über die Eisenbahnverkehrsverwaltung des Bundes (Bundeseisenbahnverkehrsverwaltungsgesetz [BEVVG]) vom 27. Dezember 1993, verkündet als Art. 3 des Eisenbahnneuordnungsgesetzes, BGBl. I 1993, S. 2378, 2394.

meine Kartellbehörden sind gemäß § 48 Abs. 1 des Gesetzes gegen Wettbewerbsbeschränkungen (GWB)[7] das Bundeskartellamt, das Bundesministerium für Wirtschaft und Technologie und die nach Landesrecht zuständigen obersten Landeskartellbehörden.

Folglich gibt es neben der Bundesnetzagentur, die für die Regulierung und damit für die Sicherstellung des Wettbewerbs auf den oben aufgeführten Märkten zuständig ist, allgemeine Kartellbehörden, die gemäß dem GWB den Wettbewerb auf grundsätzlich allen Märkten sicherstellen sollen. Diese Aufgabenverteilung führt zu Abgrenzungs- und Zuständigkeitsproblemen zwischen der Bundesnetzagentur und den allgemeinen Kartellbehörden.[8] So stellt sich immer dann, wenn die Bundesnetzagentur im Rahmen ihrer Zuständigkeiten tätig wird, die Frage, ob die allgemeinen Kartellbehörden daneben tätig werden können. Falls sowohl die Bundesnetzagentur als auch die allgemeinen Kartellbehörden parallel zuständig sind, ist fraglich, ob die Kartellbehörden an die Entscheidungen der sektorspezifischen Bundesnetzagentur gebunden sind.

Besonders deutlich wird die Problematik der möglichen doppelten Zuständigkeit im Falle der Erteilung einer telekommunikationsrechtlichen Entgeltgenehmigung durch die Bundesnetzagentur. Hier ist umstritten[9], ob das Bundeskartellamt[10] trotz einer von der Bundesnetzagentur erteilten Entgeltgenehmigung die

---

7 Gesetz gegen Wettbewerbsbeschränkungen vom 26. August 1998, BGBl. I 1998, S. 2521 ff., neugefasst durch Bekanntmachung vom 15. Juli 2005, BGBl. I 2005, S. 2114 ff.

8 Zur grundsätzlichen Darstellung dieses Problems: Martenczuk, CR 1999, 363 ff.; Schmittmann, K & R 1998, 1, 9.

9 Zur Anwendbarkeit des GWB neben dem TKG: Enaux/Koenig, N & R 2005, 2 ff.; Schütz, in: Schütz, KommunikationsR, 1. Aufl., 2005, Rn. 894; Möschel, K & R 2001, 619 ff.; Bechtold, KartellG, 4. Aufl., 2006, § 130 GWB Rn. 22; Martenczuk, CR 1999, 363 ff.; Engel, MMR Beilage 3/1999, 7 ff.; Schroeder, WuW 1999, 14 ff.; Müller/Schuster, MMR 1999, 507 ff.; Markert, in: Immenga/Mestmäcker, GWB, 3. Aufl., 2001, § 20 Rn. 247; Piepenbrock, MMR 2004, 320 ff.; Schuster, MMR 2004, 473 ff.; Kühling, Netzwirtschaften, 2004, S. 238; Schütz, MMR Beilage 12/2002, 18, 20; Koenig/Braun, K & R Beilage 2/2002, 2, 41. Zur Würdigung der Genehmigung im kartellrechtlichen Verfahren: Geppert, in: Scheurle/Mayen, TKG, 2002, § 82 Rn. 17; Martenczuk, CR 1999, 363, 366; Haus, N & R 2004, 143, 145.

10 Gemäß § 48 Abs. 2 GWB ist das Bundeskartellamt für die im GWB auf die Kartellbehörden übertragenen Aufgaben zuständig, wenn die Wirkung des wettbewerbsbeschränkenden oder diskriminierenden Verhaltens oder einer Wettbewerbsregel über das Gebiet eines Landes hinausreicht. Da die Wirkungen telekommunikationsrechtlicher Sachverhalte regelmäßig über das Gebiet eines Bundeslandes hinausreichen, werden im folgenden die Begriffe „Bundeskartellamt“ und „Kartellbehörde(n)“ synonym verwendet.

Höhe des Entgelts anhand der wettbewerbsrechtlichen Vorgaben des GWB prüfen kann, und wenn ja, wie es die Genehmigung der Bundesnetzagentur im kartellbehördlichen Verfahren zu würdigen hat.

Die aufgezeigten Zuständigkeits- und Abgrenzungsprobleme geben Anlass für eine genauere Überprüfung des Verhältnisses von Telekommunikationsgesetz zu GWB und von Bundesnetzagentur zu allgemeinen Kartellbehörden.

Zunächst wird deshalb untersucht, ob das Bundeskartellamt nach dem neuen Telekommunikationsgesetz für die Prüfung eines genehmigten Entgelts anhand der Normen des GWB zuständig ist und parallel zur Bundesnetzagentur tätig werden kann. Zudem wird erörtert, welche (Bindungs-) Wirkung die Genehmigung der Bundesnetzagentur für das Bundeskartellamt und die Gerichte hat. Es ist denkbar, dass das Bundeskartellamt zwar zuständig ist, materiell aber an den Inhalt der Genehmigung gebunden ist; - gebunden in dem Sinne, als es ein genehmigtes Entgelt nicht als wettbewerbswidrig im Sinne des GWB beurteilen darf.[11]

Neben diesen Zuständigkeitsfragen wird erörtert, welche Wirkungen die Entgeltgenehmigung für die von ihr unmittelbar oder mittelbar Betroffenen hat und welche Rechtsschutzmöglichkeiten diese haben. Diese zweite Perspektive ist insofern gewinnbringend, als sie die praktische Relevanz der oben aufgeworfenen Fragestellung verdeutlicht. Die Zuständigkeit der Kartellbehörden und -gerichte wirkt sich nämlich unmittelbar auf die möglichen Vorgehensweisen der von der Genehmigung Betroffenen aus. Wenn sowohl die Bundesnetzagentur als auch das Bundeskartellamt zuständig ist, und damit sowohl der Verwaltungsrechtsweg als auch der Zivilrechtsweg eröffnet ist, werden die Rechtsschutzmöglichkeiten der Betroffenen erweitert. Gerade die mittelbar von einer Genehmigung Betroffenen, d.h. hier die Wettbewerber und Nachfrager des die Entgeltgenehmigung beantragenden Unternehmens, können ein Interesse daran haben, auf kartellrechtlichem Weg gegen das genehmigte Entgelt vorzugehen. Somit stellt sich, wenn nicht schon im behördlichen Verfahren, doch zumindest im Gerichtsverfahren die Frage nach der Zuständigkeit und im Anschluss die Frage nach der Wirkung der Entgeltgenehmigung für die Zivilgerichte. Nur wenn die Zivilgerichte nicht an den Inhalt der Genehmigung gebunden sind und ein genehmigtes Entgelt als wettbewerbswidrig im Sinne des GWB beurteilen können, ist die Eröffnung des Rechtsweges praktisch relevant für die klagebereiten Wettbewerber und Nachfrager.

---

11 So etwa in Bezug auf die Entgeltgenehmigung nach dem TKG-alt: Geppert, in: Scheurle/Mayen, TKG, 2002, § 82 Rn. 17; Martenczuk, CR 1999, 363, 366.

II. Gang der Untersuchung

Zum Verständnis des Verhältnisses von Telekommunikationsrecht und allgemeinem Wettbewerbsrecht und damit von sektorspezifischer Regulierung und allgemeiner Wettbewerbsaufsicht durch die Kartellbehörden, ist es zunächst unerlässlich, sich mit der historischen Entwicklung des Telekommunikationssektors zu befassen. Die historische Betrachtung des Telekommunikationssektors veranschaulicht, dass auf dem Telekommunikationsmarkt aufgrund des ehemaligen Staatsmonopols eine besondere Wettbewerbssituation herrschte und zum Teil auch heute noch herrscht; diese Situation gab Anlass zu der sektorspezifischen Regulierung des Telekommunikationsbereichs.

Um die Wirkungen einer telekommunikationsrechtlichen Entgeltgenehmigung untersuchen zu können, ist es erforderlich das System der Regulierung im Telekommunikationsbereich und das Genehmigungsverfahren zu schildern. Der zweite Teil der Arbeit beschäftigt sich deshalb mit der Regulierung im Telekommunikationsgesetz und in der Vorgängernorm, dem Telekommunikationsgesetz von 1996[12] (TKG-alt). Zunächst werden die Gründe für eine sektorspezifische Regulierung herausgearbeitet und aufgezeigt, warum der Telekommunikationsmarkt sektorspezifisch geregelt und nicht dem allgemeinen Wettbewerbsrecht unterstellt wurde. Im Anschluss werden die Besonderheiten des telekommunikationsrechtlichen Genehmigungsverfahrens dargestellt. Dies erfolgt anhand einer Gegenüberstellung der Regulierung im TKG-alt und im Telekommunikationsgesetz.

Der dritte Teil widmet sich den Wirkungen der Entgeltgenehmigung. Hier werden die unmittelbaren Wirkungen für die von der Genehmigung Betroffenen dargestellt.

Danach wird untersucht, ob die von der Bundesnetzagentur erteilte Entgeltgenehmigung für das Bundeskartellamt bindend ist. Bevor das materiell-rechtliche Problem der Tatbestandswirkung einer Genehmigung betrachtet werden kann, ist entsprechend der kartellbehördlichen Vorgehensweise die Zuständigkeit des Bundeskartellamts für die Beurteilung eines telekommunikationsrechtlichen Sachverhaltes festzustellen. In Anbetracht dessen, dass die Kartellbehörden nur einen Verstoß gegen das GWB rügen dürfen, wird aufgezeigt, dass das GWB neben dem Telekommunikationsgesetz anwendbar ist[13] und das Bundeskartellamt auch für die Prüfung telekommunikationsrechtlicher Sachverhalte zuständig ist. Aufgrund der parallelen Anwendbarkeit des Telekommunikationsgesetzes und des GWB kommt es zu Normenkollisionen; diese Normenkollisionen könn-

---

12 Telekommunikationsgesetz vom 25. Juli 1996, BGBl. I 1996, S. 1120 ff., zuletzt geändert durch Gesetz vom 21. Oktober 2002, BGBl. I 2002, S. 4186 ff.

13 Müller, MMR 2005, 553, 555; Attendorn, MMR 2005, 543, 544; Haus, N & R 2004, 143, 144.

ten verhindert werden, wenn das Bundeskartellamt an die Entscheidung der Bundesnetzagentur gebunden ist. Deshalb wird nach der Abgrenzung der Zuständigkeiten erörtert, ob der Inhalt einer durch die Bundesnetzagentur erteilten Genehmigung für das Bundeskartellamt Tatbestandswirkung entfaltet. Dies geschieht anhand von vier Fallkonstellationen, die veranschaulichen, welche praktische Relevanz die Lösung der Frage nach der Tatbestandswirkung einer Genehmigung hat.
Die Frage der Tatbestandswirkung einer Genehmigung stellt sich nicht nur auf der Verwaltungsverfahrensebene, sondern auch im Gerichtsverfahren. Folglich beschäftigt sich der vierte Teil der Arbeit mit dem Rechtsschutz gegen Genehmigungen. Im Zentrum der Prüfung stehen hierbei die Klagemöglichkeiten der von der Genehmigung Betroffenen.

B. Die Entwicklung des Telekommunikationssektors

Um zu verstehen, warum der Telekommunikationsbereich sektorspezifisch reguliert wird, muss kurz auf die Entwicklung des ehemals monopolistisch geprägten Telekommunikationsmarktes eingegangen werden.

Das am 22. Juni 2004 in Kraft getretene Telekommunikationsgesetz dient der Umsetzung von fünf europäischen Richtlinien.[14] Dieses „neue" Telekommunikationsgesetz löst das zuvor in Deutschland geltende Telekommunikationsgesetz[15] von 1996 ab und führt maßgebliche Neuerungen zu diesem ein. Die Neuerungen waren erforderlich, weil sich die Marktsituation im Telekommunika-

---

14 Richtlinie 2002/21/EG des Europäischen Parlaments und des Rates vom 7. März 2002 über einen gemeinsamen Rechtsrahmen für elektronische Kommunikationsnetze und -dienste (Rahmenrichtlinie), ABl. EG Nr. L 108, S. 33 ff.; Richtlinie 2002/19/EG des Europäischen Parlaments und des Rates vom 7. März 2002 über den Zugang zu elektronischen Kommunikationsnetzen und zugehörigen Einrichtungen sowie deren Zusammenschaltung (Zugangsrichtlinie), ABl. EG Nr. L 108, S. 7 ff.; Richtlinie 2002/20/EG des Europäischen Parlaments und des Rates vom 7. März 2002 über die Genehmigung elektronischer Kommunikationsnetze und -dienste (Genehmigungsrichtlinie), ABl. EG Nr. L 108, S. 21 ff.; Richtlinie 2002/22/EG des Europäischen Parlaments und des Rates vom 7. März 2002 über den Universaldienst und Nutzerrechte bei elektronischen Kommunikationsnetzen und -diensten (Universaldienstrichtlinie), ABl. EG Nr. L 108, S. 51 ff.; Richtlinie 2002/58/EG des Europäischen Parlaments und des Rates vom 12. Juli 2002 über die Verarbeitung personenbezogener Daten und den Schutz der Privatsphäre in der elektronischen Kommunikation (Datenschutzrichtlinie), ABl. EG Nr. L 201, S. 37 ff.

15 Telekommunikationsgesetz vom 25. Juli 1996, BGBl. I 1996, S. 1120 ff., zuletzt geändert durch Gesetz vom 21. Oktober 2002, BGBl. I 2002, S. 4186 ff.

tionsbereich seit 1996 sowohl auf europäischer als auch auf nationaler Ebene verändert hat.[16]

I. Europäische Ebene

1. Die Entwicklung bis 1996

Noch zu Beginn der 80er Jahre sahen alle Mitgliedstaaten die Versorgung der Bevölkerung mit Telekommunikationsdienstleistungen als Aufgabe staatlicher Daseinsvorsorge an. Die Einräumung staatlicher Monopolrechte wurde mit der Notwendigkeit der flächendeckenden Versorgung der Bevölkerung und der Tarifeinheitlichkeit gerechtfertigt.[17] Jedoch führten der Fortschritt in der Telekommunikationstechnik und die wachsende wirtschaftliche Bedeutung des Telekommunikationssektors zu einer noch bis heute anhaltenden Liberalisierungsbewegung. Bereits 1987 wurde auf europäischer Ebene von der Kommission ein Grünbuch zur Telekommunikation vorgelegt[18], dessen Ziele die Harmonisierung durch Angleichung der rechtlichen Rahmenbedingungen, die Liberalisierung durch schrittweise Aufhebung besonderer und ausschließlicher Rechte im Telekommunikationssektor sowie die Gewährleistung fairen und chancengleichen Wettbewerbs waren. Im Hinblick auf die geplante Marktöffnung unterschied das Grünbuch zwischen Endgeräten, Diensten und Netzen. Diese drei Bereiche sollten, wenngleich auch in unterschiedlichen Zeiträumen, liberalisiert werden.[19]

Im Folgenden wurden mehrere Richtlinien erlassen, die die Ziele des Grünbuchs umsetzten.[20] Diese lassen sich in zwei Gruppen unterteilen: die wettbewerbsrechtlichen Liberalisierungsrichtlinien und die Open Network Provision-Richtlinien (ONP-Richtlinien).

---

16 Mitteilung der Kommission an den Rat, das Europäische Parlament, den Wirtschafts- und Sozialausschuss und den Ausschuss der Regionen: Entwicklung neuer Rahmenbedingungen für elektronische Kommunikationsinfrastrukturen und zugehörige Dienste - Kommunikationsbericht 1999, KOM (1999), 539; Entwurf eines Telekommunikationsgesetzes (TKG) der Bundesregierung nebst Begründung, BT-Drs. 15/2316, S. 56 ff.

17 Schuster, in: Büchner, TKG, 2. Aufl., 2000, § 1 Rn. 4.

18 Grünbuch über die Entwicklung des Gemeinsamen Marktes für Telekommunikationsdienstleistungen und Telekommunikationsendgeräte vom 30. Juni 1987, KOM (1987), 290; ebenfalls abgedruckt in: BT-Drs. 11/930.

19 BT-Drs. 11/930, S. 48 ff.

20 Heun, CR 2005, 725.

Die wettbewerbsrechtlichen Liberalisierungsrichtlinien zielen auf die Aufhebung der Monopolrechte und folglich auf die Öffnung des jeweiligen Marktes für andere Anbieter. Die Endgeräterichtlinie[21] war die erste verbindliche Liberalisierungsvorgabe für die Mitgliedstaaten. Sie verpflichtete die Mitgliedstaaten, die den Unternehmen im Sinne von Art. 86 Abs. 1 EG[22] ausschließliche oder besondere Rechte hinsichtlich der Einfuhr, des Vertriebs, der Einrichtung, der Inbetriebsetzung und der Wartung von Telekommunikations-Endgeräten gewährten, diese Rechte zugunsten aller Wirtschaftsbeteiligten aufzuheben, Art. 2 und Art. 3 Endgeräterichtlinie. Einen weiteren Pfeiler der Deregulierung stellte die Diensterichtlinie[23] dar. Mit ihr wurden die Mitgliedstaaten verpflichtet, ausschließliche und besondere Rechte bei Telekommunikationsdienstleistungen zu beseitigen. Allerdings wurden neben dem Sprachtelefondienst auch die Satellitentelekommunikation, der Telex-, der Funktelefon- und der Funkrufdienst, das Fernsehen und der Rundfunk von der Liberalisierung ausgenommen. Diese Dienste wurden erst im Laufe der Zeit durch mehrere Änderungsrichtlinien[24] dem Wettbewerb zugeführt. Die ONP-Richtlinien[25] dienen dementsprechend der

---

21 Richtlinie 88/301/EG der Kommission vom 16. Mai 1988 über den Wettbewerb auf dem Markt für Telekommunikations-Endgeräte, ABl. EG Nr. L 131, S. 73 ff.

22 Vertrag zur Gründung der Europäischen Gemeinschaft (EG), konsolidierte Fassung vom 24. Dezember 2002, ABl. EG Nr. C 325, S. 33 ff.

23 Richtlinie 90/388/EWG der Kommission vom 28. Juni 1990 über den Wettbewerb auf dem Markt für Telekommunikationsdienste, ABl. EG Nr. L 192, S. 10 ff.

24 Richtlinie 94/46/EG der Kommission vom 13. Oktober 1994 zur Änderung der Richtlinien 88/301/EG und 90/388/EWG, ABl. EG Nr. L 268, S. 15 ff.; Richtlinie 95/51/EG der Kommission vom 18. Oktober 1995 zur Änderung der Richtlinie 90/388/EWG hinsichtlich der Aufhebung der Einschränkungen bei der Nutzung von Kabelfernsehnetzen für die Erbringung bereits liberalisierter Telekommunikationsdienste, ABl. EG Nr. L 256, S. 49 ff.; Richtlinie 92/2/EG der Kommission vom 16. Januar 1996 zur Änderung der Richtlinie 90/388/EWG betreffend die mobile Kommunikation und Personal Connections, ABl. EG Nr. L 20, S. 59 ff.; Richtlinie 96/19/EG der Kommission vom 13. März 1996 zur Änderung der Richtlinie 90/388/EWG hinsichtlich der Einführung des vollständigen Wettbewerbs auf den Telekommunikationsmärkten, ABl. EG Nr. L 74, S. 13 ff.

25 Richtlinie 90/387/EG des Rates vom 28. Juni 1990 zur Verwirklichung des Binnenmarktes für Telekommunikationsdienste durch Einführung eines offenen Netzzugangs (Open Network Provision - ONP), ABl. EG Nr. L 192, S. 1 ff., geändert durch die Richtlinie 97/51/EG des Europäischen Parlaments und des Rates vom 6. Oktober 1997 zur Änderung der Richtlinien 90/387/EWG und 92/44/EWG des Rates zwecks Anpassung an ein wettbewerbsorientiertes Telekommunikationsumfeld, ABl. EG Nr. L 295, S. 23 ff.; Richtlinie 92/44/EWG des Rates vom 5. Juni 1992 zur Einführung des offenen Netzzugangs bei Mietleistungen, ABl. EG Nr. L 165, S. 27 ff., zuletzt geändert durch die Richtlinie 97/51/EG des Europäischen Parlaments und des Rates vom 6. Oktober 1997 zur Änderung der Richtlinien 90/387/EWG und 92/44/EWG des Rates zwecks

Harmonisierung der rechtlichen Rahmenbedingungen des Telekommunikationsmarktes. Sie verpflichten die Mitgliedstaaten, den offenen und effizienten Zugang zu den öffentlichen Telekommunikationsnetzen und -diensten zu ermöglichen und zugleich die Bedingungen für deren offene und effiziente Nutzung zu regeln. Beispielsweise sah die ONP-Rahmenrichtlinie von 1990[26] die Schaffung harmonisierter Zugangsbedingungen für öffentliche Netze und Dienste, die noch nicht für den Wettbewerb freigegeben waren, vor. Sie vereinheitlichte damit Tarifgrundsätze und Nutzungsbedingungen. Es folgten weitere, speziellere ONP-Richtlinien, etwa für Mietleistungen und Sprachtelefondienst[27], die den durch die ONP-Rahmenrichtlinie gesetzten Rechtsrahmen ausgestalteten.

2. Die Entwicklung seit 1996

Mit der Wettbewerbsrichtlinie[28], der zuvor getroffenen Unterscheidung nach eine sogenannte Liberalisierungsrichtlinie, wurde die endgültige Liberalisierung des Sprachtelefondienstes und der dazugehörigen Infrastrukturen geschaffen. Die Mitgliedstaaten wurden verpflichtet, die noch bestehenden Monopolrechte für Sprachtelefondienste, Netze sowie für Telefonverzeichnisse und Auskunftsdienste aufzuheben. Besondere Rechte waren nur noch dort zulässig, wo diese

---

Anpassung an ein wettbewerbsorientiertes Telekommunikationsumfeld, ABl. EG Nr. L 295, S. 23 ff.

26 Richtlinie 90/387/EG des Rates vom 28. Juni 1990 zur Verwirklichung des Binnenmarktes für Telekommunikationsdienste durch Einführung eines offenen Netzzugangs (Open Network Provision - ONP), ABl. EG Nr. L 192, S. 1 ff.

27 Richtlinie 92/44/EWG des Rates vom 5. Juni 1992 zur Einführung des offenen Netzzugangs bei Mietleistungen, ABl. EG Nr. L 165, S. 27 ff., zuletzt geändert durch die Richtlinie 97/51/EG des Europäischen Parlaments und des Rates vom 6. Oktober 1997 zur Änderung der Richtlinien 90/387/EWG und 92/44/EWG des Rates zwecks Anpassung an ein wettbewerbsorientiertes Telekommunikationsumfeld, ABl. EG Nr. L 295, S. 23 ff.; Richtlinie 95/62/EG des Europäischen Parlaments und des Rates vom 13. Dezember 1995 zur Einführung des offenen Netzzugangs (ONP) beim Sprachtelefondienst, ABl. EG Nr. L 321, S. 6 ff.; Richtlinie 97/33/EG des Europäischen Parlaments und des Rates vom 30. Juni 1997 über die Zusammenschaltung in der Telekommunikation im Hinblick auf die Sicherstellung eines Universaldienstes und der Interoperabilität durch Anwendung der Grundsätze für einen offenen Netzzugang (ONP), ABl. EG Nr. L 199, S. 32 ff.; Richtlinie 98/10/EG des Europäischen Parlaments und des Rates vom 26. Februar 1998 über die Anwendung des offenen Netzzugangs (ONP) beim Sprachtelefondienst und den Universaldienst im Telekommunikationsbereich in einem wettbewerbsorientierten Umfeld, ABl. EG Nr. L 101, S. 24 ff.

28 Richtlinie 96/19/EG der Kommission vom 13. März 1996 zur Änderung der Richtlinie 90/388/EWG hinsichtlich der Einführung des vollständigen Wettbewerbs auf den Telekommunikationsmärkten, ABl. EG Nr. L 74, S. 13 ff.

auf objektiven, verhältnismäßigen und nicht diskriminierenden Kriterien beruhten.[29]

In den Jahren 1996 bis 1999 erließen das Europäische Parlament und der Rat mehrere Richtlinien[30]. Gemeinsam ist ihnen allen, dass sie die Liberalisierung der Märkte vorantrieben.

1999 skizzierte die Kommission die weitere Entwicklung auf europäischer Ebene in einem Kommunikationsbericht.[31] Während es anfangs galt, den Wettbewerb überhaupt zu ermöglichen, musste jetzt der bereits erreichte Wettbewerb gesichert werden. Deshalb sollten entsprechend dem Kommunikationsbericht die Regulierungsmaßnahmen auf nationaler Ebene auf klar definierten politischen Zielvorgaben beruhen, auf das zur Erreichung dieser Ziele erforderliche Mindestmaß beschränkt werden, die Rechtssicherheit in einem dynamischen Markt verbessern, technologieneutral und so nah wie möglich an den betroffenen Aktivitäten geregelt sein.[32] Um diesen Anforderungen gerecht zu werden, erließen das Europäische Parlament und der Rat fünf Richtlinien und eine Ent-

---

29 Koenig/Loetz/Neumann, TelekommunikationsR, 1. Aufl., 2004, S. 66.

30 Richtlinie 97/51/EG des Europäischen Parlaments und des Rates vom 6. Oktober 1997 zur Änderung der Richtlinien 90/387/EWG und 92/44/EWG des Rates zwecks Anpassung an ein wettbewerbsorientiertes Telekommunikationsumfeld, ABl. EG Nr. L 295, S. 23 ff.; Richtlinie 97/33/EG des Europäischen Parlaments und des Rates vom 30. Juni 1997 über die Zusammenschaltung in der Telekommunikation im Hinblick auf die Sicherstellung eines Universaldienstes und der Interoperabilität durch Anwendung der Grundsätze für einen offenen Netzzugang, ABl. EG Nr. L 199, S. 32 ff.; Richtlinie 98/10/EG des Europäischen Parlaments und des Rates vom 26. Februar 1998 über die Anwendung des offenen Netzzugangs (ONP) beim Sprachtelefondienst und den Universaldienst im Telekommunikationsbereich in einem wettbewerbsorientierten Umfeld, ABl. EG Nr. L 101, S. 24 ff.; Richtlinie 97/13/EG des Europäischen Parlaments und des Rates vom 10. April 1997 über einen gemeinsamen Rahmen für Allgemein- und Einzelgenehmigungen für Telekommunikationsdienste, ABl. EG Nr. L 117, S. 15 ff.; Richtlinie 97/66/EG des Europäischen Parlaments und des Rates vom 15. Dezember 1997 über die Verarbeitung personenbezogener Daten und den Schutz der Privatsphäre im Bereich der Telekommunikation, ABl. EG Nr. L 24, S. 1 ff.

31 Mitteilung der Kommission an den Rat, das Europäische Parlament, den Wirtschafts- und Sozialausschuss und den Ausschuss der Regionen: Entwicklung neuer Rahmenbedingungen für elektronische Kommunikationsinfrastrukturen und zugehörige Dienste - Kommunikationsbericht 1999, KOM (1999), 539.

32 Mitteilung der Kommission an den Rat, das Europäische Parlament, den Wirtschafts- und Sozialausschuss und den Ausschuss der Regionen: Entwicklung neuer Rahmenbedingungen für elektronische Kommunikationsinfrastrukturen und zugehörige Dienste - Kommunikationsbericht 1999, KOM (1999), 539, S. 12 ff.; Wissmann/Klümper, K & R 2003, 52.

scheidung: die Rahmenrichtlinie[33], die Zugangsrichtlinie[34], die Genehmigungsrichtlinie[35], die Universaldienstrichtlinie[36], die Datenschutzrichtlinie[37] und die Frequenzentscheidung.[38]

Die Rahmenrichtlinie legt den gemeinsamen Rechtsrahmen für elektronische Kommunikationsnetze und -dienste fest, indem sie grundsätzliche Vorschriften über die politisch-ökonomische Ausrichtung der gesamten Regulierung und über das Regulierungsverfahren zusammenfasst.[39] Sie definiert den gemeinsamen Anwendungsbereich und gibt den nationalen Regulierungsbehörden allgemeine Grundsätze und Ziele vor.[40] Die Rahmenrichtlinie normiert zudem die Aufgaben der nationalen Regulierungsbehörden sowie eine Reihe von Verfahren, die die gemeinschaftsweit harmonisierte Anwendung des Rechtsrahmens gewährleisten.

---

33 Richtlinie 2002/21/EG des Europäischen Parlaments und des Rates vom 7. März 2002 über einen gemeinsamen Rechtsrahmen für elektronische Kommunikationsnetze und -dienste (Rahmenrichtlinie), ABl. EG Nr. L 108, S. 33 ff.

34 Richtlinie 2002/19/EG des Europäischen Parlaments und des Rates vom 7. März 2002 über den Zugang zu elektronischen Kommunikationsnetzen und zugehörigen Einrichtungen sowie deren Zusammenschaltung (Zugangsrichtlinie), ABl. EG Nr. L 108, S. 7 ff.

35 Richtlinie 2002/20/EG des Europäischen Parlaments und des Rates vom 7. März 2002 über die Genehmigung elektronischer Kommunikationsnetze und -dienste (Genehmigungsrichtlinie), ABl. EG Nr. L 108, S. 21 ff.

36 Richtlinie 2002/22/EG des Europäischen Parlaments und des Rates vom 7. März 2002 über den Universaldienst und Nutzerrechte bei elektronischen Kommunikationsnetzen und -diensten (Universaldienstrichtlinie), ABl. EG Nr. L 108, S. 51 ff.

37 Richtlinie 2002/58/EG des Europäischen Parlaments und des Rates vom 12. Juli 2002 über die Verarbeitung personenbezogener Daten und den Schutz der Privatsphäre in der elektronischen Kommunikation (Datenschutzrichtlinie), ABl. EG Nr. L 201, S. 37 ff. Die Datenschutzrichtlinie dient der Harmonisierung der Vorschriften der Mitgliedstaaten, die erforderlich sind, um einen gleichwertigen Schutz der Grundrechte und Grundfreiheiten, insbesondere des Rechts auf Privatsphäre, im Bereich der elektronischen Kommunikation zu gewährleisten.

38 Entscheidung 676/2002/EG des Europäischen Parlaments und des Rates vom 7. März 2002 über einen Rechtsrahmen für die Frequenzpolitik in der Europäischen Gemeinschaft (Frequenzentscheidung), ABl. EG Nr. L 108, S. 1 ff. Verfahren für bestimmte Aspekte der Frequenzpolitik wurden durch die Frequenzentscheidung festgelegt. Sie bestimmt die strategische Planung, die effiziente Umsetzung, die Informationsbereitstellung und die Koordinierung der Interessen auf internationaler Ebene näher. Im Zentrum der Frequenzentscheidung steht die Errichtung eines Ausschusses, der der Kommission beratend zur Seite stehen soll, wenn es um die Frequenzpolitik geht.

39 Koenig/Loetz/Neumann, TelekommunikationsR, 1. Aufl., 2004, S. 74.

40 Schütz/Attendorn, MMR Beilage 4/2002, 3, 4.

Die inhaltliche Ausgestaltung dieses Rechtsrahmens erfolgt durch die Einzelrichtlinien[41]:

Der Zugang zu elektronischen Kommunikationsnetzen und zugehörigen Einrichtungen sowie deren Zusammenschaltung werden durch die Zugangsrichtlinie geregelt. Deren Ziel ist die Harmonisierung und die Sicherstellung des Zugangs, der Zusammenschaltung und der Interoperabilität von Diensten im Interesse der Nutzer zu angemessenen Bedingungen, falls dies auf dem Verhandlungsweg nicht erreicht wird, Art. 1 Zugangsrichtlinie. Hierzu müssen den Unternehmen, die auf regulierten Märkten über beträchtliche Marktmacht verfügen, nach dem in der Rahmenrichtlinie kodifizierten Verfahren der Marktregulierung[42] spezifische Verpflichtungen auferlegt werden. Sie sind etwa gemäß Art. 4 Abs. 1 Zugangsrichtlinie zu verpflichten, auf Antrag über die Zusammenschaltung ihres Netzes mit den Netzen anderer Unternehmen zu verhandeln. Hierbei müssen die verhandelten Zugangsbedingungen mit den von der nationalen Regulierungsbehörde auferlegten Verpflichtungen in Einklang stehen.

Die Genehmigungsrichtlinie regelt die Genehmigung aller elektronischen Kommunikationsnetze und -dienste. Ihr Ziel ist es, durch die Harmonisierung und Vereinfachung der Genehmigungsvorschriften und -bedingungen einen Binnenmarkt für elektronische Kommunikationsnetze und -dienste zu errichten, damit deren Bereitstellung in der ganzen Gemeinschaft vereinfacht wird. Demzufolge verlangt die Genehmigungsrichtlinie objektive, transparente, nichtdiskriminierende und verhältnismäßige Rechte, Bedingungen und Genehmigungsverfahren in den Mitgliedstaaten.

Die Bereitstellung elektronischer Kommunikationsnetze und -dienste für Endnutzer wird durch die Universaldienstrichtlinie geregelt. Sie zielt auf die Gewährleistung der Verfügbarkeit gemeinschaftsweiter, hochwertiger öffentlich zugänglicher Dienste durch wirksamen Wettbewerb und Angebotsvielfalt ab. Zugleich werden mit ihr die Fälle, in denen Bedürfnisse der Endnutzer durch den Markt nicht ausreichend befriedigt werden können, geregelt. Die Mitgliedstaaten haben hierzu gemäß Art. 3 Abs. 1 Universaldienstrichtlinie sicherzustellen, dass die durch die Universaldienstrichtlinie vorgegebenen Dienste mit der angegebenen Qualität allen Endnutzern in ihrem Hoheitsgebiet, unabhängig von ihrem geographischen Standort, und, unter Berücksichtigung der landesspezifischen Gegebenheiten, zu einem erschwinglichen Preis zur Verfügung gestellt

---

41 Husch/Kemmler/Ohlenburg, MMR 2003, 139 ff.; Scherer, NJW 2004, 3001 ff.; Bartosch, EuZW 2002, 389 ff.; Geppert/Ruhle, MMR 2003, 319, 323 f.

42 Art. 15 Rahmenrichtlinie.

werden. Zu den vorgegebenen Diensten gehören u.a. der Anschluss an das öffentliche Telefonnetz, der Zugang zu öffentlichen Telefondiensten und die Verfügbarkeit eines umfassenden Telefonauskunftdienstes.

Die genannten Richtlinien mussten bis zum 24. Juli 2003[43] bzw. bis zum 31. Oktober 2003[44] in nationales Recht umgesetzt werden.[45] Sie und die Frequenzentscheidung waren der Auslöser für die umfassende Diskussion auf nationaler Ebene, die mit dem Erlass des Telekommunikationsgesetzes im Jahr 2004 zunächst endete.

II. Nationale Ebene

1. Von der Postreform I bis zum TKG-alt

Schon in der Reichsverfassung von 1871 gehörte das Telegraphenwesen zur Reichsverwaltung und auch in der Folgezeit war das Fernmeldewesen in Deutschland durch die Monopolisierung von Netzen, Geräten und Diensten geprägt.[46] Dadurch sollte eine flächendeckende Versorgung der Bevölkerung mit Telekommunikationsdienstleistungen und die Tarifeinheitlichkeit sichergestellt werden.[47] Das Fernmeldewesen wurde als eine staatliche Aufgabe betrachtet, die privaten Rechtsträgern von vornherein nicht eröffnet war.
Dieses Verständnis blieb bis zur Mitte der 1980er Jahre unangetastet und erklärt, warum sich die Struktur der 1950 gegründeten Deutschen Bundespost (DBP), die gemäß Art. 87 Abs. 1 Satz 1 GG a.F. „in bundeseigener Verwaltung mit eigenem Verwaltungsunterbau" geführt wurde und folglich öffentlich-rechtlich ausgestaltet war, bis 1989 nicht verändert hat.

Erste Änderungen der monopolistischen Situation brachte die sogenannte Postreform I von 1989, die durch das Poststrukturgesetz[48] vollzogen wurde. Sie war

---

43 Diese Umsetzungsfrist galt für die Rahmenrichtlinie (Art. 28 Abs. 1 Rahmenrichtlinie), die Zugangsrichtlinie (Art. 18 Abs. 1 Zugangsrichtlinie) und die Universaldienstrichtlinie (Art. 38 Abs. 1 Universaldienstrichtlinie).

44 Diese Umsetzungsfrist galt für die Datenschutzrichtlinie (Art. 17 Abs. 1 Datenschutzrichtlinie).

45 Wissmann/Kreitlow, EWS 2004, 247.

46 Paulweber, Regulierungszuständigkeiten, 1999, S. 32.

47 Paulweber, Regulierungszuständigkeiten, 1999, S. 32.

48 Gesetz zur Neustrukturierung des Post- und Fernmeldewesens und der Deutschen Bundespost (Poststrukturgesetz) vom 8. Juni 1989, BGBl. I 1989, S. 1026 ff.

im Kern eine Organisationsreform[49], die auf eine Trennung der hoheitlichen von den unternehmerischen Aufgaben der Deutschen Bundespost zielte. Die Änderungen des ordnungspolitischen Rahmens machten eine Neustrukturierung der Deutschen Bundespost verbunden mit einer Aufteilung in die selbstständigen öffentlichen Unternehmen Postbank, Postdienst und Telekom erforderlich. Durch die Einführung von Unternehmensvorständen und Aufsichtsräten wurde die Deutsche Bundespost wirtschaftsnäher organisiert. Dennoch blieb sie zunächst ein öffentlich-rechtliches Unternehmen, das den Einwirkungsbefugnissen des Bundesministers für Post- und Telekommunikation unterlag.
Neben der strukturellen Umgestaltung der Deutsche Bundespost wurde die partielle Öffnung der Telekommunikationsmärkte angestrebt. Diesen Reformbemühungen waren allerdings durch die Verfassung Grenzen gesetzt. Art. 87 Abs. 1 Satz 1 GG a.F. erklärte, dass sämtliche Postdienste in eigener Bundesverwaltung zu führen seien und statuierte folglich ein Verwaltungsmonopol. Zu einer partiellen Öffnung der Telekommunikationsmärkte kam es insofern, als der Bereich der Endgeräte und der Firmennetze sowie teilweise des Satelliten- und Mobilfunks entsprechend der europarechtlichen Vorgaben dem freien Wettbewerb geöffnet wurde.[50] Die anderen Monopolrechte, wie z.B. das Monopol der Deutschen Bundespost auf die Netzinfrastruktur, blieben unangetastet. So sollte weiterhin eine flächendeckende Versorgung der Bevölkerung mit Telekommunikationsdienstleistungen und die Tarifeinheitlichkeit sichergestellt sein. Liberalisierungstendenzen waren zwar deutlich zu erkennen, sie scheiterten jedoch daran, dass die Verfassung nach wie vor von einem durch die Daseinsvorsorge geprägten monopolistischen Telekommunikationssektor ausging.

Vor diesem Hintergrund ist die Verfassungsänderung im Zuge der Postreform II zu erklären.[51] Hauptziele dieser Reform waren die Einführung des Wettbewerbs und die Vorbereitung der drei Unternehmen Postdienst, Postbank und Telekom auf den kommenden Wettbewerb.[52] Um diese Ziele verfassungsrechtlich zu manifestieren, wurden die Art. 87f und Art. 143b GG in das Grundgesetz eingefügt.[53]
Art. 143b GG normiert, dass die aus der Postreform I hervorgegangenen drei öffentlichen Unternehmen in Unternehmen privater Rechtsform umzuwandeln sind und dass bestehende Monopolrechte des Bundes nur noch für eine Übergangszeit von diesen privatrechtsfördernden Unternehmen wahrgenommen wer-

---

49 Paulweber, Regulierungszuständigkeiten, 1999, S. 32.

50 Röger, DÖV 2004, 1025, 1027.

51 Gesetz zur Änderung des Grundgesetzes vom 30. August 1994, BGBl. I 1994, S. 2245.

52 Möstl, NVwZ 2001, 735.

53 Rottmann, ArchivPT 1994, 193.

den dürfen.[54] Art. 87f Abs. 1 GG enthält einen verfassungsrechtlichen Auftrag an den Bund, im Bereich des Postwesens und der Telekommunikation flächendeckend angemessene und ausreichende Dienstleistungen zu gewährleisten.[55] Die Einführung des freien Wettbewerbes im Telekommunikationsbereich wurde in Art. 87f Abs. 2 GG geregelt. Art. 87f Abs. 2 GG schreibt vor, dass Telekommunikationsdienstleistungen zukünftig privatwirtschaftlich durch die drei Nachfolgeunternehmen und andere private Anbieter erbracht werden.
Einfachgesetzlich wurden diese Forderungen durch das Gesetz zur Neuordnung des Postwesens und der Telekommunikation[56] (PTNeuOG) gestützt. Dieses hatte entsprechend den europarechtlichen Vorgaben Übergangscharakter.[57]

Die europäische Kommission forderte nämlich die Einführung vollständigen Wettbewerbs in der Sprachtelefonie bis zum 1. Januar 1998.[58] Um diese Forderung auch durch nationales Recht zu stützen, war es notwendig, einen neuen gesetzlichen Rahmen zu schaffen. Deshalb begannen bereits 1995, d.h. kurz nach Inkrafttreten des PTNeuOG, die Vorarbeiten zum TKG-alt. Dieses wurde am 25. Juli 1996 verkündet. Inhaltlich brachte das TKG-alt den Wegfall des alten Netzmonopols der Deutschen Telekom AG (DTAG) zum 1. August 1996 und des Sprachtelefondienstmonopols zum 1. Januar 1998.[59] Mit dem TKG-alt legte der Gesetzgeber sich endgültig auf die vollständige Marktöffnung und die Überführung des Telekommunikationssektors in den Wettbewerb fest.[60] Gemäß § 1 TKG-alt war der Zweck des Gesetzes die Förderung des Wettbewerbs und die Sicherstellung einer flächendeckenden und angemessenen Versorgung mit Dienstleistungen.

Organisatorisch wurde die Regulierungsbehörde im Geschäftsbereich des Bundesministeriums für Wirtschaft und Arbeit geschaffen und das Bundesministerium für Post und Telekommunikation aufgelöst.[61]

---

54 Röger, DÖV 2004, 1025, 1027.

55 Hermes, Infrastrukturverantwortung, 1998, S. 251.

56 Gesetz zur Neuordnung des Postwesens und der Telekommunikation (Postneuordnungsgesetz), BGBl. I 1994, S. 2325 ff.

57 Koenig/Loetz/Neumann, TelekommunikationsR, 1. Aufl., 2004, S. 96.

58 Richtlinie 96/19/EG der Kommission vom 13. März 1996 zur Änderung der Richtlinie 90/388/EWG hinsichtlich der Einführung des vollständigen Wettbewerbs auf den Telekommunikationsmärkten, ABl. EG Nr. L 74, S. 13 ff.

59 Röger, DÖV 2004, 1025, 1028.

60 Koenig/Loetz/Neumann, TelekommunikationsR, 1. Aufl., 2004, S. 97.

61 Koenig/Loetz/Neumann, TelekommunikationsR, 1. Aufl., 2004, S. 97; Schmittmann,

2. Die Entwicklung seit 1996

Bei Schaffung des TKG-alt war beabsichtigt, den Telekommunikationssektor nur übergangsweise einer sektorspezifischen Regulierung durch das TKG-alt zu unterwerfen und ihn, sobald funktionierende Märkte geschaffen worden sind, wieder dem GWB zu unterstellen.[62]

In Anbetracht dieser Zielsetzung nahm die damalige Bundesregierung im Dezember 2002 zum Tätigkeitsbericht der Regulierungsbehörde für Telekommunikation und Post 2000/2001 und zum Sondergutachten der Monopolkommission „Wettbewerbsentwicklung bei Telekommunikation und Post 2001: Unsicherheit und Stillstand" Stellung63 und erörterte, dass in weiten Bereichen des Festnetzmarktes noch nicht von funktionsfähigem Wettbewerb gesprochen werden könne. Mangels funktionierendem Wettbewerb war demnach eine Eingliederung des Telekommunikationssektors in das allgemeine Wettbewerbsrecht nicht möglich. Nach Ansicht der Bundesregierung war vielmehr zu prüfen, ob und inwieweit durch sektorspezifische Regulierung gezielter als bisher zur Entwicklung des Wettbewerbs beigetragen werden konnte.64 Diese Aufgabenstellung und die Pflicht zur Umsetzung der fünf europäischen Richtlinien gaben den Anstoß für die Schaffung des neuen Telekommunikationsgesetzes.

Nachdem kontrovers diskutiert worden war, ob das TKG-alt weiterentwickelt oder das Gesetz von Grund auf novelliert werden sollte[65], legte die Abteilung VII des Bundesministeriums für Wirtschaft und Arbeit bereits im Februar 2003 einen Arbeitsentwurf zur TKG-Novelle vor, dessen Grundkonzeption in den Referentenentwurf des Ministeriums Eingang fand. In dessen Begründung[66] heißt es, dass die Umsetzung der europäischen Vorgaben nicht allein durch Änderung

---

K & R 1998, 1, 2; Heun, CR 2005, 725, 727.

62 Monopolkommission, Wettbewerb auf den Telekommunikations- und Postmärkten?, 2000, S. 29.

63 Stellungnahme der Bundesregierung zum Tätigkeitsbericht der Regulierungsbehörde für Telekommunikation und Post 2000/2001 und zum Sondergutachten der Monopolkommission „Wettbewerbsentwicklung bei Telekommunikation und Post 2001 - Unsicherheit und Stillstand" vom 18. Dezember 2002.

64 Stellungnahme der Bundesregierung zum Tätigkeitsbericht der Regulierungsbehörde für Telekommunikation und Post 2000/2001 und zum Sondergutachten der Monopolkommission „Wettbewerbsentwicklung bei Telekommunikation und Post 2001 - Unsicherheit und Stillstand" vom 18. Dezember 2002, S. 5.

65 Koenig/Loetz/Neumann, TelekommunikationsR, 1. Aufl., 2004, S. 100.

66 Referentenentwurf des Bundesministeriums für Wirtschaft und Arbeit nebst Begründung vom 30. April 2003, www.tkrecht.de.

des bestehenden Telekommunikationsgesetzes möglich sei. Erforderlich sei vielmehr eine Neufassung und damit weitreichende Überarbeitung des bisherigen Telekommunikationsgesetzes (TKG-alt). Im Rahmen der Überarbeitung sei zu berücksichtigen, dass das neue europäische Recht den Regulierungsbehörden mehr Spielraum hinsichtlich der Anwendung der Regulierungsinstrumente einräume und der Europäischen Kommission mehr Mitwirkungsmöglichkeiten bei der Durchführung der Regulierungsverfahren.

Auf der Basis des Referentenentwurfes vom 30. April 2003 verabschiedete das Bundeskabinett den Regierungsentwurf, der am 25. Juni 2004 vom Parlament beschlossen und im Bundesgesetzblatt verkündet wurde.[67] Bereits am 2. Februar 2005 lag ein Entwurf eines Gesetzes zur Änderung telekommunikationsrechtlicher Vorschriften[68] vor, in dessen Art. 3 diverse Änderungen des Telekommunikationsgesetzes gemacht wurden. Dieser Entwurf wurde vom Deutschen Bundestag angenommen.[69] Da das vom Deutschen Bundestag verabschiedete Gesetz zur Änderung telekommunikationsrechtlicher Vorschriften in einigen zentralen Forderungen nicht der Stellungnahme des Bundesrates gefolgt ist, hat der Bundesrat am 8. Juli 2005 den Vermittlungsausschuss angerufen. Aufgrund der vorzeitigen Auflösung des Bundestages hat der Vermittlungsausschuss zunächst seine Beratungen vertagt. Am 18. September 2006 legte die neue Bundesregierung ihren Entwurf zur Änderung telekommunikationsrechtlicher Vorschriften[70] vor, der sowohl vom Bundestag als auch vom Bundesrat angenommen wurde.[71]

---

67 BGBl. I 2004, S. 1190 ff.

68 Entwurf eines Gesetzes zur Änderung telekommunikationsrechtlicher Vorschriften, BT-Drs. 15/5213.

69 BR-Drs. 438/05.

70 BT-Drs. 16/2581, S. 1 ff.

71 BGBl. I 2007, S. 106 ff.

Teil 2: Regulierung im TKG-alt und im Telekommunikationsgesetz

A. Gründe für die sektorspezifische Regulierung des Telekommunikationsbereichs

I. Warum gibt es Regulierung?

1. Definition Regulierung

Um die Gründe für die Regulierung des Telekommunikationsbereichs zu verstehen ist es unerlässlich, den Begriff der Regulierung zu definieren und diesen als Arbeitsgrundlage handhabbar zu machen.[72]

Das Telekommunikationsgesetz selbst enthält keine Definition der Regulierung. Allgemein, d.h. unabhängig von seiner Anwendung im Telekommunikationsbereich, steht der Begriff Regulierung für die Gesamtheit aller Regeln, mit denen der Staat in den freien Wettbewerb eingreift, um ein Marktversagen zu korrigieren oder staatliche Ziele gegen den Wettbewerb durchzusetzen. Regulierung geschieht hierbei durch den Erlass von Verordnungen und durch Gesetze.[73]
Dieser allgemeine Begriff der Regulierung ist weit und wurde durch das TKG-alt eingeschränkt. Nach der Legaldefinition des § 3 Nr. 13 TKG-alt waren unter Regulierung die Maßnahmen, die zur Erreichung der in § 2 Abs. 2 TKG-alt genannten Ziele ergriffen werden und durch die das Verhalten von Telekommunikationsunternehmen beim Angebot von Telekommunikationsdienstleistungen, von Endeinrichtungen oder von Funkanlagen geregelt werden, sowie die Maßnahmen, die zur Sicherstellung einer effizienten Nutzung von Frequenzen ergriffen werden, zu verstehen. Erfasst wurden somit alle legislativen und administrativen Maßnahmen, die das Verhalten von Telekommunikationsunternehmen steuerten und so die Ziele des § 2 Abs. 2 TKG-alt verfolgten.[74] Zu den Zielen des § 2 Abs. 2 TKG-alt gehörten hierbei unter anderem die Wahrung der Interessen der Nutzer, die Sicherstellung eines chancengleichen und funktionsfähigen Wettbewerbs und die Sicherstellung einer flächendeckenden Grundversorgung mit Telekommunikationsdienstleistungen (Universaldienstleistungen) zu erschwinglichen Preisen.

---

72 Zum Begriff der Regulierung siehe: Theobald/Hummel, N & R 2004, 2, 3 ff.; Theobald, NJW 2003, 324; Danwitz, DÖV 2004, 977 ff.

73 Siehe hierzu: Ruffert, AöR 124 (1999), 237, 241.

74 Paulweber, Regulierungszuständigkeiten, 1999, S. 40.

Diese Definition ist auf das neue Telekommunikationsgesetz übertragbar. Hierfür spricht, dass der Begriff Regulierung im neuen Telekommunikationsgesetz synonym zu dem Begriff der Regulierung im TKG-alt verwendet wird. Zudem deutet die Nichtauflistung des Begriffs „Regulierung" in § 3 TKG, der die Begriffsbestimmungen für das Telekommunikationsgesetz beinhaltet, darauf hin, dass der Gesetzgeber von der allgemeinen Bekanntheit der Definition ausgegangen ist und es nicht für erforderlich hielt, diese gesetzlich zu manifestieren. Daraus könnte geschlossen werden, dass der Gesetzgeber „stillschweigend" die alte Definition weiter gelten lassen wollte. Zumindest ist davon auszugehen, dass er, wenn er eine andere als die in § 3 Nr. 13 TKG-alt gegebene Definition bevorzugte, seinen Willen gesetzlich niedergelegt hätte.

Aufgrund der sinngleichen Anwendung und mangels gegenteiliger Anhaltspunkte hat die Legaldefinition des § 3 Nr. 13 TKG-alt folglich auch noch unter Geltung des Telekommunikationsgesetzes Gültigkeit. Sie kann als Arbeitsgrundlage verwendet werden, um die Gründe für eine Regulierung des Telekommunikationssektors herauszustellen.

2. Gründe für die Regulierung

Wie sich aus der Definition der Regulierung in § 3 TKG-alt ableiten lässt, findet sie statt, um die im Telekommunikationsgesetz genannten Ziele der Regulierung zu verwirklichen und das Verhalten von Telekommunikationsunternehmen zu steuern. Demnach sind unter anderem die Sicherstellung von funktionsfähigem Wettbewerb, die Wahrung der Interessen der Nutzer, die Sicherstellung einer effizienten und störungsfreien Nutzung von Frequenzen und die Sicherstellung der flächendeckenden und erschwinglichen Grundversorgung der Bevölkerung mit Telekommunikationsdienstleistungen Gründe, die eine staatliche Regulierung erforderlich machen.

a) Sicherstellung von funktionsfähigem Wettbewerb

Als 1996 die letzten Monopole im Telekommunikationssektor aufgehoben wurden und nun auch der Bereich der Übertragungswege und des Sprachtelefondienstes dem Wettbewerb geöffnet war, ging der Gesetzgeber davon aus, dass der neue Markt sich mangels funktionsfähigem Wettbewerb nicht selbst überlassen werden konnte, sondern staatlich reguliert werden musste.[75]

Dem lag der Gedanke zugrunde, dass der Telekommunikationsmarkt trotz Wegfall der Ausschließlichkeitsrechte noch für längere Zeit von der Deutschen Tele-

---

[75] BT-Drs. 13/3609, S. 1, 33 f.

kom AG als marktbeherrschendem Unternehmen bestimmt sein würde.[76] Allein die Deutsche Telekom AG verfügte in der Bundesrepublik Deutschland über ein flächendeckendes modernes Telefonnetz mit beinahe 40 Millionen Kunden und über flächendeckende Netzinfrastrukturen für Mietleistungsangebote. Darüber hinaus war sie dominierender Anbieter von Datenkommunikationsdiensten[77], d.h. von Diensten, die, wie zum Beispiel das Internet, dem Datentransport dienen. Der Aufbau einer vergleichbaren Netzinfrastruktur war für die Konkurrenten aufgrund des Kosten- und Zeitfaktors in den meisten Bereichen nahezu unmöglich.[78] Dies galt vor allem im Ortsnetz für den Zugang zum Endkunden.[79] Die Konkurrenten mussten - zumindest vorübergehend - auf die vorhandenen Netze der Deutschen Telekom AG zugreifen.[80] Um den für die Konkurrenten notwendigen Zugang zu den Netzen der Deutschen Telekom AG zu gewährleisten, wurde es für notwendig erachtet, dass der Staat hier regulierend eingriff und die Deutsche Telekom AG verpflichtete, ihre Netze für andere Anbieter von Telekommunikationsdienstleistungen zu öffnen.

Zudem galt es zu verhindern, dass die Deutsche Telekom AG die Preise für die Zugangsgewährung beliebig festsetzte. Aufgrund der ehemaligen Monopolstellung war sie Alleinanbieter bestimmter Netzinfrastrukturen und somit in der Lage, die Preise unabhängig vom Konkurrenzdruck anderer zu gestalten. Diese Preissetzungsmacht hätte dazu führen können, dass der Marktzutritt den zukünftigen Wettbewerbern aufgrund überhöhter Preise für Zugangsleistungen erschwert und gegebenenfalls unmöglich gemacht worden wäre.

Ein marktbeherrschendes Unternehmen hätte Konkurrenten zudem dadurch vom Markt verdrängen können, dass es auf den von ihm beherrschten Teilmärkten, so etwa auf dem Festnetzmarkt, unangemessen hohe Preise festsetzte, um auf anderen Teilmärkten, etwa auf dem Mobilfunkmarkt, durch systematische Preisunterbindung die Wettbewerber zu ruinieren.[81] Die Deutsche Telekom AG war beispielsweise zu Beginn der Liberalisierungsbewegung alleiniger Anbieter von Festnetzanschlüssen. Auf dem Festnetzmarkt hätte sie folglich mangels Konkur-

---

76 BT-Drs. 13/3609, S. 33; Röger, DVBl. 2005, 143, 147; dies bestätigend: 14. Hauptgutachten der Monopolkommission 2000/2001, BT-Drs. 14/9903, S. 42; Stamm, Entgeltregulierung, 2001, S. 57 m.w.N.

77 BT-Drs. 13/3609, S. 33.

78 Stamm, Entgeltregulierung, 2001, S. 58.

79 BT-Drs. 14/9903, S. 357; Stamm, Entgeltregulierung, 2001, S. 155.

80 Monopolkommission, Wettbewerb auf den Telekommunikations- und Postmärkten?, 2000, S. 30.

81 Stamm, Entgeltregulierung, 2001, S. 155; Busch, Regulierung des Post- und Fernmeldewesens, 1987, S. 24.

renzdruck hohe Preise festsetzen können, ohne befürchten zu müssen, dass sie Kunden, die auf das Angebot der Deutschen Telekom AG angewiesen waren, zu verlieren. Die auf dem Festnetzsektor erzielten Gewinne hätte sie in andere Sparten, wie den Mobilfunkbereich, investieren können. Diese Investitionen wiederum hätten gezielt eingesetzt werden können, um Gewinneinbußen, die infolge eines Preisunterbietungskampfes entstehen, auszugleichen. Mitbewerber der Sparte, die nicht über genügend Kapital verfügten, um dieser Preisunterbietung standzuhalten, wären vom Markt verdrängt worden. Mögliche Quersubventionierungen zwischen den unterschiedlich starken Produkt- bzw. Dienstleistungssparten des Unternehmens mussten folglich ebenfalls verhindert werden.
Um den Wettbewerbern den Zugang zu den Netzinfrastrukturen der Deutschen Telekom AG zu ermöglichen und die Preissetzung des marktbeherrschenden Unternehmens zu kontrollieren, war demnach eine staatliche Regulierung nötig. Durch die staatliche Kontrolle konnte der chancengleiche und funktionsfähige Wettbewerb sichergestellt und einem Ziel der Regulierung Rechnung getragen werden.

Auch im Zeitpunkt der Schaffung des Telekommunikationsgesetzes war noch nicht auf allen Telekommunikationsmärkten ausreichender Wettbewerb sichergestellt.[82] Zwar hatten Wettbewerber der Deutschen Telekom AG beachtliche Marktanteile im Fern- und Auslandsmarkt des Sprachtelefondienstes und in Teilen des Mietleistungsmarktes erzielt, auf den Märkten für Teilnehmeranschlüsse, Ortsgespräche und Vorleistungen behielt die Deutsche Telekom AG jedoch ihre faktische Monopolstellung bei.[83] Folglich war eine Regulierung weiterhin nötig, um funktionsfähigen Wettbewerb auf allen Telekommunikationsmärkten herzustellen.

b) Sicherstellung einer flächendeckenden und erschwinglichen Grundversorgung der Bevölkerung mit Telekommunikationsdienstleistungen

Auch die Vermeidung einer mangelhaften bzw. unerschwinglichen Versorgung der Bevölkerung mit unabdingbaren Telekommunikationsdienstleistungen (Universaldiensten) rechtfertigt eine Regulierung. Nach § 17 TKG-alt, § 78 TKG

---

[82] Monopolkommission, Telekommunikation und Post 2003 - Wettbewerbsintensivierung in der Telekommunikation - Zementierung des Postmonopols, 2004, S. 99.

[83] Siehe Monopolkommission, Telekommunikation und Post 2003 - Wettbewerbsintensivierung in der Telekommunikation - Zementierung des Postmonopols, 2004, S. 99; Stellungnahme der Bundesregierung zum Tätigkeitsbericht der Regulierungsbehörde für Telekommunikation und Post 2000/2001 und zum Sondergutachten der Monopolkommission „Wettbewerbsentwicklung bei Telekommunikation und Post 2001 - Unsicherheit und Stillstand“ vom 18. Dezember 2002, S. 4 f.

versteht man unter Universaldienstleistungen ein Mindestangebot an Diensten, das für alle Endkunden mit bestimmter Qualität und zu einem erschwinglichen Preis unabhängig von deren Wohn- oder Geschäftsort zugänglich sein muss.

Selbst wenn es in der Bundesrepublik Deutschland zunächst schwer vorstellbar scheint, dass es zu einer Unterversorgung der Bevölkerung mit Telekommunikationsdienstleistungen kommen kann, ist die Gefahr einer solchen Situation ein Grund für staatliche Regulierung; denn nicht alle Regionen sind für Telekommunikationsanbieter wirtschaftlich interessant. Während der Aufbau einer Netzinfrastruktur in städtischen Ballungszentren wirtschaftlich rentabel ist, rechtfertigt der Aufbau einer vergleichbaren Infrastruktur in dünnbesiedelten ländlichen Regionen mit wenigen Kunden den organisatorischen und finanziellen Aufwand unter Umständen nicht.[84] Durch eine entsprechende Regulierung muss vermieden werden, dass der Wettbewerb sich auf die lukrativen Bereiche beschränkt (sog. Rosinenpicken)[85] und nicht Gewinn bringende Bereiche nicht ausreichend mit erschwinglichen Telekommunikationsdienstleistungen versorgt werden.
Dies gilt umso mehr, als der Bund nach Art. 87f Abs. 1 GG verpflichtet ist, flächendeckend angemessene und ausreichende Telekommunikationsdienstleistungen zu gewährleisten (Universaldienstgewährleistung). Da er aufgrund des Privatisierungsgebotes des Art. 87f Abs. 2 Satz 1 GG daran gehindert ist, die Verpflichtung zur Gewährleistung eines Universaldienstes durch eigene Dienstleistungen zu erfüllen[86], kann er durch die Regulierung des Telekommunikationsmarktes der möglichen Gefahr einer Unterversorgung der Bevölkerung mit Universaldiensten begegnen.

c) Wahrung der Interessen der Nutzer

Ein weiterer Grund für eine staatliche Regulierung ist die Wahrung der Interessen der Nutzer, die erschwingliche Leistungen und Angebotsvielfalt wünschen. Es gilt zu vermeiden, dass der Monopolist seine Leistungen im Vergleich mit einem wettbewerblich organisierten Markt zu teuer anbietet.[87] Solange auf dem Markt kein funktionsfähiger Wettbewerb gewährleistet ist, hat der Staat hierzu regulierend in das Marktgeschehen einzugreifen und die Nutzer vor der Preissetzungsmacht des marktbeherrschenden Unternehmens zu schützen.

---

84 Dies bestätigt die Monopolkommission, Wettbewerb auf den Telekommunikations- und Postmärkten?, 2000, S. 29.

85 Windthorst, in: Sachs, GG, 3. Aufl., 2003, Art. 87f Rn. 8.

86 Windthorst, in: Sachs, GG, 3. Aufl., 2003, Art. 87f Rn. 15.

87 Busch, Regulierung des Post- und Fernmeldewesens, 1987, S. 9.

II. Warum erfolgt die Regulierung sektorspezifisch?

Der Telekommunikationsmarkt wurde seit 1996 sektorspezifisch reguliert und nicht, wie zum Teil vorgeschlagen[88], dem allgemeinen Wettbewerbsrecht, d.h. dem GWB, unterstellt. Ein sektorspezifisches Gesetz, das TKG-alt, und eine sektorspezifische Behörde, die Regulierungsbehörde, wurden geschaffen. Dennoch wurde der Übergangscharakter der sektorspezifischen Regulierung betont.[89] Ihre Notwendigkeit sollte entfallen, sobald auf den relevanten Märkten funktionsfähiger Wettbewerb herrscht.[90] Hierbei verstand man nach Aussage der Monopolkommission[91] unter funktionsfähigem Wettbewerb den strukturell gesicherten Wettbewerb, der auch dann fortbesteht, wenn die sektorspezifische Regulierung zurückgeführt wird. Sobald das Stadium funktionsfähigen Wettbewerbs erreicht ist, sollte an die Stelle der sektorspezifischen Regulierung die allgemeine Wettbewerbsaufsicht treten.[92] Auch die Zuständigkeit für die wettbewerbsrechtliche Aufsicht sollte dann von der sektorspezifischen Regulierungsbehörde zu den Kartellbehörden wechseln.[93]

Ein Grund für die sektorspezifische Regulierung war die besondere Wettbewerbssituation im Telekommunikationsbereich, der in weiten Teilen vom ehemaligen Monopolisten Deutsche Telekom AG dominiert war.[94] Das Monopol der Deutschen Telekom AG musste beseitigt werden, um funktionsfähigen Wettbewerb herzustellen. Die angestrebte Entmonopolisierung erforderte ein Regulierungsregime, das den Eigenheiten des Telekommunikationsmarktes gerecht wurde und zur Schaffung von Wettbewerb beitrug. Die von der Deutschen Telekom AG beherrschten Netzinfrastrukturen mussten für andere Telekommunikationsanbieter zugänglich gemacht werden, damit diese in die Lage versetzt wurden, Telekommunikationsdienstleistungen anbieten zu können.

---

88 Vgl. Bundeskartellamt und Landeskartellbehörden zur Reform des deutschen Kartellrechts und zur Telekommunikation, Agenturmeldung vom 6. November 1995; Bundesministerium für Wirtschaft (BMWi), Position des BMWi zur Organisation der Regulierung vom 6. November 1995.

89 Hefekäuser, MMR 1999, Heft 10, XIV; Möschel/Haug, MMR 2003, 505.

90 Holthoff-Frank/Paulus, MMR 2000, 187.

91 Monopolkommission, Wettbewerb auf den Telekommunikations- und Postmärkten?, 2000, S. 29; hierzu auch ausführlich Koenig/Vogelsang/Kühling/Loetz/Neumann, K & R 2003, 8 ff.

92 Monopolkommission, Wettbewerb auf den Telekommunikations- und Postmärkten?, 2000, S. 5.

93 Monopolkommission, Wettbewerbsentwicklung bei Telekommunikation und Post 2001 - Unsicherheit und Stillstand, 2002, S. 11.

94 BT-Drs. 13/3609, S. 33.

Da das allgemeine Wettbewerbsrecht grundsätzlich die Existenz eines funktionsfähigen Wettbewerbs unterstellt und verhaltenskontrollierende Eingriffe und Vorgaben nur bei Vorliegen von Missbräuchen marktbeherrschender Unternehmen vorsieht, war es für die Umwandlung eines traditionell monopolistisch geprägten Marktes unzureichend.[95] Um potenziellen Wettbewerbern den Einstieg in den Markt zu erleichtern, waren spezifische zusätzliche Regelungen erforderlich, die die Regulierungsbehörde berechtigten, marktbeherrschende bzw. monopolistische Unternehmen in besonderer Weise zu regulieren.[96] Beispielhaft sei hier die - über die kartellrechtliche essential-facilities-Doktrin des § 19 Abs. 4 Nr. 4 GWB hinausgehende - Möglichkeit zur Anordnung des Zugangs im Sinne des § 37 Abs. 1 TKG-alt genannt, mittels derer die Regulierungsbehörde das marktbeherrschende Unternehmen zur Gewährung von Zugang zu dessen Netzen verpflichten konnte, wenn entsprechende Vereinbarungen zwischen diesem und dem zugangsnachfragenden Unternehmen scheiterten.

Auch enthält das GWB keine Mechanismen, die die flächendeckende und ausreichende Versorgung der Bevölkerung mit Telekommunikationsdienstleistungen sicherstellen könnten, zu deren Gewährleistung der Staat verfassungsrechtlich durch Art. 87f Abs. 1 GG beauftragt ist. Da er die Dienstleistungen nach Art. 87f Abs. 2 GG jedoch nicht selbst erbringen darf, muss die zuständige Behörde die Möglichkeit haben, die Unternehmen zum Angebot von Universaldiensten zu verpflichten. Eine solche Möglichkeit der Verpflichtung zu bestimmten Angeboten ist im GWB nicht vorgesehen.[97]

Ein Vorteil der sektorspezifischen Regulierung ist, dass durch die Schaffung eines eigenständigen Telekommunikationsgesetzes detailliertere Regelungen formuliert werden können, als dies in einem allgemeinen Gesetz, wie dem GWB, der Fall wäre. Bei Schaffung des TKG-alt mussten die technischen Zusammenhänge ebenso wie die europarechtlichen Vorgaben berücksichtigt werden. Hierzu waren komplexe Regelungen erforderlich, die den technischen Anforderungen betreffend der Zuteilung von Rufnummern und Frequenzen etc. genauso Rechnung trugen wie etwa den europarechtlich vorgegebenen Grundsätzen für einen offenen Netzzugang[98]. Eine Eingliederung solcher spezifischer Regelungen in das allgemeine Wettbewerbsrecht, das grundsätzlich auf alle Märkte an-

---

95 BT-Drs. 13/3609, S. 33; Ruthig, in: Arndt/Fetzer/Scherer, TKG, 1. Aufl., 2007, § 2 Rn. 15; Säcker, N & R 2004, 46, 48.

96 BT-Drs. 13/3609, S. 33.

97 Säcker, AöR 130 (2005), 180, 186 f.

98 Richtlinie 90/387/EG des Rates vom 28. Juni 1990 zur Verwirklichung des Binnenmarktes für Telekommunikationsdienste durch Einführung eines offenen Netzzugangs (Open Network Provision - ONP), ABl. EG Nr. L 192, S. 1 ff.

wendbar sein soll, erscheint schwierig, wenn nicht gar unmöglich. Demzufolge sprachen 1996 gute Argumente für eine sektorspezifische Regulierung.
Aufgrund der zumindest langfristig geplanten Überführung der sektorspezifischen Regulierung in das allgemeine Wettbewerbsrecht musste jedoch fortlaufend geprüft werden, inwieweit die sektorspezifische Regulierung notwendig ist. Diese Aufgabe wurde der Monopolkommission übertragen. Sie hatte nach § 81 Abs. 3 TKG-alt alle zwei Jahre einen Bericht zu der Frage, ob auf den Märkten der Telekommunikation Wettbewerb herrscht, vorzulegen. Insbesondere war zu prüfen, ob die sektorspezifische Regulierung entfallen kann, weil auf den relevanten Märkten funktionsfähiger Wettbewerb besteht.

Während 1999 teilweise[99] vertreten wurde, dass sich der Wettbewerb seit der vollständigen Liberalisierung der Telekommunikationsmärkte am 1. Januar 1998 in atemberaubendem Tempo entwickelt habe und so die Marktbeherrschung durch eines der am Markt tätigen Unternehmen als eine der wesentlichen Voraussetzungen für die sektorspezifische Regulierung entfallen sei, sah die Monopolkommission[100] dies differenziert. Ihrer Meinung nach war beispielsweise auf dem Festnetzmarkt noch kein funktionsfähiger Wettbewerb gegeben.[101] Der Marktanteil der Deutschen Telekom AG bei den Teilnehmeranschlüssen habe Mitte 1999 noch bei 99,6 % gelegen.[102] Auf den Märkten für Fern- und Auslandgespräche sei die Wettbewerbsintensität zwar deutlich höher als im Ortsnetz, dennoch sei auch hier noch nicht das Stadium eines gesicherten, funktionsfähigen Wettbewerbs erreicht.[103]

In ihrer zweiten Stellungnahme[104] zur Entwicklung des Wettbewerbs auf den Märkten der Telekommunikation im Jahr 2001 bestätigte die Monopolkommission diese Ergebnisse. Solange der Wettbewerb auf den Endkundenmärkten der Telekommunikation nur dann bestehen könne, wenn die Konkurrenten auf die Infrastruktur des dominierenden Unternehmens zugreifen könnten, sei die Regu-

---

99 Hefekäuser, MMR 1999, Heft 10, XIV.

100 Monopolkommission, Wettbewerb auf den Telekommunikations- und Postmärkten?, 2000, S. 6.

101 Monopolkommission, Wettbewerb auf den Telekommunikations- und Postmärkten?, 2000, S. 10.

102 Holthoff-Frank/Paulus, MMR 2000, 187.

103 Monopolkommission, Wettbewerb auf den Telekommunikations- und Postmärkten?, 2000, S. 19 ff.

104 Monopolkommission, Wettbewerbsentwicklung bei Telekommunikation und Post 2001 - Unsicherheit und Stillstand, 2002, S. 1 ff.

lierung von Vorleistungen unverzichtbar.[105] Zudem sei auf den Märkten für Teilnehmeranschlüsse und Ortsgespräche noch kein funktionsfähiger Wettbewerb entstanden und eine sektorspezifische Regulierung weiterhin notwendig.

Ähnlich sah die Monopolkommission die Situation auch 2003 in ihrem letzten Gutachten vor Erlass des Telekommunikationsgesetzes. Nach ihrer Vorstellung[106] war zwar eine Deregulierung bei Fern- und Auslandsgesprächen möglich; die Regulierung der Märkte für Teilnehmeranschlüsse und Ortsgespräche musste allerdings beibehalten werden.
Dementsprechend wurde bei der Schaffung des Telekommunikationsgesetzes an der sektorspezifischen Regulierung festgehalten. Die Monopolkommission muss jedoch nach § 121 Abs. 2 TKG weiterhin alle zwei Jahre ein Gutachten erstellen, in dem sie den Stand und die absehbare Entwicklung des Wettbewerbs beurteilt.

---

105 Monopolkommission, Wettbewerbsentwicklung bei Telekommunikation und Post 2001 - Unsicherheit und Stillstand, 2002, S. 56.

106 Monopolkommission, Telekommunikation und Post 2003 - Wettbewerbsintensivierung in der Telekommunikation - Zementierung des Postmonopols, 2004, S. 7.

B. Vergleich der Regulierung im TKG-alt mit der des Telekommunikationsgesetzes

I. Ausgestaltung der Regulierung im TKG-alt

1. Die Regulierungsinstrumente

a) Marktzutrittsregulierung

Der Marktzutritt war gemäß § 6 TKG-alt von einer Lizenz abhängig.[107] Von dieser Lizenzpflicht waren nur diejenigen Telekommunikationsdienstleistungen erfasst, die vormals Gegenstand des Monopols der Deutschen Telekom AG waren: der Sprachtelefondienst und der Netzbetrieb. Gemäß § 6 Abs. 1 TKG-alt bedurfte sowohl derjenige einer Lizenz, der Übertragungswege betrieb, welche die Grenze eines Grundstücks überschritten und für Telekommunikationsdienstleistungen für die Öffentlichkeit benutzt wurden, als auch derjenige, der Sprachtelefondienst auf der Basis selbst betriebener Telekommunikationsnetze anbot. Sofern Regulierungsziele gemäß § 2 Abs. 2 TKG-alt nicht entgegenstanden und bestimmte objektive und subjektive Anforderungen erfüllt waren, bestand ein Rechtsanspruch auf die Erteilung einer Lizenz, § 8 Abs. 1 TKG-alt. Die Marktzutrittsregulierung des TKG-alt war demnach als präventives Verbot mit Erlaubnisvorbehalt ausgestaltet.[108]

b) Verhaltensregulierung

Die Verhaltensregulierung umfasste mehrere Normkomplexe. Ihr unterfielen sowohl die Anordnungen im Rahmen der Verpflichtung zur Erbringung von Universaldienstleistungen, als auch die Regelungen über den offenen Netzzugang und über Zusammenschaltungen.

Gemäß §§ 17 ff. TKG-alt waren bestimmte Unternehmen zur Erbringung von Universaldienstleistungen verpflichtet.[109] Unter Universaldienstleistungen verstand man ein Mindestangebot an Telekommunikationsdienstleistungen für die Öffentlichkeit, für die eine bestimmte Qualität festgelegt ist und zu denen alle Nutzer Zugang haben müssen, § 17 Abs. 1 Satz 1 TKG-alt. Wurden die Universaldienstleistungen nicht angemessen oder ausreichend erbracht, konnte die

---

107 Mayen, in: Scheurle/Mayen, TKG, 2002, § 6 Rn. 1 ff.; Spoerr, in: Trute/Spoerr/Bosch, TKG, 2001, § 6 m.w.N.

108 Heine/Neun, MMR 2001, 252; Schütz/Nüsken, MMR 1998, 523, 525.

109 Freund, NVwZ 2003, 408, 411; Danwitz, NVwZ 2000, 615 ff.

Regulierungsbehörde dem Unternehmen die Erbringung auferlegen oder einen Ausgleich für das Erbringen der Universaldienstleistung gewähren bzw. eine jährliche Umsatzanzeige verlangen.

Im Mittelpunkt der verhaltensregulierenden Regelungen, die den offenen Netzzugang betreffen, stand die Generalklausel des § 33 TKG-alt. Hiernach hatte ein Anbieter, der auf einem Markt für Telekommunikationsdienstleistungen für die Öffentlichkeit über eine marktbeherrschende Stellung im Sinne des § 22 GWB verfügte, Wettbewerbern grundsätzlich diskriminierungsfrei den Zugang zu seinen intern genutzten und seinen am Markt angebotenen Leistungen zu gewähren, soweit die Leistungen wesentlich waren. Wenn der marktbeherrschende Anbieter anderen den Zugang verweigerte, konnte die Regulierungsbehörde ihm ein bestimmtes Verhalten auferlegen oder untersagen. Verträge konnte sie ganz oder teilweise für unwirksam erklären, soweit der Anbieter seine marktbeherrschende Stellung missbräuchlich ausnutzte.[110]

Zudem konnte die Regulierungsbehörde die Zusammenschaltung von Netzen gemäß § 37 TKG-alt anordnen. Diese verhaltensregulierende Maßnahme war jedoch nur zulässig, wenn entsprechende Vereinbarungen zwischen den Netzbetreibern scheiterten.
Zuvor hatte der Betreiber eines Telekommunikationsnetzes, der Telekommunikationsleistungen für die Öffentlichkeit anbot und auf einem solchen Markt über eine marktbeherrschende Stellung verfügte, anderen Nutzern Zugang zu seinem Telekommunikationsnetz oder zu Teilen desselben bzw. eine Zusammenschaltung der Netze zu ermöglichen, § 35 Abs. 1 TKG-alt. § 36 TKG-alt legte den Betreibern für solche Zusammenschaltungen eine Verhandlungspflicht in dem Sinne auf, dass jeder Betreiber eines öffentlichen Telekommunikationsnetzes verpflichtet war, anderen Betreibern solcher Netze auf Nachfrage ein Angebot auf Zusammenschaltung zu machen. Kam eine Zusammenschaltung dennoch nicht zustande, konnte die Regulierungsbehörde die Zusammenschaltung gemäß § 37 TKG-alt anordnen.

Da weder die Gewährung eines Netzzuganges noch die Durchführung einer angeordneten Zusammenschaltung unentgeltlich erfolgen mussten, das marktbeherrschende Unternehmen aber die Höhe der Entgelte nicht beliebig festsetzen können sollte, ordnete § 39 TKG-alt die entsprechende Anwendung der Entgeltregulierungsvorschriften an. Dies hatte zur Folge, dass die vom marktbeherr-

---

110 Dies gilt entsprechend, wenn der Anbieter die Standards und Normen bzgl. Schnittstellen und Dienstleistungsmerkmalen, die die Europäische Kommission oder der Rat für verbindlich erklärt hat, nicht einhält, § 34 Abs. 1 TKG-alt.

schenden Unternehmen geforderten Entgelte für Zugangsleistungen der Genehmigungspflicht unterlagen.

c) Entgeltregulierung als Form der Verhaltensregulierung

Die Entgeltregulierung war eines der zentralen Instrumente, mit denen der gewünschte Wettbewerb auf den Telekommunikationsmärkten sichergestellt werden sollte. Damit Unternehmen ihre dominierende Marktposition nicht zulasten des Wettbewerbs und der Nachfrager ausnutzten, sollte durch die Entgeltregelungen des TKG-alt ein funktionstüchtiger Wettbewerb erzielt und die Förderung insbesondere mittelständischer Unternehmen erreicht werden.[111] Weitere Ziele waren der Schutz der Mitbewerber vor der Preissetzungsmacht des marktbeherrschenden Unternehmens und die Sicherstellung der fortlaufenden Überwachung des Telekommunikationsmarkts durch eine neutrale Behörde.[112]
Deshalb mussten marktbeherrschende Unternehmen Entgelte, die sie von ihren Kunden forderten, von der Regulierungsbehörde gemäß § 25 Abs. 1 TKG-alt genehmigen lassen, und durften im Anschluss nur diese genehmigten Entgelte im Geschäftsverkehr verlangen, § 29 Abs. 1 TKG-alt. Durch das Genehmigungserfordernis wurde der kartellrechtliche Grundsatz einer repressiven Preiskontrolle durchbrochen und für das Telekommunikationswesen - zumindest teilweise - durch eine Präventivkontrolle ersetzt.[113]

2. Die Entgeltgenehmigung

Gemäß § 25 Abs. 1 TKG-alt wurde ein Entgelt genehmigt, wenn es a) genehmigungspflichtig und b) genehmigungsfähig war.

a) Die Genehmigungspflichtigkeit

Genehmigungspflichtig waren zum einen Entgelte, die die Anforderungen des § 25 Abs. 1 TKG-alt erfüllten. Zum anderen konnten Entgelte genehmigungspflichtig sein, wenn sie für die Gewährung von Netzzugang oder für die Durchführung einer angeordneten Zusammenschaltung gefordert wurden. Für diese Fälle verwies § 39 TKG-alt auf die Entgeltregulierungsvorschriften.

---

[111] Schuster/Stürmer, in: Büchner, TKG, 2. Aufl., 2000, § 24 Rn. 3.

[112] BT-Drs. 13/3609.

[113] Zagouras, Konvergenz und Kartellrecht, 2002, S. 161.

aa) Die Genehmigungspflicht von Entgelten nach § 25 Abs. 1 TKG-alt und ihre Voraussetzungen

Nach § 25 Abs. 1 TKG-alt unterlagen Entgelte und entgeltrelevante Bestandteile von Allgemeinen Geschäftsbedingungen für das Angebot von Übertragungswegen und Sprachtelefondienst der Genehmigung durch die Regulierungsbehörde, sofern der Lizenznehmer auf dem jeweiligen Markt über eine marktbeherrschende Stellung verfügte.

(1) Entgelt und entgeltrelevante Bestandteile von Allgemeinen Geschäftsbedingungen

Unter Entgelt ist die für eine bestimmte Leistung zu zahlende Gegenleistung, der Preis, zu verstehen.[114] Von der Regulierung umfasst waren potenziell alle Entgelte für gewerbliche Telekommunikationsdienstleistungen, wobei unter Telekommunikationsdienstleistungen das gewerbliche Angebot von Telekommunikation einschließlich des Angebots von Übertragungswegen für Dritte zu verstehen war, § 3 Nr. 18 TKG-alt. Erfasst war also das Entgelt für jeden Telekommunikationsdienst, bei dem Nachrichten jeder Art über Telekommunikationsanlagen ausgesendet, übermittelt oder empfangen wurden.[115] Dabei musste es sich nicht um Dienstleistungen für Endkunden handeln, sondern es konnten auch solche sein, die von Wettbewerbern oder Dienstleistungserbringern auf einer vorgeordneten Handelsstufe in Anspruch genommen wurden.

Entgeltrelevante Bestandteile der Allgemeinen Geschäftsbedingungen waren solche Bestimmungen, die für die technische Abwicklung der Zahlung eines bestimmten Entgelts maßgeblich waren und zudem all diejenigen, die das Entgelt pro Abrechnungseinheit einer bestimmten Leistung für den jeweiligen Abnehmer festlegten.[116] Hierunter fielen alle Klauseln, die die Modalitäten der Entgeltberechnung oder -zahlung betrafen.[117]

---

[114] Spoerr, in: Trute/Spoerr/Bosch, TKG, 2001, § 24 Rn. 9; Schuster/Stürmer, in: Büchner, TKG, 2. Aufl., 2000, § 24 Rn. 9; Manssen, in: Manssen, TKMMR, C § 24 Rn. 11; Gramlich, in: Heun, TKR, 1. Aufl., 2002, Teil 3 Rn. 137.

[115] Paulweber, Regulierungszuständigkeiten, 1999, S. 39.

[116] Schuster/Stürmer, in: Büchner, TKG, 2. Aufl., 2000, § 25 Rn. 7 ff.

[117] Schuster/Stürmer, in: Büchner, TKG, 2. Aufl., 2000, § 25 Rn. 9; Gramlich, in: Heun, TKR, 1. Aufl., 2002, Teil 3 Rn. 138.

(2) Angebot von Übertragungswegen und Sprachtelefondienst

Von der Entgeltgenehmigungspflicht war lediglich das Angebot von Übertragungswegen und Sprachtelefondienst erfasst, d.h. die Dienstleistungen, bei deren Bereitstellung die Marktposition des ehemaligen Monopolunternehmens Deutsche Telekom AG historisch bedingt noch überragend war.[118] Alle anderen Telekommunikationsdienstleistungen im Sinne des § 3 Nr. 18 TKG-alt - also insbesondere solche der Lizenzklassen 1 (Mobilfunk) und 2 (Satellitenfunk) - unterlagen der nachträglichen Entgeltregulierung nach § 25 Abs. 2 TKG-alt.

(3) Marktbeherrschung

Das die Genehmigung beantragende Unternehmen musste zudem marktbeherrschend sein, wobei das Vorliegen einer marktbeherrschenden Stellung nach § 19 Abs. 1 und Abs. 2 GWB beurteilt wurde.[119] Danach lag eine Marktbeherrschung vor, wenn das betreffende Unternehmen keine Wettbewerber hatte, keinem wesentlichen Wettbewerb ausgesetzt war oder wenn es eine überragende Stellung im Verhältnis zu seinen Wettbewerbern hatte. Das Vorhandensein von funktionierendem Wettbewerb war nicht entscheidend. Nicht marktbeherrschende Unternehmen mussten ihre Entgelte nicht von der Regulierungsbehörde genehmigen lassen.

bb) Die Genehmigungspflicht von Entgelten für Zugangsleistungen

Für Entgelte, die für die Gewährung eines Netzzuganges oder für die Durchführung einer angeordneten Zusammenschaltung verlangt wurden, galten die meisten Entgeltregulierungsvorschriften entsprechend. Der Genehmigungspflicht unterlagen folglich auch Entgelte für Leistungen, die nicht nach § 25 TKG-alt genehmigungspflichtig waren.[120] Im Einzelnen war jedoch umstritten, welche Entgelte von der Entgeltregulierung gemäß §§ 39, 24 ff. TKG-alt erfasst waren.[121]

---

118 Witte, in: Scheurle/Mayen, TKG, 2002, § 25 Rn. 9.

119 Immenga, MMR 2000, 141 ff.; Salje, K & R 1998, 331 ff.

120 Stamm, Entgeltregulierung, 2001, S. 296.

121 Siehe hierzu ausführlich: Witte/Glahs, in: Scheurle/Mayen, TKG, 2002, § 39 Rn. 2; Bosch, K & R 2005, 208; Trute, in: Trute/Spoerr/Bosch, TKG, 2001, § 39 Rn. 7; Nolte, BB 1996, 2629 ff.; Dreier/Hefekäuser, CR 1997, 110 ff.

(1) Die Genehmigungspflicht nach den §§ 39, 35 TKG-alt

§ 39 TKG-alt sah die entsprechende Anwendung der Entgeltregulierungsvorschriften vor, wenn eine Gewährung von Netzzugang im Sinne des § 35 TKG-alt stattfand. Nach § 35 TKG-alt war der Betreiber eines Telekommunikationsnetzes, der Telekommunikationsdienstleistungen für die Öffentlichkeit anbot und auf einem solchen Markt über eine marktbeherrschende Stellung verfügte, verpflichtet, anderen Nutzern Zugang zu seinem Telekommunikationsnetz oder zu Teilen desselben zu ermöglichen. Entgelte, die er für die Zugangsgewährung verlangte, unterlagen gemäß § 39 TKG-alt der Genehmigungspflicht.

Es war umstritten, ob der Verweis auf die Entgeltregulierungsvorschriften in § 39 TKG-alt Entgelte für jegliche Netzzugänge erfasste.[122] Zum Teil[123] wurde vertreten, dass nur Entgelte, die für besondere Netzzugänge - also für Anschlüsse, die im Einzelfall und an einem anderen Punkt als dem Netzabschlusspunkt eingerichtet waren[124] - und Entgelte, die für Zusammenschaltungen[125] im Sinne des § 3 Nr. 24 TKG-alt verlangt wurden, der Genehmigungspflicht unterfielen. Nach dieser Ansicht waren Entgelte für allgemeine Netzzugänge[126], d.h. Entgelte für die sämtlichen Nutzern zur Verfügung gestellten Anschlüsse, nicht von dem Verweis erfasst. Dass sich der Verweis in § 39 TKG-alt nur auf Entgelte für den besonderen Netzzugang und auf Zusammenschaltungen bezog, zeigte sich daran, dass der Gesetzgeber den allgemeinen Netzzugang nur in beschränktem Maße dem Vierten Teil des TKG-alt unterworfen hat und insbesondere die gesetzliche Verordnungsermächtigung in § 35 Abs. 5 TKG-alt auf die Regelung des besonderen Netzzuganges und der Zusammenschaltung beschränkte.[127] Demgegenüber hat er den allgemeinen Netzzugang den Regelungen zum Kundenschutz im Fünften Teil des TKG-alt überlassen. Diese gesetzessystematische Trennung von allgemeinem und besonderem Netzzugang deutet darauf hin, dass der allgemeine Netzzugang vom Anwendungsbereich der §§ 33 - 39 TKG-alt

---

122 Zu den verschiedenen Arten von Netzzugängen siehe: Dreier/Hefekäuser, CR 1997, 110 ff.; Nolte, BB 1996, 2629 ff.

123 VG Köln, MMR 2000, 227; Witte/Glahs, in: Scheurle/Mayen, TKG, 2002, § 39 Rn. 5; Trute, in: Trute/Spoerr/Bosch, TKG, 2001, § 39 Rn. 7.

124 Glahs, in: Scheurle/Mayen, TKG, 2002, § 35 Rn. 10; Holzhäuser, MMR 2000, 466 ff.; Riehmer, MMR 1998, 59 ff.

125 Zur Zusammenschaltung siehe: Fuhr/Kerkhoff, NJW 1997, 3209, 3210; Nolte, BB 1996, 2629.

126 Weißhaar/Koenig, MMR 1998, 475; Fuhr/Kerkhoff, NJW 1997, 3209; Theobald, NJW 2003, 324, 326; Schmitz, MMR 2001, 150, 152.

127 Fuhr/Kerkhoff, NJW 1997, 3209, 3211.

ausgeschlossen war und somit auch nicht von dem Verweis in § 39 TKG-alt erfasst war.[128]

(2) Die Genehmigungspflicht nach den §§ 39, 37 TKG-alt

Auch für von der Regulierungsbehörde angeordnete Zusammenschaltungen galten die Entgeltregulierungsvorschriften weitestgehend entsprechend, d.h., auch Entgelte, die im Zusammenhang mit angeordneten Zusammenschaltungen gemäß § 37 TKG-alt verlangt wurden, unterlagen der Genehmigungspflicht.
Im Rahmen einer von den Betreibern ausgehandelten Zusammenschaltung nach § 36 TKG-alt geforderte Entgelte waren hingegen nicht genehmigungspflichtig. Nach § 36 TKG-alt waren alle Betreiber eines öffentlichen Telekommunikationsnetzes verpflichtet, Verhandlungen über Zusammenschaltungsvereinbarungen zu führen. Solange es sich um eine solche verhandelte Zusammenschaltung handelte, unterlagen die hierfür geforderten Entgelte nicht der Genehmigungspflicht. Erst wenn die Verhandlungen scheiterten, konnte gemäß § 37 TKG-alt die Zusammenschaltung angeordnet werden. Dies setzte allerdings voraus, dass der Anrufende an das zusammenschaltungspflichtige Unternehmen eine Nachfrage gestellt hatte, die derart konkret war, dass es dem anderen Vertragspartner möglich gewesen wäre, daraufhin ein Vertragsangebot zu machen.[129]

b) Die Genehmigungsfähigkeit

Die Voraussetzungen der Genehmigung waren in § 27 Abs. 3 und in § 24 TKG-alt enthalten.

Das Entgelt musste an den Kosten der effizienten Leistungsbereitstellung orientiert sein und den Anforderungen des § 24 Abs. 2 TKG-alt entsprechen.
Gemäß § 3 Abs. 2 Telekommunikations-Entgeltregulierungsverordnung (TEntgV)[130] ergaben sich die Kosten der effizienten Leistungsbereitstellung aus den langfristigen zusätzlichen Kosten der Leistungsbereitstellung und einem angemessenen Zuschlag für leistungsmengenneutrale Gemeinkosten, jeweils einschließlich einer angemessenen Verzinsung des eingesetzten Kapitals. Dieses objektive Kriterium gewährleistete, dass die Deutsche Telekom AG ihre Mitkonkurrenten nicht benachteiligte und verhinderte zugleich, dass die Wettbe-

---

128 VG Köln, MMR 2000, 227, 230.

129 Glahs, in: Scheurle/Mayen, TKG, 2002, § 37 Rn. 14a.

130 Telekommunikations-Entgeltregulierungsverordnung vom 1. Oktober 1996, BGBl. I 1996, S. 1492 ff.; die TEntgV ist eine aufgrund der §§ 27 Abs. 4, 39 TKG-alt ergangene Rechtsverordnung.

werber bei zu niedrig angesetzten Preisen subventioniert wurden und infolgedessen jeglichen Anreiz zum Aufbau eigener Netzinfrastrukturen verloren hätten.[131] Orientierung bedeutete, dass ein Richtwert vorgegeben wurde, so dass die Kosten und die Entgelte in einem nachvollziehbaren Zusammenhang stehen mussten.[132]

Darüber hinaus musste das Entgelt den Anforderungen des § 24 Abs. 2 TKG-alt entsprechen. Nach § 24 Abs. 2 Nr. 1 TKG-alt durften im Entgelt keine Aufschläge enthalten sein, die nur aufgrund der marktbeherrschenden Stellung auf dem Markt durchsetzbar waren. Zwischen der marktbeherrschenden Stellung und der Forderung eines überhöhten Entgelts musste folglich ein kausaler Zusammenhang bestehen. Der Kausalzusammenhang musste maßgeblich sein, was bedeutet, dass die Durchsetzbarkeit des überhöhten Entgelts auf der Monopolstellung des Unternehmens beruhte und nicht auf anderen Umständen.[133] Weiterhin prüfte die Regulierungsbehörde, ob ein Verstoß gegen § 24 Abs. 2 Nr. 2 (Abschlagsverbot) und Nr. 3 (Diskriminierungsverbot) TKG-alt vorlag. Das Abschlagsverbot sollte zum einen einer missbräuchlichen Niedrigpreisstrategie des marktbeherrschenden Unternehmens entgegenwirken und zum anderen das Risiko, dass die Entgelte zeitweise niedrig gehalten wurden, um so Wettbewerber vom Markt zu verdrängen, vermindern. Eine Diskriminierung im Sinne des § 24 Abs. 2 Nr. 3 TKG-alt lag vor, wenn verschiedene Abnehmer identische Leistungen zu unterschiedlichen Preisen angeboten bekamen.[134]

Gemäß § 27 Abs. 3 TKG-alt war die Genehmigung nur zu versagen, wenn den Anforderungen des § 24 Abs. 2 Nr. 2 und Nr. 3 TKG-alt offenkundig nicht entsprochen wurde. In der Praxis wurde der Begriff der Offenkundigkeit sehr unterschiedlich ausgelegt. Nach Ansicht der Regulierungsbehörde[135] sollte ein offenkundiger Verstoß dann gegeben sein, wenn die Nichteinhaltung der Anforderungen des § 24 Abs. 2 Nr. 2 und Nr. 3 TKG-alt aufgrund bereits vorhandener Unterlagen und Kenntnisse ohne weiteres ersichtlich war und keine weiteren Ermittlungen notwendig waren. In der Literatur wurde zum Teil vertreten, die Offenkundigkeit dürfe nicht allein deshalb verneint werden, weil die Regulierungsbehörde noch weitere Ermittlungen anstellen müsste.[136] Die Regulierungs-

---

131 Stamm, Entgeltregulierung, 2001, S. 156.

132 Holznagel/Enaux/Nienhaus, Grundzüge des TKG, 2. Aufl., 2001, S. 80; Schuster/Stürmer, in: Büchner, TKG, 2. Aufl., 2000, § 24 Rn. 13.

133 Zagouras, Konvergenz und Kartellrecht, 2002, S. 166.

134 Gerstner, WuW 2002, 131 ff.

135 RegTP, Beschluss vom 4. März 1999, BK 2-1 99/004.

136 Schuster/Stürmer, in: Büchner, TKG, 2. Aufl., 2000, § 27 Rn. 26.

behörde habe die Pflicht, bei Zweifeln über die Offenkundigkeit zugunsten des Wettbewerbs zu entscheiden und das antragstellende Unternehmen zum weiteren Nachweis aufzufordern. Offenkundigkeit sei bereits dann anzunehmen, wenn die Nichteinhaltung des Maßstabs des § 24 Abs. 2 Nr. 2 und Nr. 3 TKG-alt für einen unvoreingenommenen, mit den in Betracht kommenden Umständen vertrauten, verständigen Beobachter ohne weiteres ersichtlich sei, d.h., dass sich ihm die Erkenntnis der Nichteinhaltung der Maßstäbe geradezu aufdrängen musste.[137]

Weiterhin musste das Entgelt gemäß § 27 Abs. 3 TKG-alt mit dem TKG-alt und anderen Rechtsvorschriften in Einklang stehen. Folglich durfte die Regulierungsbehörde ein Entgelt auch dann nicht genehmigen, wenn sie bei der Überprüfung feststellte, dass das Entgelt gegen andere Normen, wie etwa gegen Datenschutzvorschriften oder Vorschriften der Telekommunikationskundenschutzverordnung, verstieß.[138]
Zum Teil wurde vertreten, dass das Entgelt nach § 27 Abs. 3 TKG-alt auch mit den Bestimmungen des GWB in Einklang stehen müsste.[139] Eine Erfassung des GWB wäre insofern relevant, als hierdurch der Prüfungsumfang im Genehmigungsverfahren erweitert worden wäre und die Genehmigung auch dann zu versagen gewesen wäre, wenn ein Verstoß gegen die Bestimmungen des allgemeinen Wettbewerbsrechts vorgelegen hätte. Für diese Interpretation sprach der Wortlaut des § 27 Abs. 3 TKG-alt, der offen formuliert war und keine Einschränkung bezüglich der zu prüfenden Normen enthielt. Auch § 82 Satz 2 TKG-alt, nach dem die Regulierungsbehörde dem Bundeskartellamt vor Abschluss des Genehmigungsverfahrens Gelegenheit zur Stellungnahme zu geben hatte, stützte diese Auslegung. Da das Bundeskartellamt nur für die Prüfung der Normen des GWB zuständig war, bezog sich seine Stellungnahme nur auf einen Verstoß gegen diese Normen. Auch wenn die Stellungnahme des Bundeskartellamts für die Regulierungsbehörde nicht verbindlich war[140], musste die Regulierungsbehörde die wettbewerbsrechtlichen Gesichtspunkte des GWB folglich berücksichtigen. Diese Ansicht entspricht im Übrigen auch der Position[141] von *Matthias Kurth*, dem Präsidenten der Regulierungsbehörde, nach der die Regulierungsbehörde auch auf der rechtlichen Basis des GWB entscheidet und immer

---

137 Schuster/Stürmer, in: Büchner, TKG, 2. Aufl., 2000, § 27 Rn. 27.

138 OVG Nordrhein-Westfalen, TKMR 2004, 156; Witte, in: Scheurle/Mayen, TKG, 2002, § 28 Rn. 76; Schuster/Stürmer, in: Büchner, TKG, 2. Aufl., 2000, § 27 Rn. 30.

139 OVG Münster, MMR 2004, 278, 279; VG Köln, Urteil vom 17. Februar 2005, 1 K 8312/01; Schuster/Stürmer, in: Büchner, TKG, 2. Aufl., 2000, § 27 Rn. 31.

140 Geppert, in: Büchner, TKG, 2. Aufl., 2000, § 82 Rn. 13.

141 Kurth, MMR Beilage 7/2002, 3, 6.

entschieden hat und sich auch künftig an der gesetzlichen Lage des § 19 GWB orientiert.
Für die Notwendigkeit der Überprüfung der allgemeinen wettbewerbsrechtlichen Normen durch die Regulierungsbehörde spricht zudem, dass diese an die Gesetze gebunden war und keine Entscheidungen treffen durfte, die den gesetzlichen Bestimmungen zuwiderliefen.

Lagen die Voraussetzungen für die Entgeltgenehmigung vor, musste die Regulierungsbehörde diese erteilen, § 27 Abs. 1 TKG-alt.

3. Das Entgeltgenehmigungsverfahren

a) Antragstellung

Die Vorschrift des § 28 TKG-alt legte das formelle Verfahren der Entgeltregulierung fest.[142] Zunächst waren der Entgeltantrag und die entgeltrelevanten Bestandteile der Allgemeinen Geschäftsbedingungen schriftlich durch das beantragende Unternehmen vorzulegen. Der Antrag war nicht nur eine Anregung an die Regulierungsbehörde zum Tätigwerden, sondern stellte die Zulässigkeitsvoraussetzung und formelle Wirksamkeitsvoraussetzung für die Entgeltgenehmigung dar.[143] Das antragstellende Unternehmen erwarb so ein Recht auf Prüfung und Entscheidung über seinen Antrag. Entsprechend dem Grundsatz des allgemeinen Verwaltungsrechts, dass niemand dazu gezwungen werden kann, eine behördliche Erlaubnis zu beantragen[144], entschied das Unternehmen selbst über den Zeitpunkt der Vorlage.[145]

Legte das Unternehmen den Entgeltgenehmigungsantrag der Regulierungsbehörde vor, hatte diese innerhalb einer Frist von 6 Wochen (mit einer Verlängerungsmöglichkeit um 4 Wochen) über diesen Antrag zu entscheiden. Allerdings musste der Antrag hierzu „prüffähig“ sein, d.h., die dem Antrag beigefügten Unterlagen mussten in quantitativer und qualitativer Hinsicht ausreichend sein, um die rechtlichen Voraussetzungen der Genehmigungsfähigkeit beurteilen zu können.[146]

---

142 Witte, in: Scheurle/Mayen, TKG, 2002, § 28 Rn. 1.

143 Stamm, Entgeltregulierung, 2001, S. 22.

144 Stamm, Entgeltregulierung, 2001, S. 206.

145 Witte, in: Scheurle/Mayen, TKG, 2002, § 28 Rn. 4.

146 Schuster/Stürmer, in: Büchner, TKG, 2. Aufl., 2000, § 27 Rn. 28.

b) Einzelgenehmigungs- oder Price-Cap-Verfahren

Im Rahmen der Entgeltregulierung konnte entweder ein Einzelgenehmigungsverfahren oder ein Price-Cap-Verfahren durchgeführt werden. Die Kriterien für die Verfahrenswahl fanden sich in der Telekommunikations-Entgeltregulierungsverordnung (TEntgV)[147]. Der Verordnungsgeber hatte § 1 TEntgV so ausgestaltet, dass dem Price-Cap-Verfahren ein relativer Vorrang zukam. Nur wenn die Dienstleistung nicht nach § 1 Abs. 2 TEntgV mit einer Mehrzahl von Dienstleistungen in einem „Korb" (Price-Cap) zusammengefasst werden konnte, kam das Einzelgenehmigungsverfahren in Betracht.

aa) Das Einzelgenehmigungsverfahren

Im Einzelgenehmigungsverfahren genehmigte die Regulierungsbehörde Entgelte nach § 25 Abs. 1 TKG-alt auf der Grundlage der auf die einzelne Dienstleistung entfallenden Kosten der effizienten Leistungsbereitstellung.[148] Gegenstand der Einzelgenehmigung war folglich das Entgelt für jede einzelne Dienstleistung, wobei eine einzelne Dienstleistung dann vorlag, wenn sie sachlich von anderen abtrennbar war und tatsächlich einzeln nachgefragt wurde.[149] § 27 Abs. 1 Nr. 1 TKG-alt legte fest, dass die Kosten der effizienten Leistungsbereitstellung der wesentliche Maßstab der Einzelgenehmigung waren.

bb) Das Price-Cap-Verfahren

Gegenstand der Price-Cap-Genehmigung war das durchschnittliche Entgelt für mehrere Dienstleistungen, die in einem „Korb" zusammengefasst werden konnten.[150] In einem Korb wurden solche Dienstleistungen zusammengefasst, für die eine vergleichbare Wettbewerbssituation bestand.[151] Die Anforderungen für die Zusammensetzung des Korbes waren in § 1 Abs. 2 TEntgV genannt.

---

[147] Telekommunikations-Entgeltverordnung vom 1. Oktober 1996, BGBl. I 1996, S. 1492 ff.; die TEntgV ist eine aufgrund der §§ 27 Abs. 4, 39 TKG-alt ergangene Rechtsverordnung.

[148] Vogelsang, MMR 2000, 731 ff.; Schmidt, K & R 1999, 385 ff.

[149] Holznagel/Enaux/Nienhaus, Grundzüge des TKG, 2. Aufl., 2001, S. 84.

[150] Schuster/Stürmer, in: Büchner, TKG, 2. Aufl., 2000, § 27 Rn. 15; Vogelsang, MMR 2000, 731 ff.; Nett, ZögU 1998, 350 ff.

[151] Entscheidung der Kommission vom 21. Mai 2003 in einem Verfahren nach Art. 82 EG-Vertrag, KOM (2003), 1536.

Im Price-Cap-Verfahren wurden die Leistungsentgelte somit im Durchschnitt überprüft[152]; eine Überprüfung der einzelnen Entgelte fand nicht statt. Auch wurden die Kosten jeder einzelnen Dienstleistung nicht mit den Kosten der effizienten Bereitstellung einer Dienstleistung verglichen.[153] Das Price-Cap-Verfahren war folglich im Gegensatz zum Einzelgenehmigungsverfahren weniger an den Kosten des regulierten Unternehmens und stärker an der Entwicklung der Gesamtwirtschaft orientiert.[154]

c) Genehmigungserteilung durch die Regulierungsbehörde

Sowohl die Erteilung als auch die Versagung der Genehmigung stellten eine Entscheidung im Sinne des § 73 Abs. 1 Satz 2 TKG-alt und damit einen Verwaltungsakt im Sinne des § 35 Satz 1 VwVfG dar.

II. Ausgestaltung der Regulierung im Telekommunikationsgesetz

1. Die Regulierungsinstrumente

a) Das dreistufige Regulierungsverfahren

Aufgrund der europarechtlichen Vorgaben[155] der Rahmenrichtlinie, der Zugangsrichtlinie und der Genehmigungsrichtlinie wurden die Regulierungsinstrumente im Vergleich zum TKG-alt neu gestaltet. Das Herzstück der sektorspezifischen Regulierung der Telekommunikationsmärkte ist nun die in den

---

152 Holznagel/Enaux/Nienhaus, Grundzüge des TKG, 2. Aufl., 2001, S. 85.

153 Schuster/Stürmer, in: Büchner, TKG, 2. Aufl., 2000, § 27 Rn. 48.

154 Manssen, in: Manssen, TKMMR; C § 27 Rn. 6.

155 Richtlinie 2002/21/EG des Europäischen Parlaments und des Rates vom 7. März 2002 über einen gemeinsamen Rechtsrahmen für elektronische Kommunikationsnetze und -dienste (Rahmenrichtlinie), ABl. EG Nr. L 108, S. 33 ff.; Richtlinie 2002/19/EG des Europäischen Parlaments und des Rates vom 7. März 2002 über den Zugang zu elektronischen Kommunikationsnetzen und zugehörigen Einrichtungen sowie deren Zusammenschaltung (Zugangsrichtlinie), ABl. EG Nr. L 108, S. 7 ff.; Richtlinie des Europäischen Parlaments und des Rates vom 7. März 2002 über die Genehmigung elektronischer Kommunikationsnetze und -dienste (Genehmigungsrichtlinie), ABl. EG Nr. L 108, S. 21 ff.; Richtlinie des Europäischen Parlaments und des Rates vom 7. März 2002 über den Universaldienst und Nutzerrechte bei elektronischen Kommunikationsnetzen und -diensten (Universaldienstrichtlinie), ABl. EG Nr. L 108, S. 51 ff.; Richtlinie des Europäischen Parlaments und des Rates vom 12. Juli 2002 über die Verarbeitung personenbezogener Daten und den Schutz der Privatsphäre in der elektronischen Kommunikation (Datenschutzrichtlinie), ABl. EG Nr. L 201, S. 37 ff.

§§ 9 ff. TKG normierte Marktregulierung.[156] Um die ex-ante-Regulierung in eine ex-post-Regulierung zu überführen, ist nunmehr ein dreistufiges Regulierungsverfahren vorgesehen. Dieses Verfahren setzt sich aus einer Definition der zu regulierenden Märkte (Marktdefinition), einer Analyse dieser Märkte (Marktanalyse) und der darauf beruhenden Marktregulierung zusammen.[157] Es dient zur Ermittlung marktmächtiger Unternehmen auf Märkten, die durch beträchtliche und anhaltende strukturell oder rechtlich bedingte Marktzutrittsschranken gekennzeichnet sind, die längerfristig nicht zu wirksamem Wettbewerb tendieren und auf denen die Anwendung des allgemeinen Wettbewerbsrechts nicht ausreicht, um dem betreffenden Marktversagen entgegenzuwirken, § 10 Abs. 2 TKG.[158] Der Marktzutritt selbst ist zukünftig nur noch an eine Melde- und nicht mehr an eine Lizenzpflicht (siehe § 6 TKG-alt) gebunden.

aa) Marktdefinition

Das Gesetz gibt der Bundesnetzagentur in den §§ 9, 10 TKG das Recht zu prüfen, ob die Anwendung des sektorspezifischen Marktregulierungsinstrumentariums auf dem jeweiligen Telekommunikationsmarkt gerechtfertigt ist oder ob die allgemeine Missbrauchsaufsicht nach nationalem und europäischem Wettbewerbsrecht ausreicht. Damit wird das Ziel der flexiblen Anpassung des Regulierungsrahmens an komplexere und dynamischere Märkte verfolgt, die eine schrittweise Überführung der Telekommunikationsmärkte in das allgemeine Wettbewerbsrecht ermöglichen soll.[159]

Nach § 9 TKG unterliegen der Marktregulierung nur die Märkte, auf denen die Voraussetzungen des § 10 TKG (Marktdefinition) vorliegen und für die eine Marktanalyse nach § 11 TKG ergeben hat, dass kein wirksamer Wettbewerb herrscht. § 9 TKG stellt folglich das Normanwendungsprogramm für die Vorschriften der Marktregulierung dem zweiten Teil des Telekommunikationsgesetzes voran und legt die Verfahrensschritte fest, in denen der Einsatz einzelner Regulierungsinstrumente erfolgt.[160]

---

156 Scherer, NJW 2004, 3001 ff.; Klotz, MMR 2003, 495 ff.; Steinwärder, MMR 2005, 84 ff.

157 Krings, K & R Beilage 1/2004, 6, 8; Thomaschki, K & R Beilage 1/2004, 21, 22; Koenig/Winkler, MMR 2004, 783 ff.; Husch/Kemmler/Ohlenburg, MMR 2003, 139 ff.; Koenig/Vogelsang/Winkler, K & R Beilage 1/2005, 1 ff.; Heun, CR 2004, 893, 900; Müller, CR 2004, 655 ff.; Rädler/Elspaß, CR 2004, 418.

158 Ellinghaus, MMR 2004, 293.

159 Doll/Nigge, MMR 2004, 519; Scherer, NJW 2004, 3001, 3002.

160 Koenig/Loetz/Neumann, TelekommunikationsR, 1. Aufl., 2004, S. 110.

Die Bundesnetzagentur ist verpflichtet, unverzüglich nach Inkrafttreten des Telekommunikationsgesetzes die sachlich und räumlich relevanten Telekommunikationsmärkte festzulegen, die für eine Regulierung nach dem zweiten Teil des Gesetzes in Betracht kommen.[161] Dass ein Markt im Verfahren des § 10 TKG definiert wurde, ist das Eingangskriterium für alle nachfolgenden Verfahrensschritte.[162]

In Betracht kommen nach § 10 Abs. 2 Satz 1 TKG Märkte, die durch beträchtliche und anhaltende strukturell oder rechtlich bedingte Marktzutrittsschranken gekennzeichnet sind, die längerfristig nicht zu wirksamem Wettbewerb tendieren und auf denen die Anwendung des allgemeinen Wettbewerbsrechts nicht ausreicht, um dem betreffenden Marktversagen entgegenzuwirken. Bei der Prüfung dieser Kriterien besteht ein Beurteilungsspielraum der Bundesnetzagentur.[163] Zudem ist zu berücksichtigen, dass die Untersuchung, ob ein Markt zu wirksamem Wettbewerb tendiert, eine dynamische Betrachtung der voraussichtlichen Wettbewerbsentwicklung erfordert.[164]

Bei der Festlegung der Märkte muss die Bundesnetzagentur weitestgehend die Empfehlung der Europäischen Kommission in Bezug auf relevante Produkt- und Dienstemärkte berücksichtigen.[165] Auf der Basis von Art. 15 Abs. 1 der Rahmenrichtlinie hat die Europäische Kommission 18 Märkte der sektorspezifischen Regulierung zugeordnet.[166] Hierbei wird zwischen End- und Großkundenmärkten differenziert. Zu den Endkundenmärkten gehören etwa der Markt für den Zugang von Privatkunden zum öffentlichen Telekommunikationsnetz an festen Standorten (Festnetz) und der Markt für öffentliche Auslandstelefonverbindungen für Privatkunden an festen Standorten. Zu den Großkundenmärkten zählen zum Beispiel die Märkte für Transitdienste im öffentlichen Telefonnetz,

---

161 Hierzu: Heun, CR 2004, 893, 900; Heinen, in: Säcker, TKG, 1. Aufl., 2006, § 9 Rn. 1 ff.;.

162 Koenig/Loetz/Neumann, TelekommunikationsR, 1. Aufl., 2004, S. 113.

163 Heinen, in: Säcker, TKG, 1. Aufl., 2006, § 10 Rn. 61 ff.; Spoerr/Sellmann, N & R 2004, 98, 100; Ellinghaus, MMR 2004, 293.

164 Doll/Nigge, MMR 2004, 519, 522.

165 Monopolkommission, Zur Reform des Telekommunikationsgesetzes, 2004, S. 16.

166 Knauth/Krüger, K & R Beilage 1/2004, 3; Empfehlung der Kommission vom 11. Februar 2003 über relevante Produkt- und Dienstmärkte des elektronischen Kommunikationssektors, die aufgrund der Richtlinie 2002/21/EG des Europäischen Parlaments und des Rates über einen gemeinsamen Rechtsrahmen für elektronische Kommunikationsnetze und -dienste für eine Vorabregulierung in Betracht kommen, KOM (2003), 497, ABl. EG Nr. L 114, S. 45 ff.

für den Breitbandzugang zum Großkunden und für die Zusammenschaltung von Mietleistungen.

Von der Empfehlung der Europäischen Kommission darf nur abgewichen werden, wenn die entscheidungserheblichen Kriterien der Marktdefinition aufgrund von Besonderheiten der nationalen Marktverhältnisse nach eindeutiger Feststellung der Bundesnetzagentur zu einem von der Märkteempfehlung abweichenden Ergebnis führen.[167]

bb) Marktanalyse

Gemäß § 11 Abs. 1 Satz 1 TKG hat die Bundesnetzagentur im nächsten Verfahrensschritt zu prüfen, ob auf dem zu regulierenden Markt wirksamer Wettbewerb besteht.[168]
Wirksamer Wettbewerb besteht nicht, wenn ein oder mehrere Unternehmen auf dem Markt über beträchtliche Marktmacht verfügen. Beträchtliche Marktmacht ist wiederum gegeben, wenn ein Unternehmen allein oder gemeinsam mit anderen eine der Beherrschung gleichkommende Stellung einnimmt, d.h. eine wirtschaftlich so starke Stellung innehat, dass sie es ihm gestattet, sich in beträchtlichem Umfang unabhängig von Wettbewerbern und Endnutzern zu verhalten, § 11 Abs. 1 Satz 3 TKG. Auch hierbei hat die Bundesnetzagentur weitestgehend die von der Kommission aufgestellten Kriterien, die in den Leitlinien der Kommission zur Marktanalyse und Ermittlung beträchtlicher Marktmacht nach Art. 15 Abs. 2 der Richtlinie 2002/21/EG des Europäischen Parlaments und des Rates vom 7. März 2002 über einen gemeinsamen Rechtsrahmen für elektronische Kommunikationsnetze und -dienste (Rahmenrichtlinie)[169] niedergelegt sind, zu berücksichtigen. Zu diesen Kriterien zählen unter anderem der Marktanteil und die Gesamtgröße des Unternehmens. Aber auch Größenvorteile, Verbundvorteile und die Entwicklung des Vertriebs- und Verkaufsnetzes sind Maßgrößen, die Aufschluss darüber geben, ob ein Unternehmen über beträchtliche Marktmacht verfügt.
Der Begriff der beträchtlichen Marktmarkt ersetzt den Begriff der Marktbeherrschung, der noch im Referentenentwurf verwendet wurde[170], und folgt den

---

[167] Spoerr/Sellmann, N & R 2004, 98, 100.

[168] Hierzu: Heinen, in: Säcker, TKG, 1. Aufl., 2006, § 11 Rn. 1 ff.; Heun, CR 2004, 893, 900.

[169] Leitlinien der Kommission zur Marktanalyse und Ermittlung beträchtlicher Marktmacht nach dem gemeinsamen Rechtsrahmen für elektronische Kommunikationsnetze und -dienste, ABl. EG Nr. C 165, S. 6 ff.

[170] Klotz, TKMR-Tagungsband, 2004, 5.

Grundsätzen des Wettbewerbsrechts, so wie sie sich in der Rechtsprechung des EuGH zu Art. 82 EG herausgebildet haben.[171] Während der frühere Rechtsrahmen von beträchtlicher Marktmacht bereits bei Überschreiten einer Marktanteilsschwelle von 25 % ausging, ist nach dem Telekommunikationsgesetz ein Marktanteil von mehr als 40 % erforderlich.[172]

Das Marktregulierungsverfahren sieht umfassende Beteiligungs- und Mitwirkungsrechte der Europäischen Kommission und der nationalen Regulierungsbehörden anderer Mitgliedstaaten vor.[173] Beispielsweise sind die Ergebnisse der nationalen Marktdefinition und Marktanalyse der EU-Kommission und den nationalen Regulierungsbehörden der anderen Mitgliedstaaten vorzulegen, deren Stellungnahmen die Bundesnetzagentur „weitestgehend" Rechnung tragen muss. Weiterhin muss die Bundesnetzagentur gemäß § 121 TKG das Einvernehmen mit dem Bundeskartellamt herstellen und interessierten Parteien Gelegenheit zur Stellungnahme geben, § 12 Abs. 1 TKG. Auf institutioneller Ebene soll damit eine Annäherung der Methodik der sektorspezifischen Regulierung und des allgemeinen Kartellrechts erfolgen.[174]

cc) Marktregulierung

Stellt die Bundesnetzagentur fest, dass auf dem relevanten Markt kein wirksamer Wettbewerb besteht, kann sie dem marktbeherrschenden Unternehmen mittels einer Regulierungsverfügung Verpflichtungen auferlegen, diese ändern, beibehalten oder widerrufen, § 13 Abs. 1 Satz 1 TKG.[175] Solche Regulierungsverfügungen sind insbesondere im Bereich der Zugangsgewährleistung erforderlich.

b) Zugangsregulierung

Grundsätzlich besteht für alle Betreiber eines öffentlichen Telekommunikationsnetzes eine Verhandlungspflicht über die Zusammenschaltung ihrer Netze.[176]

---

171 Schütz, in: Schütz, KommunikationsR, 1. Aufl., 2005, Rn. 311.

172 Schütz, in: Schütz, KommunikationsR, 1. Aufl., 2005, Rn. 311; siehe auch Nr. 75 der Leitlinien der Kommission zur Marktanalyse und Ermittlung beträchtlicher Marktmacht nach dem gemeinsamen Rechtsrahmen für elektronische Kommunikationsnetze und -dienste, ABl. EG Nr. C 165, S. 6 ff.

173 Doll/Nigge, MMR 2004, 519, 520; Ellinghaus, MMR 2004, 293, 294; Schütz, MMR 2003, 518 ff.

174 Koenig/Loetz/Neumann, TelekommunikationsR, 1. Aufl., 2004, S. 121.

175 Ellinghaus, MMR 2004, 293; Spoerr/Sellmann, N & R 2004, 98.

176 Heun, CR 2004, 893, 900.

Jeder Betreiber eines öffentlichen Telekommunikationsnetzes ist verpflichtet, anderen Betreibern öffentlicher Telekommunikationsnetze ein Angebot auf Zusammenschaltung zu machen. Nach § 18 TKG kann die Bundesnetzagentur auch Betreibern öffentlicher Telekommunikationsnetze, die den Zugang zu Endnutzern kontrollieren, Zugangsverpflichtungen auferlegen.

Zudem kann die Bundesnetzagentur Betreiber öffentlicher Telekommunikationsnetze, die über beträchtliche Marktmacht verfügen, verpflichten, anderen Unternehmen Zugang zu gewähren. Der Betreiber hat in diesem Fall gegenüber anderen Unternehmen, die diese Leistung nachfragen, ein Angebot auf einen entsprechenden Zugang abzugeben, § 22 Abs. 1 TKG. Er unterliegt folglich einem Kontrahierungszwang.[177]

Kommt eine Zugangsvereinbarung nach § 22 TKG oder eine Vereinbarung der Zugangsleistungen an Endnutzer nach § 18 TKG ganz oder teilweise nicht zustande und liegen die erforderlichen Voraussetzungen für das Zustandekommen vor, ordnet die Bundesnetzagentur den Zugang an, § 25 Abs. 1 TKG.[178] Die hoheitliche Anordnung ist folglich subsidiär; sie kommt nur in Betracht, soweit die Zusammenschaltungsverhandlungen zwischen zwei Netzbetreibern gescheitert sind.[179]

Auch im neuen Telekommunikationsgesetz sind die Entgeltregulierungsvorschriften hinsichtlich der Entgelte bei einer angeordneten Zugangsgewährung gemäß § 25 Abs. 5 Satz 3 TKG anwendbar, und folglich kann es auch im Zusammenhang mit einem angeordneten Zugang zu einer Genehmigung durch die Bundesnetzagentur kommen.

c) Entgeltregulierung

Die Regulierung von Zugangsentgelten gehört zu den wesentlichen Bedingungen der Zugangsermöglichung.[180] Angesichts dieser Bedeutung für den Wettbewerb wurde den Entgelten in den §§ 27 ff. TKG ein eigener Abschnitt gewidmet. Dieser ist in drei Unterabschnitte unterteilt: Allgemeine Vorschriften, Regulierung von Entgelten für Zugangsleistungen, Regulierung von Entgelten für Endnutzerleistungen. Hierdurch wird deutlich, dass im neuen Telekommunikationsgesetz eine stärkere Differenzierung zwischen Endkundenentgelten und Ent-

---

177 Schütz, in: Schütz, KommunikationsR, 1. Aufl., 2005, Rn. 338.

178 Hierzu: Heun, CR 2004, 893, 902.

179 Schütz, in: Schütz, KommunikationsR, 1. Aufl., 2005, Rn. 347.

180 Koenig/Loetz/Neumann, TelekommunikationsR, 1. Aufl., 2004, S. 141.

gelten auf der Vorleistungsebene, d.h. Entgelten für Zugangsleistungen, stattfindet. Während Entgelte für Zugangsleistungen gemäß § 30 Abs. 1 TKG grundsätzlich genehmigungspflichtig sind, ist für die Entgelte auf der Endnutzerebene nur ausnahmsweise eine Genehmigungspflicht vorgesehen, § 39 TKG.[181]

Eine Entgeltregulierung kann nur noch stattfinden, wenn der betroffene Markt im Rahmen der Marktdefinition nach § 10 TKG festgelegt wurde und eine Marktanalyse ergeben hat, dass kein wirksamer Wettbewerb vorliegt.[182] Nach dem TKG-alt war eine solche Marktabgrenzung nicht vorgesehen, nach dem jetzt geltenden Telekommunikationsgesetz ist sie zwingende Voraussetzung für eine Regulierung der Entgelte.

Das in § 27 Abs. 2 Satz 1 TKG enthaltene Konsistenzgebot[183] ist ebenfalls eine Novität. Nach diesem hat die Bundesnetzagentur bei der Entgeltregulierung darauf zu achten, dass Entgeltregulierungsmaßnahmen in ihrer Gesamtheit aufeinander abgestimmt sind. Die Abstimmung muss sowohl hinsichtlich der zeitlichen Abfolge als auch hinsichtlich der inhaltlichen Ausgestaltung der Entgeltregulierungsmaßnahmen erfolgen. Ferner beinhaltet das Konsistenzgebot eine stärkere Abstimmung von Vorleistungs- und Endkundentarifen[184] und die Prüfung, ob die Entgeltregulierungsmaßnahme in einem angemessenen Verhältnis zu den in § 2 Abs. 2 TKG genannten Regulierungszielen steht.[185]

2. Die Entgeltgenehmigung

Die Voraussetzungen für die Genehmigungserteilung sind in § 35 Abs. 3 TKG enthalten. Ein Entgelt wird hiernach genehmigt, wenn es genehmigungspflichtig ist und den Anforderungen der §§ 28 und 31 TKG nach Maßgabe des § 35 Abs. 2 TKG entspricht. Weiterhin dürfen gemäß § 35 Abs. 3 Satz 2 TKG keine Versagungsgründe vorliegen. Zu versagen ist die Genehmigung, soweit die Entgelte mit dem Telekommunikationsgesetz, insbesondere mit § 28 TKG, oder anderen Rechtsvorschriften nicht in Einklang stehen. Sie kann versagt werden,

---

[181] Kühling/Neumann, in: Säcker, TKG, 1. Aufl., 2006, § 39 Rn. 1.

[182] Heun, CR 2004, 893, 901.

[183] Groebel, in: Säcker, TKG, 1. Aufl., 2006, § 27 Rn. 22 ff.; Gerpott, K & R 2005, 108 ff.; Nolte/König, MMR 2005, 512; Senger, N & R 2005, 138 ff.; Höffler, MMR Beilage 1/2005, 6 ff.

[184] Senger, N & R 2005, 138 ff.; Knauth/Krüger, K & R Beilage 1/2004, 3, 5.

[185] Mayen, CR 2005, 21, 25; ders., CR 2005, 484; Knauth/Krüger, K & R Beilage 1/2004, 3, 5.

wenn das Unternehmen die in § 33 TKG genannten Unterlagen nicht vollständig vorgelegt hat.

a) Die Genehmigungspflichtigkeit

Bei der Genehmigungspflicht ist zwischen Entgelten für Zugangsleistungen und Entgelten für Endkundenleistungen zu unterscheiden.[186]
Bei der Regulierung von Entgelten für Zugangsleistungen ist wiederum zwischen § 30 TKG, der generell festlegt, welche Entgelte für Zugangsleistungen genehmigungspflichtig sind, und zwischen § 25 Abs. 5 Satz 3 TKG, der die Anwendung der Entgeltregulierungsvorschriften für einen angeordneten Zugang vorsieht, zu differenzieren.

aa) Die Genehmigungspflicht von Entgelten für Zugangsleistungen

(1) Die Genehmigungspflicht nach § 30 TKG

Grundsätzlich unterliegen Entgelte für Zugangsleistungen, die dem Betreiber eines öffentlichen Telekommunikationsnetzes nach § 21 TKG auferlegt wurden, einer Genehmigung durch die Bundesnetzagentur.[187] Neben den Zusammenschaltungsleistungen unterliegen folglich auch alle sonstigen Zugangsleistungen, die durch eine Regulierungsverfügung nach § 21 TKG dem Unternehmen auferlegt wurden, der Entgeltgenehmigungspflicht.[188] Beispiele hierfür sind Entgelte für den Zugang zur Teilnehmeranschlussleitung und Entgelte für die Bereitstellung von Mietleistungen.[189]

§ 30 Abs. 1 bis Abs. 4 TKG lassen verschiedene Ausnahmen von der grundsätzlichen Genehmigungspflicht zu. So ist gemäß § 30 Abs. 1 Satz 2 Nr. 1 TKG ein Entgelt nicht genehmigungsbedürftig, wenn der Betreiber nicht gleichzeitig auch auf dem Markt für Endkundenleistungen, auf dem er tätig ist, über beträchtliche Marktmacht verfügt.[190] Die Genehmigungspflicht entfällt auch, wenn nach In-

---

186 Kühling/Neumann, in: Säcker, TKG, 1. Aufl., 2006, § 39 Rn. 1.

187 Groebel/Seifert, in: Säcker, TKG, 1. Aufl., 2006, § 30 Rn. 4.

188 Schütze, CR 2005, 332.

189 Schütz, in: Schütz, KommunikationsR, 1. Aufl., 2005, Rn. 675.

190 Hierzu vertiefend: Groebel/Seifert, in: Säcker, TKG, 1. Aufl., 2006, § 30 Rn. 24 ff.; Die in § 30 Abs. 1 Satz 2 Nr. 1 TKG geforderte „doppelte Marktbeherrschung“ ist nicht bedenkenfrei, da der Gesetzgeber nicht festlegt, wie im konkreten Fall der Vorleistungs- und der Endkundenmarkt zu verknüpfen sind, (Schütz, in: Schütz, KommunikationsR, 1. Aufl., 2005, Rn. 671).

krafttreten des Telekommunikationsgesetzes beträchtliche Marktmacht festgestellt wurde, ohne dass der Betreiber vor Inkrafttreten des Gesetzes auf dem relevanten Markt von der Bundesnetzagentur als marktbeherrschend eingestuft wurde, § 30 Abs. 1 Satz 2 Nr. 2 TKG.[191] Wenn eine nachträgliche Regulierung zur Erreichung der Regulierungsziele nach § 2 Abs. 2 TKG ausreicht, besteht gemäß § 30 Abs. 1 Satz 2 Nr. 3 TKG ebenfalls keine Genehmigungspflicht.

Auch Entgelte für Zugangsleistungen nach § 21 Abs. 2 Nr. 7 TKG, d.h. für Inkasso- und Rechnungsstellungsleistungen, sind gemäß § 30 Abs. 2 TKG nicht genehmigungspflichtig. Gleiches gilt für Entgelte, die ein Betreiber eines öffentlichen Telekommunikationsnetzes, der über beträchtliche Marktmacht verfügt, für Zugangsleistungen, die nicht nach § 21 TKG auferlegt worden sind, fordert. Nicht genehmigungspflichtig sind zudem Entgelte, die ein Betreiber, der den Zugang zu Endnutzern kontrolliert und nicht über beträchtliche Marktmacht verfügt, im Rahmen von Verpflichtungen nach § 18 TKG verlangt.

Wenn nun von der grundsätzlichen Genehmigungspflicht zahlreiche Ausnahmen gemacht werden, bedeutet dies jedoch nicht, dass in den Ausnahmefällen keine Entgeltregulierung stattfindet; es ist lediglich keine vorherige Genehmigung erforderlich. Eine nachträgliche Regulierung von Entgelten gemäß § 38 TKG findet statt.[192] Entgelte, die der nachträglichen Entgeltregulierung unterliegen, sind der Bundesnetzagentur zwei Monate vor dem geplanten Inkrafttreten vorzulegen. Die Behörde kann innerhalb von zwei Wochen nach Zugang der Anzeige die Einführung des Entgelts vorläufig untersagen, wenn die geplante Entgeltmaßnahme offenkundig nicht mit den Maßstäben des § 28 TKG vereinbar wäre.

(2) Die Genehmigungspflicht nach § 25 Abs. 5 Satz 3 TKG

Entgelte können nicht nur isoliert, sondern auch im Rahmen eines angeordneten Zugangs reguliert werden: So sieht § 25 Abs. 5 Satz 3 TKG die Anwendung der Entgeltregulierungsvorschriften für Zugangsleistungen vor, wenn durch die Bundesnetzagentur in Folge der Anordnung des Zugangs ein Entgelt festgesetzt wird.[193]
Die Bundesnetzagentur trifft erst dann eine Anordnung nach § 25 Abs. 1 TKG, wenn eine Zugangsvereinbarung nach § 22 oder § 18 TKG nicht zustandekommt und die erforderlichen Voraussetzungen für eine Zugangsgewährung vorliegen. Zum einen ist dies der Fall, wenn zwischen einem Betreiber öffentlicher Tele-

---

191 Siehe Groebel/Seifert, in: Säcker, TKG, 1. Aufl., 2006, § 30 Rn. 28.

192 Siehe Mielke, in: Säcker, TKG, 1. Aufl., 2006, § 38 Rn. 1 ff.

193 Scherer/Mögelin, K & R Beilage 4/2004, 3, 12.

kommunikationsnetze, der über beträchtliche Marktmacht verfügt und dem eine Zugangsverpflichtung nach § 21 TKG auferlegt wurde, und dem Nachfrager einer Zugangsleistung eine Zugangsvereinbarung gemäß § 22 TKG ganz oder teilweise nicht zustande gekommen ist[194]; zum anderen dann, wenn zwischen einem Betreiber, der nicht über beträchtliche Marktmacht verfügt und dem eine Zugangsverpflichtung nach § 18 TKG auferlegt wurde (Teilnehmernetzbetreiber), und einem Betreiber eines anderen öffentlichen Telekommunikationsnetzes eine Zugangsvereinbarung ganz oder teilweise nicht zustande gekommen ist.[195]

bb) Die Genehmigungspflicht von Entgelten für Endnutzerleistungen, § 39 TKG

Entgelte für Endnutzerleistungen unterliegen grundsätzlich keiner Genehmigungspflicht.[196] Zwar kann die Bundesnetzagentur auch Endnutzerentgelte von Telekommunikationsdiensteanbietern einer Entgeltgenehmigung unterwerfen, allerdings ist die ex-ante-Regulierung von Endnutzermärkten grundsätzlich subsidiär. Gemäß § 39 Abs. 1 TKG ist eine Genehmigung nur dann erforderlich, wenn Tatsachen die Annahme rechtfertigen, dass die Verpflichtungen im Zugangsbereich oder zur Betreibervorauswahl nicht zur Erreichung der Regulierungsziele nach § 2 Abs. 2 TKG führen. Zudem kann nur ein Entgelt eines Unternehmens mit beträchtlicher Marktmacht genehmigungsbedürftig sein. Entgelte von Unternehmen, die nicht über beträchtliche Marktmacht verfügen, sind nicht von § 39 Abs. 1 TKG erfasst.
Sofern die Entgelte für Endnutzerleistungen keiner Entgeltgenehmigung unterworfen sind, unterliegen sie der nachträglichen Regulierung nach § 38 TKG.

b) Die Genehmigungsfähigkeit

Nachdem dargestellt wurde, welche Entgelte genehmigungsbedürftig sind, muss nun geklärt werden, unter welchen Voraussetzungen eine Genehmigung zu erteilen ist. Die Voraussetzungen einer Genehmigungserteilung sind in § 35 Abs. 3 TKG genannt. Nach § 35 Abs. 3 Satz 1 TKG ist die Genehmigung ganz oder teilweise zu erteilen, soweit die Entgelte den Anforderungen der §§ 28 und 31 TKG nach Maßgabe des § 35 Abs. 2 TKG entsprechen. Weiterhin dürfen keine Versagungsgründe vorliegen. Nach § 35 Abs. 3 Satz 2 TKG ist die Genehmi-

---

194 Scherer, in: Arndt/Fetzer/Scherer, TKG, 1. Aufl., 2007, § 25 Rn. 4.

195 Scherer/Mögelin, K & R Beilage 4/2004, 3, 12; Scherer, in: Arndt/Fetzer/Scherer, TKG; 1. Aufl., 2007, § 25 Rn. 5.

196 Kühling/Neumann, in: Säcker, TKG, 1. Aufl., 2006, § 39 Rn. 1 ff.; Stotz, MMR 2004, 834 ff.; Heun, CR 2004, 893, 903 f.; BVerwG, NVwZ 2007, 488f.

gung zu versagen, wenn die Entgelte mit dem Telekommunikationsgesetz oder anderen Rechtsvorschriften nicht in Einklang stehen. Sie kann ebenfalls versagt werden, wenn das Unternehmen die in § 33 TKG genannten Unterlagen nicht vollständig vorlegt.

aa) Die Kosten der effizienten Leistungsbereitstellung als Preisobergrenze, § 31 TKG

Genehmigungsfähig sind Entgelte, wenn sie die Kosten der effizienten Leistungsbereitstellung nicht überschreiten, § 31 Abs. 1 Satz 1 TKG.[197]
Die Kosten der effizienten Leistungsbereitstellung ergeben sich aus den langfristigen zusätzlichen Kosten der Leistungsbereitstellung und einem angemessenen Zuschlag für leistungsmengenneutrale Gemeinkosten, einschließlich einer angemessenen Verzinsung, soweit diese Kosten jeweils für die Leistungsbereitstellung notwendig sind.[198] Darüber hinausgehende Aufwendungen werden nur berücksichtigt, wenn das Unternehmen diese sachlich rechtfertigen kann. In begründeten Einzelfällen kann die Bundesnetzagentur die Genehmigungsfähigkeit nach dem Vergleichsmarktprinzip überprüfen, dem die Annahme zugrunde liegt, dass die Preise, die sich auf anderen im Wettbewerb befindlichen Märkten herausbilden, Anhaltspunkte für den richtigen Preis auf dem regulierten Markt geben.[199]

Die Prüfung der Voraussetzung des § 31 TKG ist abhängig davon, welches Entgeltgenehmigungsverfahren gewählt wird. Auch im derzeitigen Telekommunikationsgesetz wird zwischen dem Einzelgenehmigungs- und dem Price-Cap-Verfahren differenziert.[200] Im Falle eines Einzelgenehmigungsverfahrens prüft die Bundesnetzagentur für jedes einzelne Entgelt die Einhaltung des § 31 TKG, d.h., das einzelne Entgelt darf die Kosten der effizienten Leistungsbereitstellung nicht überschreiten. Im Falle einer Genehmigung im Price-Cap-Verfahren gelten bei Einhaltung der vorgegebenen Maßgrößen die Voraussetzungen des § 31 TKG als erfüllt, § 35 Abs. 2 TKG. Folglich muss nicht geprüft werden, ob ein einzelnes Entgelt die Kosten der effizienten Leistungsbereitstellung überschreitet.

---

197 Hierzu vertiefend: Groebel, in: Säcker, TKG, 1. Aufl., 2006, § 31 Rn. 1 ff.

198 Stotz, MMR 2004, 834 ff.; Schmidt, MMR Beilage 1/2005, 15 ff.

199 Schütz, in: Schütz, KommunikationsR, 1. Aufl., 2005, Rn. 735.

200 Gramlich, CR 2005, 560.

bb) Kein missbräuchliches Verhalten eines Unternehmens mit beträchtlicher Marktmacht bei der Forderung und Vereinbarung von Entgelten gemäß § 28 TKG

Bei der Forderung und Vereinbarung von Entgelten darf das Unternehmen seine beträchtliche Marktmacht nicht missbräuchlich ausnutzen.

Nach § 28 Abs. 1 TKG liegt ein Missbrauch dann vor, wenn das Unternehmen Entgelte fordert, die nur aufgrund seiner beträchtlichen Marktmacht auf dem jeweiligen Markt durchsetzbar sind oder die die Wettbewerbsmöglichkeiten anderer Unternehmen auf einem Telekommunikationsmarkt auf erhebliche Weise beeinträchtigen oder die einzelnen Nachfragern Vorteile gegenüber anderen Nachfragern gleichartiger oder ähnlicher Telekommunikationsdienste einräumen. In den beiden letztgenannten Fällen kann die Missbrauchsannahme jedoch widerlegt werden, wenn eine sachliche Rechtfertigung für die Beeinträchtigung bzw. Bevorteilung nachgewiesen werden kann.
§ 28 Abs. 2 TKG enthält zudem drei Fälle, bei denen ein Missbrauch vermutet wird: bei Dumping-Preisen, bei einer sogenannten Preis-Kosten-Schere und bei Bündelprodukten.

Steht ein Entgelt mit den Missbrauchstatbeständen des § 28 TKG nicht in Einklang, ist die Genehmigung zu verweigern.

cc) Keine Versagungsgründe gemäß § 35 Abs. 3 TKG

Gemäß § 35 Abs. 3 Satz 1 TKG dürfen weiterhin keine Versagungsgründe nach § 35 Abs. 3 Satz 2 oder Satz 3 TKG vorliegen.

Das Entgelt muss folglich mit dem Telekommunikationsgesetz und anderen Rechtsvorschriften in Einklang stehen. Vom offenen Wortlaut, der § 27 Abs. 3 TKG-alt entspricht, müssen auch hier die Bestimmungen des GWB erfasst sein.[201] § 123 Abs. 1 Satz 2 TKG, nach dem die Bundesnetzagentur dem Bundeskartellamt vor Abschluss des Genehmigungsverfahrens Gelegenheit zur Stellungnahme zu geben hat, stützt diese Auslegung. Da das Bundeskartellamt nur für die Prüfung der Normen des GWB zuständig ist, bezieht sich seine Stellungnahme auf einen Verstoß gegen diese Normen. Auch wenn die Stellungnahme des Bundeskartellamts für die Bundesnetzagentur nicht verbindlich ist[202], muss sie die wettbewerbsrechtlichen Gesichtspunkte des GWB folglich berücksichti-

---

201 Groebel/Seifert, in: Säcker, TKG, 1. Aufl., 2006, § 35 Rn. 46.
202 Geppert, in: Büchner, TKG, 2. Aufl., 2000, § 82 Rn. 13.

gen. Für die Notwendigkeit der Überprüfung der allgemeinen wettbewerbsrechtlichen Normen durch die Bundesnetzagentur spricht zudem, dass diese an die Gesetze gebunden ist und keine Entscheidungen treffen darf, die den gesetzlichen Bestimmungen zuwiderlaufen. Folglich muss sie auch prüfen, ob ein Entgelt gegen das GWB verstößt.

Eine Genehmigung kann zudem versagt werden, wenn das Unternehmen die in § 33 TKG genannten Unterlagen nicht vollständig vorgelegt hat. Das beantragende Unternehmen hat gemäß § 33 Abs. 1 TKG umfassende Vorlagepflichten. Es muss unter anderem aktuelle Kostennachweise, eine detaillierte Leistungsbeschreibung und Angaben über den Umsatz, die Absatzmengen und die Höhe der einzelnen Kosten vorlegen. Darüber hinaus muss das Unternehmen regelmäßig zu Beginn eines jeden Geschäftsjahres die Gesamtkosten einreichen. Kommt es diesen Pflichten nicht nach, steht es im Ermessen der Bundesnetzagentur die Genehmigung zu versagen.

Soweit die Voraussetzungen der Genehmigung vorliegen ist das Entgelt zu genehmigen.

3. Das Entgeltgenehmigungsverfahren

a) Antragstellung

Das regulierte Unternehmen ist gemäß § 31 Abs. 5 Satz 1 TKG verpflichtet, genehmigungsbedürftige Entgelte der Bundesnetzagentur vor dem beabsichtigten Inkrafttreten vorzulegen.
Weigert sich das Unternehmen einen Antrag zu stellen, ist die Bundesnetzagentur nach § 31 Abs. 6 Satz 1 TKG ausdrücklich ermächtigt, das Unternehmen zur Vorlage des Entgeltgenehmigungsantrages aufzufordern.

b) Einzelgenehmigungs- oder Price-Cap-Verfahren

Auch im neuen Telekommunikationsgesetz sind zwei verschiedene Entgeltgenehmigungsverfahren vorgesehen: das Einzelgenehmigungsverfahren und das Price-Cap-Verfahren. Beide Verfahren sind laut Gesetzestext gleichberechtigt.[203]

Bei einer Einzelgenehmigung prüft die Bundesnetzagentur für jedes einzelne Entgelt die Einhaltung der Maßgaben nach den §§ 28-31 TKG.

---

203 Höffler, in: Arndt/Fetzer/Scherer, TKG, 1. Aufl., 2007, § 32.

Im Falle einer Genehmigung nach dem Price-Cap-Verfahren gelten bei Einhaltung der vorgegebenen Maßgrößen die Maßgaben nach § 28 TKG und für den jeweiligen Korb nach § 31 TKG als erfüllt, § 35 Abs. 2 TKG. Dies bedeutet, dass für Leistungen innerhalb eines Korbes kein zu hohes Entgelt vorliegen kann, wenn die Vorgaben im Rahmen des Price-Cap eingehalten werden. Folglich kann ein individuelles Entgelt nicht missbräuchlich sein, solange für den gesamten Korb die Vorgaben im Price-Cap-Verfahren nicht überschritten werden.[204]

c) Genehmigungserteilung durch die Bundesnetzagentur

Soweit die in § 35 Abs. 3 TKG genannten Voraussetzungen erfüllt sind, hat der Antragsteller einen Anspruch auf Erteilung der Entgeltgenehmigung. Die Genehmigung soll mit einer Befristung versehen werden. Wenn sie die vollständige oder teilweise Genehmigung eines vertraglich bereits vereinbarten Entgelts enthält, § 35 Abs. 5 Satz 1 TKG, wirkt sie zurück auf den Zeitpunkt der erstmaligen Leistungsbereitstellung durch das Unternehmen mit beträchtlicher Marktmacht.

III. Analyse

Das neue Telekommunikationsgesetz enthält im Verhältnis zum alten Telekommunikationsgesetz ausdifferenziertere Instrumente der Marktregulierung.[205] In ihm ist insbesondere die Zugangsregulierung detaillierter ausgestaltet.[206] Die Regulierungsinstrumente erfassen jedoch nur noch die relevanten Märkte, d.h. die Märkte, die durch Marktdefinition und Marktanalyse herausgebildet wurden. Auch die Entgeltgenehmigungspflicht knüpft an die Durchführung eines Marktdefinitions- und Analyseverfahrens an und wird folglich nur noch gefordert, wenn die Voraussetzungen der §§ 10, 11 TKG erfüllt sind.

Bei der Entgeltregulierung wird nun zwischen der Regulierung von Entgelten für Zugangsleistungen, §§ 30-38 TKG, und der Regulierung von Entgelten für Endnutzerleistungen, § 39 TKG, unterschieden. Während die Entgeltgenehmigung bisher gesetzlich vorgegeben war und generell alle Angebote von Übertragungswegen und Sprachtelefondienst marktbeherrschender Unternehmen im Rahmen der Lizenzklassen 3 und 4 sowie bestimmte Netzzugangsentgelte umfasste, können solche gesetzlichen Vorgaben aufgrund des neuen EU-

---

204 Höffler, in: Arndt/Fetzer/Scherer, TKG, 1. Aufl., 2007, § 35.

205 So auch Jochum, MMR 2005, 161.

206 Heun, CR 2004, 893.

Rechtsrahmens nicht aufrecht erhalten bleiben.[207] Nunmehr findet die Regulierung für Zugangs- und Endnutzerleistungen auf unterschiedlichen Ebenen statt. Während Zugangsleistungen grundsätzlich einer ex-ante-Regulierung unterliegen, werden Endnutzerleistungen ex-post reguliert. Nur wenn die Vorleistungsregulierung oder die Verpflichtung zur Betreibervorauswahl nicht genügt, um die Regulierungsziele, insbesondere die Sicherstellung eines chancengleichen Wettbewerbs, zu erreichen, kann die Bundesnetzagentur auch die Endnutzerentgelte von Telekommunikationsdiensteanbietern einer Entgeltgenehmigung unterwerfen.

Auch wenn für Zugangsentgelte eine grundsätzliche Genehmigungspflicht besteht, fällt auf, dass viele Ausnahmen hiervon gemacht werden und auf eine nachträgliche Regulierung verwiesen wird. In der Beschränkung der ex-ante-Regulierung auf die wesentlichen Bereiche, in denen der Wettbewerbsmechanismus nicht funktioniert, spiegelt sich der Ansatz wider, sektorspezifische Regulierung nur dort vorzuschreiben, wo es nicht zu funktionsfähigem Wettbewerb kommt.[208]

---

207 Begründung zu § 28, BT-Drs. 15/2316, S. 69.

208 Groebel, K & R Beilage 1/2004, 18, 19; Klotz, MMR 2003, 495, 496.

Teil 3: Die Wirkungen der Entgeltgenehmigung

Der dritte Teil dieser Arbeit befasst sich mit den Wirkungen der Entgeltgenehmigung. Wie bereits in der Einleitung (Teil 1, A.) dargestellt, ist hierbei zwischen den Wirkungen, die eine Genehmigung der Bundesnetzagentur für die von ihr Betroffenen und den Wirkungen, die sie für andere Behörden, insbesondere für das Bundeskartellamt, hat, zu unterscheiden.
Zunächst werden die Wirkungen für die von der Genehmigung Betroffenen dargestellt. Von der Genehmigung betroffen ist zum einen der Adressat der Genehmigung, d.h. das Unternehmen, das einen entsprechenden Entgeltgenehmigungsantrag gestellt hat und an das sich die Genehmigung richtet. Zum anderen können auch Wettbewerber und Nachfrager des Unternehmens, an das die Genehmigung adressiert ist, von dieser betroffen sein. Inwiefern dies der Fall ist, wird im Folgenden erörtert.

A. Die Wirkungen für die Betroffenen

I. Die Rechtsnatur der Entgeltgenehmigung

Um die Wirkungen der Entgeltgenehmigung zu spezifizieren, ist es notwendig, die Rechtsnatur der Genehmigung zu untersuchen.

Die Entgeltgenehmigung ist ein Verwaltungsakt im Sinne des § 35 Satz 1 VwVfG.[209] Nach § 35 Satz 1 VwVfG ist ein Verwaltungsakt jede Verfügung, Entscheidung oder andere hoheitliche Maßnahme, die eine Behörde zur Regelung eines Einzelfalls auf dem Gebiet des öffentlichen Rechts trifft und die auf unmittelbare Rechtswirkung nach außen gerichtet ist. Die Genehmigung wird von der Bundesnetzagentur erlassen, die eine Behörde im Sinne des § 1 Abs. 4 VwVfG[210] ist. Entsprechend der herrschenden modifizierten Subjektstheorie[211] enthält die Entgeltgenehmigung eine Regelung auf dem Gebiet des öffentlichen

---

209 Gurlit, K & R Beilage 1/2004, 32, 34; Wegmann, DVBl. 2002, 1446, 1449; Kind/Geppert/Schütze/Wiesche, MMR Beilage 12/2003, 3, 4.

210 Zum Behördenbegriff des § 1 Abs. 4 VwVfG siehe Stelkens/Schmitz, in: Stelkens/Bonk/Sachs, VwVfG, 6. Aufl., 2001, § 1 Rn. 212 ff.; Meyer, in: Knack, VwVfG, 8. Aufl., 2004, § 1 Rn. 1 ff.; Kopp/Ramsauer, VwVfG, 9. Aufl., 2005, § 1 Rn. 51 ff.; Battis, Verwaltungsrecht, 3. Aufl., 2002, S. 107 f.

211 Kopp/Ramsauer, VwVfG, 9. Aufl., 2005, § 1 Rn. 15, § 35 Rn. 32 ff.; Peine, Allgemeines Verwaltungsrecht., 7. Aufl., 2004, § 3 Rn. 44; Henneke, in: Knack, VwVfG, 8. Aufl., 2004, § 35 Rn. 32 ff.; Renck, JuS 1986, 268 ff.; Thiel/Garcia-Scholz, JA 2001, 957 ff.; Hoffmann, JR 1996, 158 ff.; Ipsen/Koch, JuS 1992, 809 ff.

Rechts, wobei unter Regelung die auf eine unmittelbare, für die Betroffenen verbindliche Rechtsfolge gerichtete Willenserklärung zu verstehen ist.[212]
Die Bundesnetzagentur handelt beim Erlass der Entgeltgenehmigung auch hoheitlich[213], indem sie eine einseitige und keine vertragliche Regelung mit dem antragstellenden Unternehmen trifft. Dadurch, dass die Bundesnetzagentur über einen konkreten Entgeltantrag entscheidet, bezieht sich die von ihr getroffene Regelung auf einen Einzelfall, d.h. auf einen bestimmten Lebenssachverhalt.[214]
Durch die Genehmigung wird die Erlaubnis ausgesprochen, ein bestimmtes Entgelt im Rechtsverkehr verlangen zu dürfen, welches ohne die Genehmigung gemäß § 37 Abs. 1 TKG nicht gefordert werden dürfte. Folglich ist die hoheitliche Maßnahme auch auf unmittelbare Rechtswirkung nach außen gerichtet und stellt nicht lediglich ein rein internes Verwaltungshandeln dar.[215]

Die Verwaltungsaktqualität der Genehmigung wird zudem durch die spezielle telekommunikationsrechtliche Regelung des § 132 Abs. 1 Satz 2 TKG bestätigt. Hiernach entscheidet die Bundesnetzagentur in den Fällen des zweiten Teils, d.h. im Rahmen der Marktregulierung, durch Beschlusskammern. Deren Beschlüsse, zu denen auch die Entscheidung über den Erlass der Genehmigung gehört, ergehen durch Verwaltungsakt. Demnach ergeht die Entgeltgenehmigung gemäß § 132 Abs. 1 Satz 2 TKG als Verwaltungsakt. Als solcher zeigt sie sowohl verfahrensrechtliche, als auch verwaltungsprozessuale und materiellrechtliche Wirkungen.[216]

Ihre verfahrensrechtliche Bedeutung besteht darin, dass sie als verfahrensrechtlicher Erkenntnisakt ein Verwaltungsverfahren zum Abschluss bringt.[217] Zudem

---

212 Martens, NVwZ 1982, 480, 484; Henneke, in: Knack, VwVfG, 8. Aufl., 2004, § 35 Rn. 22; Stelkens/Stelkens, in: Stelkens/Bonk/Sachs, VwVfG, 6. Aufl., 2001, § 35 Rn. 78; Kopp/Ramsauer, VwVfG, 9. Aufl., 2005, § 35 Rn. 47 ff.; Ule/Laubinger, Verwaltungsverfahrensrecht, 4. Aufl., 1995, § 48 Rn. 1; Battis, Verwaltungsrecht, 3. Aufl., 2002, S. 111.

213 Zur Definition von „hoheitlich“ siehe Stelkens/Stelkens, in: Stelkens/Bonk/Sachs, VwVfG, 6. Aufl., 2001, § 35 Rn. 68; Kopp/Ramsauer, VwVfG, 9. Aufl., 2005, § 35 Rn. 25.

214 Stelkens/Stelkens, in: Stelkens/Bonk/Sachs, VwVfG, 6. Aufl., 2001, § 35 Rn. 82; Henneke, in: Knack, VwVfG, 8. Aufl., 2004, § 35 Rn. 22; Kopp/Ramsauer, VwVfG, 9. Aufl., 2005, § 35 Rn. 68 ff.

215 Stelkens/Stelkens, in: Stelkens/Bonk/Sachs, VwVfG, 6. Aufl., 2001, § 35 Rn. 85; Hufen, Verwaltungsprozessrecht, 6. Aufl., 2005, § 14 Rn. 8.

216 Henneke, in: Knack, VwVfG, 8. Aufl., 2004, Vor § 35 Rn. 25 ff.; Kopp/Ramsauer, VwVfG, 9. Aufl., 2005, § 35 Rn. 5 ff.

217 Henneke, in: Knack, VwVfG, 8. Aufl., 2004, Vor § 35 Rn. 34.

hängen von der Verwaltungsaktqualität auch die verfahrensrechtlichen Garantien des Verwaltungsverfahrensgesetzes (VwVfG), wie zum Beispiel der Anspruch auf rechtliches Gehör, das Akteneinsichtsrecht und bestimmte Begründungspflichten, ab.[218] Insofern ist mit der Qualifizierung der Entgeltgenehmigung als Verwaltungsakt eine Verbesserung der Rechtsposition des Betroffenen im Verwaltungsverfahren verbunden.

Verwaltungsprozessuale Wirkung hat die Verwaltungsaktqualität der Genehmigung bei der Klageartbestimmung.[219] Der Kläger kann entweder im Rahmen der Anfechtungsklage gegen die Genehmigung vorgehen oder den Erlass einer abgelehnten oder unterlassenen Genehmigung durch die Erhebung einer Verpflichtungsklage erreichen, § 42 Abs. 1 VwGO. Sowohl die Anfechtungsklage als auch die Verpflichtungsklage fordern nach dem allgemeinen Verwaltungsprozessrecht besondere Sachurteilsvoraussetzungen. Beispielsweise wird der Suspensiveffekt des § 80 Abs. 1 VwGO nur bei einem Widerspruch bzw. einer Anfechtungsklage gegen Verwaltungsakte ausgelöst und auch die Durchführung eines Widerspruchverfahrens gemäß §§ 68 ff. VwGO, das die Rechtsstellung des Klägers verbessert, ist nur bei Vorliegen eines Verwaltungsaktes statthaft.[220] Im Anwendungsbereich des Telekommunikationsgesetzes ist allerdings zu beachten, dass diese besonderen Sachurteilsvoraussetzungen gemäß § 137 TKG abbedungen sind. Nach § 137 Abs. 1 TKG haben Widerspruch und Klage gegen Entscheidungen der Bundesnetzagentur keine aufschiebende Wirkung und auch das Erfordernis eines Vorverfahrens entfällt gemäß § 137 Abs. 2 TKG.

Materiell-rechtlich hat die Genehmigung eine sogenannte Stabilisierungs- und Klarstellungsfunktion.[221] Diese Funktion erklärt sich daraus, dass der Verwaltungsakt in Konkretisierung und Vollzug generell-abstrakter Rechtsnormen die Rechtslage im Einzelfall verbindlich feststellt.[222] Im Einzelfall wird dem Betroffenen gegenüber bestimmt, was für ihn rechtens ist.[223] Dadurch stellt die Genehmigung eine stabile, nicht ohne weiteres entziehbare Grundlage für weitere Dispositionen der Betroffenen dar.[224]

---

218 Kopp/Ramsauer, VwVfG, 9. Aufl., 2005, § 35 Rn. 8.

219 Henneke, in: Knack, VwVfG, 8. Aufl., 2004, Vor § 35 Rn. 36.

220 Kopp/Ramsauer, VwVfG, 9. Aufl., 2005, § 35 Rn. 8.

221 BVerwG, NVwZ 1988, 941; Henneke, in: Knack, VwVfG, 8. Aufl., 2004, Vor § 35 Rn. 26; Kopp/Ramsauer, VwVfG, 9. Aufl., 2005, § 35 Rn. 6.

222 Henneke, in: Knack, VwVfG, 8. Aufl., 2004, Vor § 35 Rn. 26.

223 Henneke, in: Knack, VwVfG, 8. Aufl., 2004, Vor § 35 Rn. 26.

224 Henneke, in: Knack, VwVfG, 8. Aufl., 2004, Vor § 35 Rn. 26.

II. Die Wirkungen nach § 37 TKG

1. Die Regelung des § 37 TKG

§ 37 TKG normiert die Folgen einer Abweichung von einem genehmigten Entgelt und stellt somit mittelbar auch die Wirkungen der Genehmigung für die von ihr Betroffenen dar. Die Regelung entspricht weitgehend § 29 TKG-alt.[225]

Die Erteilung der Genehmigung durch die Bundesnetzagentur hat zur Folge, dass der Betreiber eines öffentlichen Telekommunikationsnetzes, der über beträchtliche Marktmacht verfügt, verpflichtet ist, ausschließlich die von der Bundesnetzagentur genehmigten Entgelte zu verlangen, § 37 Abs. 1 TKG. Das Unternehmen darf somit weder höhere noch niedrigere Entgelte im Rechtsverkehr fordern.[226] Erhebt es trotz dieses Verbotes ein ungenehmigtes Entgelt, ist dieses Verhalten bußgeldbewehrt gemäß § 149 Abs. 1 Nr. 6 TKG.

Nach § 37 Abs. 2 Satz 1 TKG sind Verträge über Dienstleistungen, die andere als die genehmigten Entgelte enthalten, mit der Maßgabe wirksam, dass das genehmigte Entgelt an die Stelle des vereinbarten Entgelts tritt.[227] Die Norm regelt die zivilrechtlichen Folgen der Genehmigung und zeigt, dass ein Vertrag wirksam bleibt, obwohl er gegen das gesetzliche Verbot des § 37 Abs. 1 TKG verstößt, nach dem nicht genehmigte Entgelte im Rechtsverkehr nicht gefordert werden dürfen. Somit beinhaltet § 37 Abs. 2 Satz 1 TKG eine Ausnahme zu dem in § 134 BGB enthaltenen Grundsatz, dass ein Rechtsgeschäft, das gegen ein gesetzliches Verbot verstößt, nichtig ist. Die Ersetzungswirkung nach § 37 Abs. 2 TKG kommt jedoch nicht in Betracht, wenn es kein genehmigtes Entgelt gibt, das an die Stelle des vereinbarten treten könnte. In diesem Fall sind die Entgelte wegen Verstoßes gegen das Verbot aus § 37 Abs. 1 TKG i.V.m. § 134 BGB unwirksam.[228]

Eine vertragliche oder gesetzliche Verpflichtung zur Erbringung einer Leistung bleibt gemäß § 37 Abs. 3 Satz 1 TKG unabhängig vom Vorliegen einer Entgeltgenehmigung bestehen. Diese Regelung stellt eine Novität zum TKG-alt dar, unter dem das Fortbestehen der Leistungspflicht nicht gesetzlich normiert war.[229] Im nunmehr geltenden Telekommunikationsgesetz ist klargestellt, dass

---

225 Entwurf eines Telekommunikationsgesetzes (TKG) der Bundesregierung nebst Begründung, BT-Drs. 15/2316, S. 70 ff.

226 Mielke, in: Säcker, TKG, 1. Aufl., 2006, § 37 Rn. 2.

227 Siehe: Mielke, in: Säcker, TKG, 1. Aufl., 2006, § 37 Rn. 17 ff.

228 Mielke, in: Säcker, TKG; 1. Aufl., 2006, § 37 Rn. 23.

229 Groebel, K & R Beilage 1/2004, 18, 20.

ein Unternehmen, das ein nicht genehmigtes Entgelt verlangt, zwar verpflichtet ist, die vertragliche Leistung zu erbringen, hierbei aber nicht das ungenehmigte Entgelt verlangen darf. Sobald eine Entgeltgenehmigung vorliegt, kann das genehmigte Entgelt jedoch auch rückwirkend verlangt werden.[230]

Zusammenfassend ist festzustellen, dass das genehmigte Entgelt sowohl für das den Genehmigungsantrag stellende Unternehmen als auch für dessen Vertragspartner verbindlich ist. Der Betreiber darf keine anderen als die von der Bundesnetzagentur genehmigten Entgelte verlangen und Verträge über Dienstleistungen, die andere als die genehmigten Entgelte enthalten, werden nur mit der Maßgabe wirksam, dass das genehmigte Entgelt an die Stelle des vereinbarten Entgelts tritt.

2. Die privatrechtsgestaltende Wirkung

Nach der Charakterisierung der Genehmigung als Verwaltungsakt, dessen besondere Rechtsfolgen in 37 TKG enthalten sind, stellt sich die Frage, ob die Genehmigung als privatrechtsgestaltender Verwaltungsakt zu klassifizieren ist.[231]

Die Klassifizierung der Genehmigung als privatrechtsgestaltender Verwaltungsakt ermöglicht Rückschlüsse bzgl. der Klagemöglichkeiten von Dritten, d.h. hier insbesondere von Vertragspartnern des regulierten Unternehmens. Ein Verwaltungsakt, der ein privatrechtliches Vertragsverhältnis unmittelbar gestaltet, kann nämlich das vom Schutz der allgemeinen Handlungsfreiheit (Art. 2 Abs. 1 GG) umfasste Recht, den Inhalt von vertraglichen Vereinbarungen mit der Vertragsgegenseite frei von staatlichen Bindungen auszuhandeln, verletzen.[232] Auf eine solche Verletzung der durch Art. 2 Abs. 1 GG gewährleisteten Vertragsfreiheit können sich unter Umständen auch die Nachfrager, die einen Vertrag mit dem Adressaten der Genehmigung geschlossen haben, in einer verwaltungsgerichtlichen Klage berufen.

a) Definition des privatrechtsgestaltenden Verwaltungsaktes

Für den Begriff des privatrechtsgestaltenden Verwaltungsaktes gibt es keine gesetzliche Definition.

---

230 BVerwG, MMR 2004, 398 ff.; Geppert/Ruhle, MMR 2003, 319 ff.; a.A. Schuster, MMR 2001, 298 ff.

231 Michalski/Bauriedl, CR 1998, 657 ff.

232 BVerwGE 100, 230, 233 f.; BVerwG, MMR 2003, 241, 242.

In der Literatur wird teilweise die Auffassung vertreten[233], dass Verwaltungsakte privatrechtsgestaltend sind, wenn sie ihre Rechtswirkungen überwiegend oder ausschließlich im Zivilrecht entfalten. Dazu werde die Rechtswirkung des Privatrechts kraft Gesetzes unter die aufschiebende oder auflösende Bedingung einer hoheitlichen Einzelmaßnahme gestellt.[234] Als gesetzlich generierte Rechtsbedingungen unterschieden sich diese Konstellationen zwar von echten rechtsgeschäftlichen Bedingungen, die dem autonomen Willen der beteiligten Privatrechtssubjekte entsprängen, gleichwohl bewirke die Willensäußerung der Verwaltung ihre privatrechtliche Folge ebenso unmittelbar, als wäre sie eine originäre Willensäußerung der Privatrechtssubjekte.[235]

Ähnlich beschreibt es *Manssen*[236], nach dem ein privatrechtsgestaltender Verwaltungsakt dadurch charakterisiert wird, dass er unmittelbar die privatrechtliche Rechtsfähigkeit begründet oder aufhebt oder unmittelbar auf eine Änderung des privaten Rechtsgeschäfts oder des privatrechtlichen Rechte- und Pflichtensystems abzielt. Die Änderung der Privatrechtslage muss hierbei final herbeigeführt werden oder eine vom Gesetz vorgesehene rechtlich notwendige Bedingung für die Umgestaltung der Rechtslage darstellen.

Um prüfen zu können, ob die Entgeltgenehmigung diesen Anforderungen entspricht, müssen die Definitionen in einzelne Prüfungskriterien zerlegt werden.[237]

aa) Rechtliche Relevanz für das Zivilrecht

Konsens besteht insoweit, als privatrechtsgestaltende Verwaltungsakte „aus öffentlichem Grund auf private Positionen, Rechte oder Rechtsverhältnisse einwirken" müssen.[238] Dieses Einwirken muss qualifiziert in dem Sinne sein, dass

---

233 Kleinlein/Enaux, K & R 2003, 275, 277; Tschentscher, DVBl. 2003, 1424, 1425; Erichsen, in: Erichsen/Ehlers, Allgemeines Verwaltungsrecht, 12. Aufl., 2002, § 12 Rn. 21; Ipsen, Allgemeines Verwaltungsrecht, 4. Aufl., 2005, Rn. 332, 390; Peine, Allgemeines Verwaltungsrecht, 7. Aufl., 2004, Rn. 141.

234 Tschentscher, DVBl. 2003, 1424, 1425.

235 Tschentscher, DVBl. 2003, 1424, 1426.

236 Manssen, Privatrechtsgestaltung, 1994, S. 32.

237 So auch Manssen, Privatrechtsgestaltung, 1994, S. 20 ff.

238 Wertenbruch, Zum privatrechtsgestaltenden Verwaltungsakt, in: Schmidt/Seidl, Aktuelle Fragen aus modernem Recht und Rechtsgeschichte, Gedächtnisschrift für Rudolf Schmidt, 1966, S. 89 ff., 109; Stelkens/Stelkens, in: Stelkens/Bonk/Sachs, VwVfG, 6. Aufl., 2001, § 35 Rn. 140.

es eine rechtliche Auswirkung hat, die Privatrechtslage muss geändert werden.[239] Eine allgemeine Privatrechtsrelevanz genügt nicht.[240]

bb) Unbedingte und unmittelbare Wirkung

Das gestaltende Element des „privatrechtsgestaltenden" Verwaltungsaktes besteht darin, dass ohne den Verwaltungsakt die privatrechtliche Wirkung nicht eintreten kann, sie mit dem Akt aber unbedingt und unmittelbar eintreten muss.[241]
Der privatrechtsgestaltende Verwaltungsakt ist die rechtlich notwendige Bedingung für die Umgestaltung der Rechtslage. Als privatrechtsgestaltend lässt sich folglich nur ein solcher Verwaltungsakt verstehen, der nicht indizierende, sondern bindende, also unbedingte Wirkung hat.[242]
Die Unmittelbarkeit der Privatrechtsgestaltung ist normalerweise dann gegeben, wenn entweder aufgrund des Verwaltungsaktes ein gesetzlich vorgesehener unmittelbarer finaler Eingriff in die Begründung, Umwandlung oder Aufhebung privater Beziehungsgefüge oder wenn eine gesetzlich bestimmte, notwendige unmittelbare Kausalität der staatlichen Mitwirkung bejaht werden kann.[243] Schlichte Kausalität im Sinne einer zufälligen Wirkung im Einzelfall genügt nicht. Ebenfalls ungenügend ist es, wenn der Verwaltungsakt im Vorfeld verbleibt, d.h. nicht selbst auf die Privatrechtslage einwirkt, sondern im Rahmen eines mehrstufigen Vorgangs die Vorstufe darstellt. Auch Hoheitsakten, die nur Teil- oder Vorfragen des privatrechtlichen Rechte- und Pflichtesystems betreffen, fehlt die unmittelbare Einwirkung.[244]

Nach *Manssen*[245] können vier Fallgruppen benannt werden, die zwar privatrechtsrelevante, aber keine privatrechtsgestaltende Wirkung haben.
Zum einen gehören Verfügungen über Innenbereichsbeschränkungen dazu, also Verfügungen, die nach der Konzeption des Gesetzes auf den Innenbereich des Adressaten beschränkt bleiben sollen. Verfügungen über Innenbereichsbeschränkungen tangieren den Geschäftspartner nicht und wirken folglich auch nicht gestaltend auf die Rechtslage ein.

---

[239] Manssen, Privatrechtsgestaltung, 1994, S. 23.
[240] Manssen, Privatrechtsgestaltung, 1994, S. 23 f.
[241] Tschentscher, DVBl. 2003, 1424, 1426.
[242] Manssen, Privatrechtsgestaltung, 1994, S. 24 f.
[243] Manssen, Privatrechtsgestaltung, 1994, S. 30.
[244] Manssen, Privatrechtsgestaltung, 1994, S. 29.
[245] Manssen, Privatrechtsgestaltung, 1994, S. 32 ff.

Auch Bescheinigungen über Registereinträge sind nicht privatrechtsgestaltend. Dem ist insofern zuzustimmen, als solche Bescheinigungen nicht conditio sine qua non für die privatrechtliche Rechtsänderung sind und es somit an der erforderlichen unmittelbaren Kausalität fehlt.
Die dritte Fallgruppe ist die bloße Versagung privatrechtlicher Rechtsgeschäfte. Auch hier fehlt es am gestaltenden Element. Eine Versagung hat nur dann eine privatrechtsgestaltende Wirkung, wenn gleichzeitig mit ihr eine Regelung betreffend der Wirksamkeit eventuell trotzdem geschlossener Verträge oder vorzunehmender einseitiger Rechtsgeschäfte getroffen wird.
Dieser Grundsatz gilt entsprechend für die Verpflichtung zur Vornahme privatrechtlicher Rechtsgeschäfte. Wenn die Verpflichtung nicht näher ausgestaltet und der Inhalt der abzuschließenden Privatrechtsgeschäfte offen gelassen ist, ist sie nicht privatrechtsgestaltend.

b) Die privatrechtsgestaltende Wirkung der Entgeltgenehmigung

Es ist festzustellen, dass die Entgeltgenehmigung der Bundesnetzagentur dann privatrechtsgestaltend ist, wenn sie rechtlich relevant für die zivilrechtliche Lage ist. Weiterhin muss das Zivilrecht unbedingt und unmittelbar beeinflusst werden und die Genehmigung darf nicht unter die vier aufgezählten Fallgruppen zu subsumieren sein.

Die rechtliche Relevanz lässt sich aus § 37 Abs. 1 TKG ersehen. Nach § 37 Abs. 1 TKG ist der Lizenznehmer verpflichtet, ausschließlich die von der Bundesnetzagentur genehmigten Entgelte im Rechtsverkehr zu verlangen. Nicht genehmigte Entgelte darf er nicht fordern. Fordert er diese dennoch, ist sein Verhalten bußgeldbewehrt, § 149 Abs. 1 Nr. 6 TKG. Zudem sind nach § 37 Abs. 2 Satz 1 TKG Verträge über Dienstleistungen, die andere als die genehmigten Entgelte enthalten, nur mit der Maßgabe wirksam, dass das genehmigte Entgelt an die Stelle des vereinbarten Entgelts tritt. Auch hier wird die rechtliche Relevanz deutlich, da die Genehmigung auf das bestehende Rechtsgeschäft einwirkt und die Privatrechtslage ändert.

§ 37 TKG zeigt auch, dass die Genehmigung das Zivilrecht unbedingt beeinflusst. Der Vertrag zwischen den Parteien ist ohne die Entgeltgenehmigung nicht wirksam. Der Lizenznehmer darf nur genehmigte Entgelte verlangen und die Bundesnetzagentur kann sogar die Durchführung des Vertrages untersagen, wenn dieser ein anderes als das genehmigte Entgelt enthält, § 37 Abs. 2 Satz 1 TKG. Der Inhalt der Genehmigung ist folglich für zivilrechtlich zu schließende Verträge unbedingt.

Die geforderte Unmittelbarkeit wird bei der Entgeltgenehmigung zum Teil[246] verneint. Die staatliche Preisgenehmigung stünde mit dem Vertrag zwischen dem marktbeherrschenden Unternehmen und seinem Kunden nur mittelbar und nur auf Seiten des Unternehmens in Zusammenhang. Der Bundesgerichtshof[247] geht hingegen zu Recht von einer unmittelbaren Wirkung der Entgeltgenehmigung für den privatrechtlichen Vertrag zwischen den Parteien aus. Zwar ist der Vertrag zwischen Unternehmen und Kunden zunächst nicht Gegenstand des Genehmigungsverfahrens; vielmehr genehmigt die Bundesnetzagentur den Antrag des Unternehmens bzw. das darin genannte Entgelt. Allerdings zeigt § 37 TKG, dass die Genehmigung sich trotzdem unmittelbar auf die privatrechtlichen Verträge auswirkt: Der Lizenznehmer darf ausschließlich die von der Bundesnetzagentur genehmigten Entgelte verlangen. Stellt er ein ungenehmigtes Entgelt in Rechnung, obwohl er über ein genehmigtes Entgelt verfügt, tritt die Vertragsänderung ipso iure ein. An die Stelle des vertraglich vereinbarten Preises tritt das genehmigte Entgelt. Dadurch wird die Genehmigung unmittelbar auf zivilrechtlicher Ebene umgesetzt.

Von den vier aufgestellten Fallgruppen ist keine einschlägig. Die Entgeltgenehmigung ist folglich ein privatrechtsgestaltender Verwaltungsakt.[248]

III. Zwischenergebnis

Als Zwischenergebnis lässt sich festhalten, dass die Entgeltgenehmigung ein Verwaltungsakt im Sinne des § 35 Satz 1 VwVfG ist. Als solcher zeigt sie sowohl verfahrensrechtliche, als auch verwaltungsprozessuale und materiellrechtliche Wirkungen. Die privatrechtsgestaltende Wirkung der Entgeltgenehmigung ergibt sich aus § 37 TKG, der die Folgen einer Abweichung von einem genehmigten Entgelt normiert und somit mittelbar die Wirkungen der Genehmigung für die von ihr Betroffenen enthält.

---

246 Michalski/Bauriedl, CR 1998, 657 ff.

247 BGH, CR 1998, 664, 666.

248 So auch Manssen, in: Manssen, TKMMR, C § 28 Rn. 20; Wegmann, K & R Beilage 1/2004, 25, 30; OLG Köln, OLGR Köln, 2004, 312 ff.= CR 2004, 911 ff.; Bauriedl, Zulässigkeit der Inhaltskontrolle, 1998, S. 67.

B. Die Bindung des Bundeskartellamts an die Entgeltgenehmigung der Bundesnetzagentur

I. Problemstellung

Das Bundeskartellamt kann ein von der Bundesnetzagentur genehmigtes Entgelt nur prüfen, wenn es für eine solche Untersuchung zuständig ist. Gemäß § 48 GWB sind die Kartellbehörden für die Anwendung der Normen des GWB zuständig.[249] Bei einem telekommunikationsrechtlichen Sachverhalt kann das Bundeskartellamt folglich nur tätig werden, wenn der Tatbestand die wettbewerbsrechtlichen Vorschriften des GWB tangiert. Hierzu müssen zunächst die Regelungen des GWB neben dem sektorspezifischen Telekommunikationsgesetz anwendbar sein. Ob dies der Fall ist, hängt maßgeblich vom Verhältnis des Telekommunikationsgesetzes zum GWB ab. Nur wenn das GWB nicht vom Telekommunikationsgesetz verdrängt wird und parallel Anwendung findet, ist das Bundeskartellamt zuständig.[250] Deshalb ist zunächst zu untersuchen, ob die Regelungen des GWB neben denen des Telekommunikationsgesetzes anwendbar sind, um dann in einem zweiten Schritt zu klären, welche wettbewerbsrechtlichen Vorschriften telekommunikationsrechtliche Sachverhalte erfassen. Insbesondere ist denkbar, dass die allgemeine Missbrauchsaufsicht nach § 19 GWB auch die Überprüfung von Entgelten vorsieht, die bereits von der Bundesnetzagentur genehmigt wurden. Die parallele Anwendbarkeit der Entgeltregulierungsvorschriften des Telekommunikationsgesetzes und von § 19 GWB könnte hier zu Normenkollisionen führen. Wäre das Bundeskartellamt bei der Prüfung des § 19 GWB an die Entgeltgenehmigung der Bundesnetzagentur gebunden, ließen sich diese Kollisionen vermeiden.

Prüft das Bundeskartellamt ein genehmigtes Entgelt auf seine Vereinbarkeit mit dem GWB, ist somit fraglich, ob das Bundeskartellamt hierbei die Entgeltgenehmigung rechtlich würdigen muss bzw. inwieweit der Inhalt der Genehmigung bindend für die kartellbehördliche Untersuchung ist.[251] Teilweise[252] wird

---

[249] Die wesentlichen Aufgaben des Bundeskartellamts sind hierbei die Durchsetzung des Kartellverbots, § 1 GWB, die Durchführung der Fusionskontrolle und die Ausübung der Missbrauchsaufsicht über marktbeherrschende Unternehmen, § 19 GWB. Seit 1999 ist das Vergaberecht hinzugetreten. Neben dem deutschen kann das Bundeskartellamt auch das europäische Wettbewerbsrecht anwenden, soweit die Europäische Kommission nicht selbst tätig wird, § 50 GWB.

[250] Kühling, Netzwirtschaften, 2004, S. 239.

[251] OLG Düsseldorf, MMR 2005, 541 ff.; Geppert, in: Scheurle/Mayen, TKG, 2002, § 82 Rn. 17; Martenczuk, CR 1999, 363, 366; Haus, N & R 2004, 143, 145.

[252] Geppert, in: Scheurle/Mayen, TKG, 2002, § 82 Rn. 17; Martenczuk, CR 1999, 363 ff.

angenommen, dass das Bundeskartellamt an den Inhalt der Genehmigung gebunden ist, wenn es den Missbrauch einer marktbeherrschenden Stellung gemäß § 19 GWB untersucht; mit der Folge, dass es unter Umständen ein genehmigtes Entgelt nicht als missbräuchlich im Sinne des § 19 GWB beurteilen darf. Inwiefern diese These zutreffend ist, soll im Folgenden erörtert werden.

II. Formell: Die Zuständigkeit des Bundeskartellamts und die Anwendbarkeit des GWB neben dem Telekommunikationsgesetz, § 2 Abs. 3 TKG

Für das Verhältnis von sektorspezifischem Telekommunikationsrecht und allgemeinem Kartellrecht sind rechtssystematisch mehrere Möglichkeiten vorstellbar.[253] Zum einen ist denkbar, dass beide Gesetze generell parallel anzuwenden sind, d.h., die Vorschriften des GWB können immer neben denen des Telekommunikationsgesetzes geprüft werden.
Zum anderen ist es möglich, dass das Telekommunikationsgesetz lex specialis zum GWB ist. Die Annahme eines spezialgesetzlichen Charakters des Telekommunikationsgesetzes kann zur Folge haben, dass das GWB nicht anwendbar ist, wenn ein telekommunikationsrechtlicher Sachverhalt vorliegt. Das ist dann der Fall, wenn die Normen des Telekommunikationsgesetzes abschließende Regelungen treffen, so dass eine Anwendbarkeit der Vorschriften des GWB daneben ausgeschlossen ist.
Vorstellbar ist aber auch, dass das Telekommunikationsgesetz zwar Spezialgesetz ist, die Regelungen des GWB jedoch subsidiäre Anwendung finden, wenn keine abschließende Regelung im Telekommunikationsgesetz getroffen wurde.
Die vierte Möglichkeit wäre, dass das GWB grundsätzlich parallel anwendbar ist, eine Ausnahme hiervon allerdings dann zu machen ist, wenn das Telekommunikationsgesetz eine abschließende Regelung trifft. Diese Ansicht ist der vorgenannten sehr ähnlich, da beide die „abschließende Regelung“ als Abgrenzungskriterium haben. Jedoch wird hier von einer grundsätzlichen Parallelität der Gesetze, dort von einer grundsätzlichen Spezialität des Telekommunikationsgesetzes ausgegangen.
Welche der Varianten auf das Verhältnis von Telekommunikationsgesetz zu GWB tatsächlich zutrifft, ist durch Auslegung des § 2 Abs. 3 Satz 1 TKG zu klären.[254]

---

253 Säcker, in: Säcker, TKG, 1. Aufl., 2006, Einl. I Rn. 36; Säcker, AöR 130 (2005), 180 ff.; Wiesche, MMR 2004, 249 ff.; Möschel/Haug, MMR 2003, 505 ff.; Piepenbrock/Schuster, CR 2002, 98 ff.; Gounalakis, K & R 2003, 49 ff.

254 Brugger, AöR 119 (1994), 1, 20.

1. Auslegung nach dem Wortlaut

Am Anfang jeder Auslegung steht der Wortlaut der Norm.[255] Subjektive Vorstellungen des Gesetzgebungsorgans, die ihren Niederschlag nicht in Inhalt und Struktur des verabschiedeten Gesetzes gefunden haben, müssen unberücksichtigt bleiben.[256] Demzufolge ist an der im Gesetz gewählten Formulierung festzuhalten.[257]

Im Gegensatz zu § 2 Abs. 3 des Telekommunikationsgesetzes von 1996, nach dem die Vorschriften des Gesetzes gegen Wettbewerbsbeschränkungen unberührt bleiben, ist die neue Regelung des § 2 Abs. 3 Satz 1 TKG klarer gefasst.[258] Sie besagt, dass die Vorschriften des GWB anwendbar bleiben, soweit nicht durch das Telekommunikationsgesetz ausdrücklich abschließende Regelungen getroffen werden.

Diese Formulierung verdeutlicht, dass das GWB nicht von vornherein unanwendbar auf Sachverhalte ist, die auch vom Telekommunikationsgesetz erfasst sind. Eine andere Annahme würde dem Wortlaut der Norm widersprechen. Mithin findet die im amerikanischen Recht bekannte Doktrin der impliziten Immunität (doctrine of implied immunity)[259], derzufolge regulierte Unternehmen von der Anwendung des Kartellrechts ausgeschlossen sind[260], auf Sachverhalte, die unter das Telekommunikationsgesetz fallen, keine gesetzliche Stütze.[261]

Der Wortlaut des § 2 Abs. 3 Satz 1 TKG indiziert vielmehr die grundsätzlich parallele Anwendbarkeit des GWB.[262] Eine Ausnahme von diesem Grundsatz ist zu machen, wenn das Telekommunikationsgesetz eine ausdrücklich abschlie-

---

255 Wank, Die Auslegung von Gesetzen, 3. Aufl., 2005, S. 47; Sodan/Ziekow, Grundkurs Öffentl. Recht, 2. Aufl., 2007, § 2 Rn. 6; Bleckmann, JuS 2002, 942.

256 BVerfGE 1, 299, 312; 10, 234, 244.

257 BVerfGE 92, 1; Kudlich, JA 2004, 74, 81.

258 So auch Haus, N & R 2004, 143, 145.

259 U.S. Supreme Court, GRUR Int. 2004, 674, 675; auch wenn der U.S. Supreme Court in diesem Urteil zunächst Bedenken gegen die Anwendung des Kartellrechts äußert, erkennt er an, dass der Telecommunications Act das Kartellrecht ausdrücklich unberührt lässt.

260 Haus, N & R 2004, 143, 144.

261 Anzumerken ist, dass ohnehin zweifelhaft ist, ob die „Doctrine of implied immunity“ auf den Telekommunikationssektor anwendbar ist; siehe Säcker, AöR 130 (2005), 180, 213.

262 So auch Müller, MMR 2005, 553, 555; Attendorn, MMR 2005, 543, 544; Säcker, in: Säcker, TKG, 1. Aufl., 2006, § 2 Rn. 17.

ßende Regelung trifft. Eine Regelung ist abschließend, wenn sie keinen Raum für weitergehende Regelungen lässt. Sie ist ausdrücklich abschließend, wenn das Gesetz selbst zum Ausdruck bringt, dass eine abschließende Regelung gewollt ist. Wenn der Gesetzesanwender nun hofft, im Telekommunikationsgesetz eine Regelung zu finden, die ausdrücklich besagt, dass ein bestimmter Normenkomplex abschließend ist, sucht er vergeblich. Eine Regelung, die ähnlich § 111 Abs. 2 des Zweiten Gesetzes zur Neuregelung des Energiewirtschaftsrechts (EnWG)[263] normiert, welche Bestimmungen des Gesetzes abschließende Regelungen enthalten, wurde im Telekommunikationsgesetz nicht getroffen.[264]

Vom bloßen Wortlaut ausgehend wäre es denkbar, dass der Gesetzgeber keinen Bereich als abschließend betrachtet und folglich keine ausdrücklich abschließende Regelung getroffen hat. Demnach wäre es nach § 2 Abs. 3 Satz 1 TKG zwar möglich, die Anwendbarkeit des GWB auszuschließen, bisher ist es allerdings noch zu keinem solchen ausdrücklichen Ausschluss gekommen. Damit wäre das GWB immer neben dem Telekommunikationsgesetz anwendbar.[265]

Zum Teil[266] wird jedoch vertreten, dass der Gesetzgeber in einer Gesetzesänderung klarstellen müsste, welche Bereiche des Telekommunikationsgesetzes abschließend im Sinne des § 2 Abs. 3 Satz 1 TKG sind. Da dies (noch) nicht geschehen sei, obliege es den Behörden und Gerichten zu entscheiden, ob ein Regelungskomplex in sich derart abschließend ist, dass eine ergänzende Geltung der Normen des GWB ausgeschlossen ist. Eine vom Gesetz indizierte generelle parallele Anwendbarkeit von Telekommunikationsgesetz und GWB wird demnach abgelehnt.
Im Ergebnis folgen dieser Ansicht auch *Mayen*[267] und *Säcker*[268], denen zufolge die Regelung des § 2 Abs. 3 Satz 1 TKG leer läuft, wenn die geforderte Ausdrücklichkeit ernst genommen und die Vorschriften des GWB immer angewendet werden, weil keine ausdrücklich abschließende Regelung im Telekommunikationsgesetz enthalten ist. Zur Bestimmung des Verhältnisses von Telekommunikationsrecht zu allgemeinem Wettbewerbsrecht müsse vielmehr die Ausle-

---

263 Zweites Gesetz zur Neuregelung des Energiewirtschaftsrechts vom 7. Juli 2005, BGBl. I 2005, S. 1970 ff.

264 Säcker, in: Säcker, TKG, 1. Aufl., 2006, Einl. I Rn. 39.

265 Säcker, AöR 130 (2005), 180, 200; Attendorn, MMR 2005, 543, 544; wohl auch Schuster, CR 2005, 730, 731.

266 Enaux/Koenig, N & R 2005, 2, 11; Schütz, in: Schütz, KommunikationsR, 1. Aufl., 2005, Rn. 894.

267 Mayen, CR 2005, 21, 26.

268 Säcker, in: Säcker, TKG, 1. Aufl., 2006, § 2 Rn. 21.

gungsregel vom Vorrang des speziellen Gesetzes gelten (lex-specialis-Grundsatz). Nach dieser Auslegungsregel verdrängt bei Normenkonkurrenz die Rechtsfolge der speziellen Regelung – für ihren Anwendungsbereich – die (unterschiedliche) Rechtsfolge der allgemeinen Regelung. Im Verhältnis von Telekommunikationsgesetz und GWB führte die Anwendung des lex-specialis-Grundsatzes dazu, dass das für den Telekommunikationsbereich speziellere Telekommunikationsgesetz die Anwendbarkeit des GWB ausschließe. Die Anwendung des lex-specialis-Grundsatzes auf das Verhältnis von Telekommunikationsgesetz und GWB ist jedoch insofern problematisch, als es sich bei den Gesetzen um Regelungen aus unterschiedlichen Rechtsgebieten handelt.[269] Während das Telekommunikationsgesetz dem öffentlichen Recht zuzuordnen ist, sind die Vorschriften des GWB zivilrechtlicher Natur. Ein weiterer Einwand gegen die Anwendung des lex-specialis-Grundsatzes sind die unterschiedlichen Anwendungsbereiche der beiden Normenkomplexe.[270] Das Telekommunikationsgesetz bezieht sich auf das Verhältnis zwischen der Bundesnetzagentur und dem regulierten Unternehmen. Die Vorschriften des GWB betreffen dagegen das Verhältnis des Unternehmens zu seinen Wettbewerbern. Insofern ist die Anwendung des lex-specialis-Grundsatzes hier nicht zwingend geboten und ein Rückgriff auf die anderen Auslegungsmethoden unerlässlich.

2. Historische Auslegung

Die historische Auslegung berücksichtigt bei der Bewertung einer Regelung sowohl frühere Rechtsnormen als auch die Genese der Norm, die sich in den Gesetzesmaterialien widerspiegelt.[271] Dahinter steht der Gedanke, dass der Gesetzgeber sich an Vorläuferregelungen orientiert und dies auch oft in den Materialien zum Ausdruck bringen wird.[272]
Vorläuferregelung zu § 2 Abs. 3 Satz 1 TKG war § 2 Abs. 3 TKG-alt. Die Vorschrift muss im Folgenden untersucht werden, da auch bei ihr umstritten war[273],

---

269 Bauriedl, Zulässigkeit der Inhaltskontrolle, 1998, S. 94.

270 Bauriedl, Zulässigkeit der Inhaltskontrolle, 1998, S. 94.

271 Wank, Die Auslegung von Gesetzen, 3. Aufl., 2005, S. 73 ff.; Sodan/Ziekow, Grundkurs Öffentl. Recht, 2. Aufl., 2007, § 2 Rn. 8.

272 Kritisch hierzu: Herzberg, JuS 2005, 1, 4.

273 Möschel, K & R 2001, 619 ff.; Bechtold, KartellG, 4. Aufl., 2006, § 130 GWB Rn. 22; Martenczuk, CR 1999, 363 ff.; Engel, MMR Beilage 3/1999, 7 ff.; Schroeder, WuW 1999, 14 ff.; Müller/Schuster, MMR 1999, 507, 508; Markert, in: Immenga/Mestmäcker, GWB, 3. Aufl., 2001, § 20 Rn. 247; Piepenbrock, MMR 2002, 320, 322; Schuster, MMR 2004, 473, 474; Kühling, Netzwirtschaften, 2004, S. 238; Schütz, MMR Beilage 12/2002, 18, 20; Schalast, BuW 2000, 275 ff.; Piepenbrock, MMR 2002, 320, 322; Koenig/Braun, K & R Beilage 2/2002, 2, 41; Scheurle, in: Scheurle/Mayen,

ob durch sie ein Parallelitätsverhältnis oder ein Spezialitätsverhältnis zwischen Telekommunikationsgesetz und GWB festgelegt wurde.

a) § 2 Abs. 3 TKG-alt als Vorgängerregelung

Dem Wortlaut des § 2 Abs. 3 TKG-alt nach bleiben die Regelungen des GWB unberührt. Das ist die Standardformulierung, wenn der Anwendungsbereich eines anderen Gesetzes nicht eingeschränkt werden soll.[274] „Unberührt" bedeutet auch nach dem gewöhnlichen Sprachverständnis, dass etwas unangetastet weiter besteht. Die Unberührtheitsklausel verdeutlicht, dass das GWB nicht von vornherein unanwendbar sein sollte, wenn es um Sachverhalte ging, die auch vom TKG-alt erfasst waren.[275] Unstreitig war auch, dass das GWB anwendbar ist, wenn im TKG-alt überhaupt keine Regelung zu einem bestimmten Bereich getroffen wurde.[276] Beispielsweise waren sonstige missbräuchliche Maßnahmen wie etwa Kundenschutzklauseln, Ausschließlichkeitsbindungen, Preisabsprachen und Mindestabnahmemengen vom TKG-alt nicht erfasst. Hier blieb ausschließlich das GWB anwendbar.[277]

Der Wortlaut spricht zunächst für die grundsätzlich parallele Anwendbarkeit der Normenkomplexe. Vollends „unberührt" bleiben die Normen des GWB nur, wenn sie neben dem TKG-alt angewendet werden. Aber selbst unter Zugrundelegung der Annahme, dass das TKG-alt das speziellere Gesetz war und das GWB immer dann verdrängt wurde, wenn das TKG-alt eine abschließende Regelung traf, blieben die Vorschriften des GWB für die Fälle, bei denen keine Verdrängung stattfand, „unberührt". Der Wortlaut würde somit auch diese Auslegung gerade noch erfassen, wenngleich die Formulierung für eine Spezialitätsregelung durchaus ungewöhnlich wäre.

Trotzdem vertraten Teile der Literatur, § 2 Abs. 3 TKG-alt stelle klar, dass das TKG-alt lex specialis zum GWB sei und dieses verdränge.[278] Zum Teil wurde

---

TKG, 2002, § 2 Rn. 4; Manssen, in: Manssen, TKMMR, C § 2 Rn. 11; Schuster, in: Büchner, TKG, 2. Aufl., 2000, § 2 Rn. 32 ff. m.w.N.; Gramlich, in: Heun, TKR, 1. Aufl., 2002, Teil 3 Rn. 194; Haus, N & R 2004, 143 ff.; Gounalakis, K & R 2003, 49 ff.; Hufnagel/Nolte, AfP 2002, 27 ff.

274 Möschel, K & R 2001, 619.

275 Trute, in: Trute/Spoerr/Bosch, TKG, 2001, § 2 Rn. 26; Säcker/Callies, K & R 1999, 337, 340; Tränkle, Die „essential-facilities"-Doktrin im europäischen Wettbewerbsrecht, 2001, S. 194.

276 Stamm, Entgeltregulierung, 2001, S. 69.

277 Martenczuk, CR 1999, 363, 364; Stamm, Entgeltregulierung, 2001, S. 69.

278 Scheurle, in: Scheurle/Mayen, TKG, 2002, § 2 Rn. 4; Manssen, in: Manssen, TKMMR,

diese Ansicht dahingehend eingeschränkt, dass die verdrängende Wirkung des TKG-alt nur angenommen wurde, wo den Vorschriften des TKG-alt ein abschließender Regelungsgehalt zukam.[279] Für die Spezialität sprach vor allem die Gesetzesbegründung zu § 2 Abs. 3 TKG-alt[280], in der es heißt:

> Die Regelung unterstreicht das Verhältnis der sektorspezifischen Verhaltensaufsicht im Bereich der Telekommunikation als Spezialgesetz gegenüber dem GWB, das subsidiär immer dann Anwendung findet, wenn keine Spezialregelung getroffen ist. Die Notwendigkeit der besonderen Regelung des Telekommunikationsbereichs ergibt sich aus der Historie, den über hundertjährigen Monopolen der Fernmeldeverwaltungen, die zunächst die Herstellung und Förderung des Wettbewerbs in diesem Bereich erfordert, bevor die allgemeinen Regelungen der Wettbewerbsaufsicht greifen können.[281]

Die Gegenmeinung[282] sprach sich, trotz der in der Gesetzesbegründung hervorgehobenen Spezialität, für eine parallele Anwendbarkeit der beiden Gesetze aus und ignorierte die Gesetzesbegründung zu § 2 Abs. 3 TKG-alt somit vollends. Sie hielt die Begründung für fehlerhaft. Fehlerhaft in dem Sinne, als sie etwas anderes ausdrücke, als letztendlich vom Gesetzgeber gewollt war. Der wahre Wille - parallele Anwendbarkeit von TKG-alt und GWB - würde sich im Wortlaut des § 2 Abs. 3 TKG-alt widerspiegeln.[283] Da der Wortlaut die Grenze jeder Auslegung sei, müsse die Gesetzesbegründung außer Acht gelassen werden.

Dafür, dass die Begründung zu § 2 Abs. 3 TKG-alt nicht dem wahren Willen des Gesetzgebers entsprach, lässt sich die Einführung der Begründung anführen:

C § 2 Rn. 11; Schuster, in: Büchner, TKG, 2. Aufl., 2000, § 2 Rn. 32 ff. m.w.N.; Gramlich, in: Heun, TKR, 1. Aufl., 2002, Teil 3 Rn. 194; Möschel, in: Immenga/Mestmäcker, GWB, 3. Aufl., 2001, § 19 Rn. 222; Tränkle, Die „essential-facilities"-Doktrin im europäischen Wettbewerbsrecht, 2001, S. 194; Möschel, MMR Beilage 3/1999, 3 ff.; Säcker/Callies, K & R 1999, 337, 340.

279 Trute, in: Trute/Spoerr/Bosch, TKG, 2001, § 2 Rn. 26.

280 BT-Drs. 13/3609.

281 BT-Drs. 13/3609.

282 Möschel, K & R 2001, 619 ff.; Kind/Geppert/Schütze/Wiesche, MMR Beilage 12/2003, 3, 5; Bechtold, KartellG, 4. Aufl., 2006, § 130 GWB Rn. 22; Martenczuk, CR 1999, 363 ff.; Engel, MMR Beilage 3/1999, 7 ff.; Schroeder, WuW 1999, 14 ff.; Müller/Schuster, MMR 1999, 507, 508; Markert, in: Immenga/Mestmäcker, GWB, 3. Aufl., 2001, § 20 Rn. 247; Piepenbrock, MMR 2002, 320, 322; Schuster, MMR 2004, 473, 474; Kühling, Netzwirtschaften, 2004, S. 238; Schütz, MMR Beilage 12/2002, 18, 20; Koenig/Braun, K & R Beilage 2/2002, 2, 41; im Ergebnis auch OLG Düsseldorf, CR 2006, 175, 177.

283 Martenczuk, CR 1999, 363 ff.; Engel, MMR Beilage 3/1999, 7 ff.

> Die bestehenden wettbewerbsrechtlichen Bestimmungen des GWB, die grundsätzlich die Existenz eines funktionsfähigen Wettbewerbs unterstellen und verhaltenskontrollierende Eingriffe und Vorgaben nur bei Vorliegen von Missbräuchen von marktbeherrschenden Unternehmen vorsehen, sind für die Umwandlung eines traditionell monopolistisch geprägten Marktes unzureichend. Um potentiellen Wettbewerbern den Einstieg in den Markt tatsächlich zu ermöglichen, sind spezifische zusätzliche[284] Regelungen erforderlich, die es der RegTP ermöglichen, marktbeherrschende Unternehmen in besonderer Weise zu regulieren.[285]

Die Bezeichnung der Regelungen des TKG-alt als *spezifisch zusätzlich* weißt darauf hin, dass der Gesetzgeber die Regelungen zwar als spezifisch ansah, weil sie auf telekommunikationsrechtliche Sachverhalte zugeschnitten waren, diese Spezifität aber nicht zwingend mit einem Spezialitätsverhältnis verbinden wollte. Vielmehr zeigt das Wort „zusätzlich“, dass die Annahme einer parallelen Anwendbarkeit von TKG-alt und GWB zumindest ansatzweise auch von der Gesetzesbegründung getragen wurde.

Aufgrund des Widerspruchs in der Gesetzesbegründung lässt sich der Wille des Gesetzgebers nicht zweifelsfrei feststellen und ist daher kein taugliches Auslegungskriterium.[286]

Für die Spezialität des TKG-alt könnte jedoch ein historisch-systematisches Argument sprechen: Das GWB und die kartellrechtlichen Vorschriften des TKG-alt, wie etwa die besondere Missbrauchsaufsicht nach § 33 TKG-alt, gehörten funktional zum Wettbewerbsrecht. Während die Regelungen des GWB auf allen Märkten anwendbar waren, galten die kartellrechtlichen Vorschriften des TKG-alt bereichsspezifisch nur für den Telekommunikationsmarkt. Dementsprechend war das TKG-alt als sektorspezifisches Gesetz passend auf den Telekommunikationssektor zugeschnitten. Es enthielt spezielle telekommunikationsrechtliche Vorschriften, zu denen es keine Entsprechung im GWB gab. Zudem trug es sowohl den technischen Anforderungen als auch den europarechtlichen Vorgaben Rechnung. Aufgrund dieser bereichsspezifischen Stellung liegt der Schluss, dass das TKG-alt das allgemeine GWB verdrängte, nahe. Allerdings ist diese Konsequenz nicht zwingend; denn so lange es nicht zu Kollisionen zwischen dem TKG-alt und dem GWB kam, war die Nicht-Anwendung des GWB keine notwendige Voraussetzung, um die Stellung des TKG-alt als sektorspezifisches Gesetz zu wahren. Demnach kann dieses Argument die Spezialität des TKG-alt gegenüber dem GWB nicht begründen.

---

284 Hervorhebung durch Verfasser.

285 BT-Drs. 13/3609, S. 1.

286 Dahlke, Rechtssystematische Besonderheiten im TK-Recht, 2004, S. 23.

Neben dem Wortlaut spricht vielmehr ein teleologisches Argument für die parallele Anwendbarkeit der Normenkomplexe.[287] Dem Gesetzeszweck des TKG-alt, Förderung des Wettbewerbs und vollständige Marktliberalisierung, § 1 TKG-alt, konnte am ehesten gedient werden, indem alle Vorschriften zum Abbau oder zur Verhinderung von marktbeherrschenden Stellungen angewendet wurden. Zu diesen Vorschriften zählte auch das GWB, das mit seinen allgemeinen wettbewerbsrechtlichen Regelungen den Schutz und die Förderung des Wettbewerbs bezweckt.[288] Auch nach *Piepenbrock/Schuster*[289] ist es mit der Zielsetzung des TKG-alt unvereinbar, die Mittel des GWB nicht anzuwenden, wenn das telekommunikationsrechtliche Ziel der Marktliberalisierung mit ihnen besser erreicht werden kann.

§ 2 Abs. 3 TKG-alt ist demnach in der Weise auszulegen, dass der Gesetzgeber das vorrangige Ziel des TKG-alt auch mit den Mitteln des GWB erreichen wollte. Nur bei rein telekommunikationsrechtlichen Fragestellungen, die keinen kartellrechtlichen Bezug hatten, war ein alleiniger Zugang über die einschlägige TKG-alt-Regelung zu bejahen. Ansonsten war das GWB parallel anwendbar.

Aufgrund des europarechtlichen Hintergrunds des Telekommunikationsgesetzes ist es angebracht zu prüfen, ob die dem TKG-alt zugrunde liegenden Richtlinien Aufschluss über das Verhältnis des TKG-alt zum GWB bzw. der Bundesnetzagentur zum Bundeskartellamt geben.[290] In den einschlägigen Richtlinien sind keine ausdrücklichen Regelungen betreffend das Verhältnis von nationalem Telekommunikationsrecht zu nationalem Wettbewerbsrecht enthalten. Lediglich Art. 26 der Richtlinie 98/10/EG (ONP-Richtlinie)[291], der das Vergleichsverfahren und die Beilegung von Streitigkeiten auf nationaler Ebene normiert und der den Regelungen des TKG-alt zugrunde liegt, könnte für die parallele Zuständigkeit der beiden Behörden und damit für eine parallele Anwendbarkeit der beiden Gesetze sprechen. In Art. 26 der Richtlinie 98/10/EG heißt es, dass die Mitgliedstaaten sicherstellen, dass jede Partei bei Streitigkeiten über einen behaupteten Verstoß gegen Bestimmungen dieser Richtlinie das Recht hat, „die nationale

---

287 Piepenbrock/Schuster, CR 2002, 98, 110.

288 Möschel, K & R 2002, 161, 163.

289 Piepenbrock/Schuster, CR 2002, 98 ff.

290 Zur richtlinienkonformen Auslegung: Arndt, Europarecht, 7. Aufl., 2004, S. 89; Streinz, Europarecht, 7. Aufl., 2005, Rn. 403 ff.; Bleckmann, Europarecht, 6. Aufl., 1997, Rn. 554; Herdegen, Europarecht, 8. Aufl., 2006, Rn. 182; Unberath, ZEuP 2005, 5 ff.; Lorenz, NJW 1998, 2937 ff.; Vogenauer, ZEuP 1997, 159 ff.

291 Richtlinie 98/10/EG des Europäischen Parlaments und des Rates vom 26. Februar 1998 über die Anwendung des offenen Netzzugangs (ONP) beim Sprachtelefondienst und dem Universaldienst im Telekommunikationsbereich in einem wettbewerbsorientierten Umfeld, ABl. EG Nr. L 101, S. 24 ff.

Regulierungsbehörde oder eine andere unabhängige Stelle" anzurufen. Hieran wird deutlich, dass auf europäischer Ebene vom Vorhandensein anderer unabhängiger Stellen, die sich mit Verstößen gegen das Telekommunikationsrecht befassen, ausgegangen wird. Eine Auslegung in dem Sinne, dass ein Verstoß vor mehreren unabhängigen Stellen gleichzeitig gerügt werden können muss und folglich immer eine Doppelzuständigkeit vorausgesetzt wird, scheitert aber am Wortlaut: Das Europäische Parlament und der Rat hätten das „oder" durch ein „und" ersetzen müssen. Die jetzige sprachliche Fassung deutet vielmehr darauf hin, dass eine unabhängige Stelle - und zwar egal ob Regulierungsbehörde oder eine andere - sich mit dem Verstoß befassen muss. Diese Auslegung entspricht auch dem Sinn und Zweck der Vorschrift. Durch Art. 26 der Richtlinie 98/10/EG sollte nämlich sichergestellt werden, dass jeder Partei Rechtsschutz gewährt wird. Eine Aussage darüber, ob eine andere unabhängige Stelle und die nationale Regulierungsbehörde nebeneinander tätig werden können oder ob die Regulierungsbehörde vorrangig tätig werden muss, ist in dieser Klarheit nicht in Art. 26 der Richtlinie 98/10/EG enthalten. Auch in den anderssprachlichen Versionen wird nicht deutlich, ob und wenn ja, welche Behörde vorrangig zuständig ist.[292] Somit geben die europarechtlichen Quellen keinen Aufschluss über die Zuständigkeit des Bundeskartellamts und die Anwendbarkeit des GWB.

In Anbetracht dessen, dass der Wortlaut des § 2 Abs. 3 TKG-alt, die Auslegung nach Sinn und Zweck und zumindest Teile der Gesetzesbegründung für die Annahme einer grundsätzlichen Parallelität von TKG-alt und GWB sprechen und der sektorspezifische Charakter des TKG-alt auch dann gewahrt bleibt, wenn die Anwendbarkeit des GWB verneint wird, soweit eine abschließende Regelung im TKG-alt getroffen wurde, sprechen die besseren Argumente für die Annahme eines grundsätzlichen Parallelitätsverhältnisses.

§ 2 Abs. 3 Satz 1 TKG entspricht der Regelung des § 2 Abs. 3 TKG-alt weitestgehend. Beide Normen gehen davon aus, dass das GWB grundsätzlich neben dem Telekommunikationsgesetz anwendbar ist. Während man zu diesem Ergebnis beim TKG-alt erst durch Auslegung kam, ist die Parallelität nunmehr im Gesetz manifestiert. Einziger aber wesentlicher Unterschied ist, dass das Telekommunikationsgesetz eine Ausnahme vom Grundsatz der parallelen Anwendbarkeit des GWB macht, wenn eine ausdrücklich abschließende Regelung vorliegt, die Auslegung des § 2 Abs. 3 TKG-alt aber dazu führte, dass zu prüfen war, welche Normen im TKG-alt abschließend waren. Die Notwendigkeit einer

---

292 Englische Version: [...] shall have a right to bring cases before the national regulatory authority or another independent body. Spanische Version: [...] a la autoridad nacional de reglamentación u otro órgano independiente. Französische Version: [...] à l'autorité réglementaire nationale ou une autre entité indépendante.

solchen Prüfung sollte durch § 2 Abs. 3 Satz 1 TKG allem Anschein nach gerade vermieden werden. Durch die Formulierung, dass nur ausdrücklich abschließende Regelungen zur Nicht-Anwendbarkeit des GWB führten, wollte der Gesetzgeber die Rechtsanwendung erleichtern. Durch die Nicht-Nennung der abschließenden Regelungen hat er aber dazu beigetragen, dass nach wie vor streitig ist, ob und falls ja in welchen Fällen das GWB neben dem Telekommunikationsgesetz anwendbar ist.

b) Die Gesetzesmaterialien

Auch die Gesetzesmaterialien können Aufschluss über den Inhalt des § 2 Abs. 3 Satz 1 TKG geben. Während die Gesetzesbegründung[293] zur Auslegung des § 2 Abs. 3 Satz 1 TKG schweigt, könnte die Begründung zu § 9 TKG[294] eine Aussage über das Verhältnis von Telekommunikationsgesetz und GWB enthalten.[295] Hier heißt es:

> Bisher war der gesamte Telekommunikationsmarkt gesetzlich als sektorspezifisch zu regulierender Markt vorgegeben. Das europäische Recht ermöglicht erstmals, auf der Grundlage einer Marktanalyse (Artikel 15 und 16 RRL), bestimmte Märkte aus der sektorspezifischen Regulierung zu entlassen und dem allgemeinen Wettbewerbsrecht zu unterstellen. Die Kommission hat hierzu eine „Empfehlung in Bezug auf relevante Produkt- und Dienstemärkte“ (Empfehlung) sowie „Leitlinien zur Marktanalyse und zur Bewertung beträchtlicher Marktmacht“ (Leitlinien) erlassen (vgl. Artikel 15 Abs. 1 und 2 Rahmenrichtlinie), in der sie Märkte benennt, die nach ihrer Analyse eine sektorspezifische Regulierung rechtfertigen. Die Regulierungsbehörden der Mitgliedstaaten haben diese Vorgaben weitestgehend zu berücksichtigen, wenn sie national Märkte definieren, auf denen sie aufgrund einer Marktanalyse sektorspezifische Regulierungsmaßnahmen ergreifen wollen. Sowohl die Festlegung der Märkte als auch das Ergebnis der Marktanalyse – die Feststellung beträchtlicher Marktmacht – einschließlich der daran anknüpfenden Verpflichtungen der betroffenen Unternehmen sind im Rahmen eines komplexen und umfangreichen Koordinationsverfahrens auf nationaler und europäischer Ebene vor ihrem Wirksamwerden abzustimmen (Artikel 6 und 7 Rahmenrichtlinie). Von der Empfehlung der Kommission abweichende Marktdefinitionen sowie die Feststellungen zur beträchtlichen Marktmacht eines Unternehmens unterliegen zusätzlich einem Vetorecht der Kommission. Die RegTP muss künftig grundsätzlich alle zwei Jahre im Rahmen einer Prognose neu darüber entscheiden, welche Märkte sie sektorspezifisch für regulierungsbedürftig erachtet. Nicht regulierte Märkte unterfallen automatisch dem allgemeinen Wettbewerbsrecht, im Missbrauchsfall greift dann das Bundeskartellamt ein. Das neue europäische Recht ermöglicht also der Kommission künftig mehr Einflussmöglichkeiten auf die nationalen Regulierungsent-

---

293 BT-Drs. 15/2316, S. 56.

294 BT-Drs. 15/2316, S. 60.

295 So etwa Schütz, in: Schütz, KommunikationsR, 1. Aufl., 2005, Rn. 894.

scheidungen, eröffnet aber gleichzeitig den nationalen Regulierungsbehörden auch mehr Spielräume bei der Anwendung von Regulierungsinstrumenten. Die Regelung des § 9 verdeutlicht den grundlegenden Mechanismus der miteinander verknüpften Verfahrensschritte Marktdefinition, Marktanalyse, Auferlegung von Verpflichtungen und spiegelt damit die im neuen Rechtsrahmen vorgesehene Fokussierung der Regulierungsmaßnahmen auf die wettbewerblichen Probleme der regulierten Einzelmärkte wider. (...)

Zu Beginn hebt die Begründung hervor, dass der Telekommunikationsmarkt ein sektorspezifisch zu regulierender Markt war und nun erstmals bestimmte Märkte aus dieser sektorspezifischen Regulierung entlassen und dem allgemeinen Wettbewerbsrecht unterstellt werden. Diese Aussage könnte so zu verstehen sein, dass das allgemeine Wettbewerbsrecht nur dann einschlägig ist, wenn ein Markt aus der sektorspezifischen Regulierung entlassen wird und das Telekommunikationsgesetz nicht mehr auf den Markt anwendbar ist. Demnach würde ein Markt entweder sektorspezifisch reguliert oder der allgemeinen Wettbewerbskontrolle des GWB unterfallen, mit der Folge, dass entweder das Telekommunikationsgesetz oder das GWB einschlägig wäre.

Gegen die Annahme eines solchen „Entweder-Oder"-Verhältnisses spricht, dass die Begründung nicht im Zusammenhang mit § 2 Abs. 3 TKG, der das Verhältnis von Telekommunikationsgesetz und GWB zum Inhalt hat, getroffen wurde, sondern zu § 9 TKG ergangen ist. § 9 TKG normiert das Verfahren der Marktregulierung und „verdeutlicht den grundlegenden Mechanismus der miteinander verknüpften Verfahrensschritte Marktdefinition, Marktanalyse, Auferlegung von Verpflichtungen".[296] Vor diesem Hintergrund und im Zusammenhang mit den weiteren Ausführungen der Begründung wird deutlich, dass die Begründung zu § 9 TKG die Situation auf dem Telekommunikationsmarkt bzw. auf den einzelnen Telekommunikationsteilmärkten umschreibt und veranschaulicht, warum eine Marktdefinition gemäß § 10 TKG und eine Marktanalyse gemäß § 11 TKG notwendig ist. Diese Verfahrensschritte wurden eingeführt, weil heute aufgrund der veränderten Wettbewerbssituation bestimmte Märkte nicht mehr reguliert werden müssen. Diese Märkte unterfallen nicht mehr dem Telekommunikationsgesetz, sondern automatisch und ausschließlich dem allgemeinen Wettbewerbsrecht.

Unter Berücksichtigung dieses Sinnzusammenhangs ist die in der Begründung gewählte Formulierung so zu verstehen, dass zuvor alle Telekommunikationsmärkte der sektorspezifischen Regulierung unterlagen und durch das Verfahren der Marktanalyse nun erstmals bestimmte Märkte aus der sektorspezifischen

---

[296] BT-Drs. 15/2316, S. 60.

Regulierung entlassen werden. Diese Märkte unterliegen „nur" noch der allgemeinen Wettbewerbsaufsicht.

Eine darüber hinausgehende Bedeutung, derzufolge das allgemeine Wettbewerbsrecht nur anwendbar ist, wenn das Telekommunikationsgesetz keine Anwendung findet, kann der Begründung nicht entnommen werden. Folglich spricht die Gesetzesbegründung zu § 9 TKG nicht gegen die Anwendbarkeit des GWB neben dem Telekommunikationsgesetz, befürwortet die Parallelität aber auch nicht und gibt mithin keinen Aufschluss über das hier in Frage stehende Problem.

3. Systematische Auslegung

Die systematische Auslegung dient dazu, das rechtliche Umfeld der einschlägigen Norm auszulegen, um die Normaussage über das Stadium der Textaussage hinaus zu präzisieren.[297] Zu dem rechtlichen Umfeld gehören alle Rechtsnormen, die im Rahmen der jeweiligen Normenhierarchie als geltendes Recht anzusehen sind.[298] Folglich ist bei der Auslegung einer Regelung der Sinnzusammenhang mit anderen Vorschriften zu berücksichtigen.[299]

Bei der Auslegung des § 2 Abs. 3 Satz 1 TKG sind demnach alle diejenigen Normen zu beachten, die gegebenenfalls Aufschluss über dessen Inhalt geben.[300] Aufschlussreich sind zum einen Normen im Telekommunikationsgesetz selbst. Normen aus anderen Gesetzen können für die Auslegung von § 2 Abs. 3 Satz 1 TKG ebenfalls von Bedeutung sein, wenn sie Rückschlüsse auf den Inhalt des § 2 Abs. 3 Satz 1 TKG zulassen.
Somit zählt neben § 2 Abs. 3 Satz 2 TKG und § 123 TKG auch § 111 des Zweiten Gesetzes zur Neuregelung des Energiewirtschaftsrechts (EnWG)[301] zu den systematisch relevanten Normen.

---

297 Bleckmann, JuS 2002, 942; Brugger, AöR 119 (1994), 1, 20; Wank, Die Auslegung von Gesetzen, 3. Aufl., 2005, S. 63.

298 Brugger, AöR 119 (1994), 1, 20.

299 Sodan/Ziekow, Grundkurs Öffentl. Recht, 2. Aufl., 2007, § 2 Rn. 11.

300 Wank, Die Auslegung von Gesetzen, 3. Aufl., 2005, S. 63.

301 Zweites Gesetz zur Neuregelung des Energiewirtschaftsrechts vom 7. Juli 2005, BGBl. I 2005, S. 1970 ff. Das EnWG wurde aufgrund der Vorgaben der Elektrizitäts- und Gasbinnenmarktrichtlinien 2003/54/EG und 2003/55/EG von Grund auf novelliert. Siehe hierzu Kühling, N & R 2004, 12 ff.; Röger, DÖV 2004, 1025, 1030.

a) § 2 Abs. 3 Satz 2 TKG

§ 2 Abs. 3 Satz 2 TKG besagt, dass die Aufgaben und Zuständigkeiten der Kartellbehörden unberührt bleiben.
Wie bereits in Teil 3, B. II. 2. a) gezeigt, bedeutet „unberührt“ nach dem üblichen Sprachgebrauch, dass etwas unangetastet weiter besteht. Demnach müssten die Aufgaben und Zuständigkeiten der Kartellbehörden unangetastet bleiben. Das ist nur möglich, wenn das GWB immer parallel neben dem Telekommunikationsgesetz anwendbar ist. Nur dann werden die Befugnisse der Kartellbehörden nicht eingeschränkt. Allerdings wurde bereits bei der Auslegung der Unberührtheitsklausel des § 2 Abs. 3 TKG-alt gezeigt, dass die Vorschriften des GWB auch bei der Annahme eines Spezialitätsverhältnisses zumindest insofern unberührt bleiben, als das Telekommunikationsgesetz eine subsidiäre Anwendung des GWB zulässt. Übertragen auf die Aufgaben und Befugnisse der Kartellbehörden könnte das bedeuten, dass die Befugnisse der Kartellbehörden nur insofern unberührt bleiben müssen, als das Telekommunikationsgesetz die subsidiäre Anwendbarkeit des GWB ermöglicht. Um herauszufinden, ob das Telekommunikationsgesetz die Anwendbarkeit des GWB gestattet, müsste wiederum an die Regelung des § 2 Abs. 3 Satz 1 TKG angeknüpft werden, um dessen Auslegung es gerade geht. Diese Vorgehensweise würde in einem Zirkelschluss enden. Eine unabhängige Betrachtung der beiden Sätze des § 2 Abs. 3 TKG führt folglich zu keinem Ergebnis. Sie sind vielmehr in einen Sinnzusammenhang zu stellen. Dieser Zusammenhang gebietet es, von der parallelen Anwendbarkeit des Telekommunikationsgesetzes und des GWB auszugehen: Nach § 2 Abs. 3 Satz 1 TKG ist das GWB anwendbar, soweit nicht durch das Telekommunikationsgesetz ausdrücklich abschließende Regelungen getroffen werden. Da keine ausdrücklich abschließenden Regelungen getroffen wurden, ist das GWB immer parallel anwendbar. Diese Auslegung bestätigt § 2 Abs. 3 Satz 2 TKG, indem er festlegt, dass die Aufgaben und Zuständigkeiten der Kartellbehörden unberührt bleiben und diese mithin immer neben der Bundesnetzagentur zuständig sein müssen. Folglich legt die Systematik von § 2 Abs. 3 Satz 1 und Satz 2 TKG den Schluss nahe, dass das GWB parallel zum Telekommunikationsgesetz Anwendung findet. Ob diese Schlussfolgerung auch den anderen Auslegungsmethoden standhält, muss dennoch geprüft werden.

b) § 123 Abs. 1 TKG

aa) Die Regelung des § 123 Abs. 1 TKG

So könnte auch eine systematische Auslegung von § 123 Abs. 1 TKG Aufschluss über das Verhältnis von Telekommunikationsrecht und allgemeinem Wettbewerbsrecht geben.

§ 123 Abs. 1 TKG sieht zur Vermeidung sich widersprechender Entscheidungen ein abgestuftes und differenziertes Beteiligungsgefüge von Bundeskartellamt und Bundesnetzagentur vor. Nach § 123 Abs. 1 Satz 1 TKG entscheidet die Bundesnetzagentur in bestimmten Fällen, beispielsweise im Verfahren der Marktdefinition und Marktanalyse, im Einvernehmen mit dem Bundeskartellamt.[302] Einvernehmen setzt voraus, dass die Bundesnetzagentur und das Bundeskartellamt eine übereinstimmende Ansicht vertreten.[303] Ohne das Einvernehmen des Bundeskartellamtes darf die Entscheidung im Sinne des § 123 Abs. 1 Satz 1 TKG nicht getroffen werden.

In den Verfahren der Zugangs- und Entgeltregulierung, der besonderen Missbrauchsaufsicht und bei der Betreiberauswahl und -vorauswahl hat die Bundesnetzagentur dem Bundeskartellamt gemäß § 123 Abs. 1 Satz 2 TKG Gelegenheit zur Stellungnahme zu geben.[304] Hingegen muss dass Bundeskartellamt, wenn es im Bereich der Telekommunikation Verfahren nach § 19, § 20 Abs. 1 und 2, § 40 Abs. 2 GWB und Art. 82 EG durchführt, der Bundesnetzagentur Gelegenheit zur Stellungnahme geben. Im Gegensatz zur Erteilung des Einvernehmens ist bei dieser Form der Mitwirkung nur maßgeblich, dass die jeweils andere Behörde die Gelegenheit zur Stellungnahme eingeräumt bekommt.[305] Sie muss von der Möglichkeit keinen Gebrauch machen und die entscheidende Behörde muss die Stellungnahme auch nicht anerkennen.

Eine mittelbare Bindung der Stellungnahme kann sich allenfalls aus § 123 Abs. 1 Satz 4 TKG ergeben. Nach § 123 Abs. 1 Satz 4 TKG sollen beide Behörden auf eine einheitliche und den Zusammenhang mit dem GWB wahrende Auslegung des Telekommunikationsgesetzes hinwirken und Beobachtungen und Feststellungen austauschen, die für die Erfüllung der beiderseitigen Aufgaben von Bedeutung sein können. Der Begriff „hinwirken" impliziert, dass beide Behörden vom ernsthaften Willen getragen sein sollen, gemeinsame Auffassungen in Auslegungsfragen zu finden und beide Seiten im Zweifel der Kompromissbereitschaft den Vorrang gegenüber ausgedehnten Kontroversen um die zutreffende Interpretation einzuräumen haben.[306] Durch die Zusammenarbeit soll eine

---

302 Hierzu ausführlich: Dittmann, in: Säcker, TKG, 1. Aufl., 2006, § 123 Rn. 5 ff.

303 BVerwGE 57, 98, 101; Sachs, in: Stelkens/Bonk/Sachs, VwVfG, 6. Aufl., 2001, § 44 Rn. 185.

304 Siehe auch Dittmann, in: Säcker, TKG, 1. Aufl., 2006, § 123 Rn. 19 ff.

305 OLG Düsseldorf, CR 2006, 175, 178; Dittmann, in: Säcker, TKG, 1. Aufl., 2006, § 123 Rn. 9; Zum entsprechenden § 82 TKG-alt: Bosch, in: Trute/Spoerr/Bosch, TKG, 2001, § 82 Rn. 5.

306 OLG Düsseldorf, MMR 2005, 542, 543.

einheitliche Marktbewertung - insbesondere bei der Marktdefinition und Marktanalyse - sichergestellt werden.[307] Es soll gewährleistet werden, dass im Bereich der Telekommunikation nicht andere Maßstäbe angewendet werden als in den übrigen Marktsegmenten.[308] Folglich ist es das Ziel der Vorschrift, eine einheitliche Verwaltungs- und Entscheidungspraxis sicherzustellen.

bb) Bedeutung für das Verhältnis von Telekommunikationsgesetz und GWB

Auch hier ist fraglich, ob § 123 Abs. 1 TKG von einer Parallelzuständigkeit der beiden Behörden ausgeht oder ob die Bundesnetzagentur als Spezialbehörde allein bzw. vorrangig tätig werden muss.[309] Schon bei der Vorgängerregelung des § 82 TKG-alt, der nahezu wortgleich war, war dies umstritten.[310]

Der Wortlaut des § 123 Abs. 1 TKG gibt keine Auskunft über die Zuständigkeit der Behörden. Sowohl die Bundesnetzagentur als auch die Kartellbehörden haben die Möglichkeit zur Stellungnahme und Mitteilungspflichten. Ein Übergewicht und damit verbunden eine Vorrangstellung der Bundesnetzagentur ist nicht ohne weiteres zu erkennen. Die Überschrift zu § 123 TKG „Zusammenarbeit mit anderen Behörden" deutet sogar eher auf eine Gleich- bzw. Parallelstellung der beiden Behörden hin.

Für dieses Verständnis könnte auch § 123 Abs. 1 Satz 3 TKG sprechen.[311] Die Regelung, nach der das Bundeskartellamt der Bundesnetzagentur Gelegenheit zur Stellungnahme geben soll, wenn es Verfahren nach den §§ 19 und 20 Abs. 1, 2 GWB durchführt, wirft einige Fragen auf, wenn von der alleinigen Zuständigkeit der Bundesnetzagentur und der Spezialität des Telekommunikationsgesetzes ausgegangen wird.
Es ist fraglich, ob die §§ 19, 20 GWB überhaupt noch auf telekommunikationsrechtliche Sachverhalte anwendbar sind, wenn das Telekommunikationsgesetz Spezialgesetz zum GWB ist. Insbesondere ist unklar, welche Verfahren im tele-

---

307 Kühling, Netzwirtschaften, 2004, S. 430.

308 Kühling, Netzwirtschaften, 2004, S. 430.

309 So geht etwa Müller, MMR 2005, 553, 555, davon aus, dass aufgrund von § 123 Abs. 1 TKG die parallele Anwendbarkeit von Telekommunikationsgesetz und GWB nicht zweifelhaft sein kann.

310 OLG Düsseldorf, MMR 2005, 542; Piepenbrock/Schuster, CR 2002, 98 ff.; Müller/Schuster, MMR 1999, 507 ff.; Möschel, K & R 2001, 619 ff.; Kühling, Netzwirtschaften, 2004, S. 428.

311 OLG Düsseldorf, MMR 2005, 542.

kommunikationsrechtlichen Bereich vom Bundeskartellamt durchgeführt werden können, wenn davon auszugehen ist, dass die Bundesnetzagentur aufgrund eines Spezialitätsverhältnisses allein tätig wird.[312]

Trotz der Unklarheiten im Anwendungsbereich der §§ 19, 20 GWB lässt sich jedoch kein zwingender Schluss in Richtung Parallelzuständigkeit ziehen. Eine weitere Alternative könnte auch hier sein, dass grundsätzlich die Bundesnetzagentur zuständig ist und nur dann, wenn sie nicht durch das Telekommunikationsgesetz zum Tätigwerden ermächtigt wird, das Bundeskartellamt aktiv werden kann. Die Eingriffsbefugnisse der Bundesnetzagentur decken nämlich nicht den ganzen Bereich der kartellrechtlichen Missbrauchskontrolle nach den §§ 19, 20 GWB ab. Das Bundeskartellamt könnte also bei Sachverhalten, die der Bundesnetzagentur verschlossen sind, tätig werden.[313] Hieran wird deutlich, dass für eine Zuständigkeit des Bundeskartellamts auch dann noch Raum bliebe, wenn das Telekommunikationsgesetz von einem Prinzip jeweils spezieller Aufgabenzuweisung ausginge. Das Bundeskartellamt müsste der Bundesnetzagentur in den Fällen, in denen es zuständig wäre - d.h. in den Fällen, in denen die Bundesnetzagentur nicht eingreifen könnte -, die Möglichkeit zur Stellungnahme gemäß § 123 Abs. 1 TKG einräumen.

Folglich gibt § 123 Abs. 1 Satz 3 TKG trotz seines Verweises auf die §§ 19, 20 GWB keine eindeutige Antwort[314] und kann nicht als stichhaltiges Argument zugunsten der parallelen Zuständigkeit angesehen werden, wenngleich die Regelung in diese Richtung weist.

c) § 111 EnWG

§ 111 EnWG, der das Verhältnis des Energiewirtschaftsgesetzes zum GWB regelt, könnte ebenfalls Aufschluss über das Verhältnis von Telekommunikationsgesetz und GWB geben.[315]

Auch wenn diese Norm nicht unmittelbar mit dem Telekommunikationsrecht in Zusammenhang steht, wurde sie in einem Bereich erlassen, der aufgrund seiner monopolistisch geprägten Struktur mit dem Telekommunikationssektor vergleichbar ist. Zwar bestand auf dem Energiewirtschaftssektor kein staatliches Monopol mit einem in staatlicher Hand befindlichen Anbieter, aber es existier-

---

312 OLG Düsseldorf, MMR 2005, 542.

313 Piepenbrock/Schuster, CR 2002, 98, 104.

314 Möschel, K & R 2001, 619 ff.

315 Müller, NVwZ 2005, 782 ff.; Gabler/Stumpf, NJW 2005, 3174 ff.

ten sehr viele gemeinwirtschaftliche oder private Netzbetreiber, die über regional begrenzte Gebietsmonopole verfügten.[316] Bei Schaffung des Energiewirtschaftsgesetzes galt es, diesen monopolistisch geprägten Markt dem Wettbewerb zu öffnen. Folglich sollte das Energiewirtschaftsgesetz wirksamen Wettbewerb und gleichzeitig die Versorgung der Allgemeinheit mit Energieleistungen sicherstellen, § 1 Abs. 1 und Abs. 2 EnWG. Hierzu wurden die Elektrizitäts- und Gasmärkte einer sektorspezifischen Regulierung durch die Bundesnetzagentur zugeführt. Neben der sektorspezifischen Regulierung gibt es auch hier die wettbewerbsrechtliche Aufsicht durch die allgemeinen Kartellbehörden. Demnach stellt sich das Problem der Zuständigkeitsverteilung zwischen allgemeinen Kartellbehörden und sektorspezifischer Bundesnetzagentur und damit verbunden die Frage nach der Anwendbarkeit des GWB im Verhältnis zum sektorspezifischen Recht nicht nur im Telekommunikationsbereich, sondern auch im Energiewirtschaftssektor.

§ 111 EnWG normiert dieses Verhältnis. Die Vorschrift stellt folglich eine mit § 2 Abs. 3 TKG vergleichbare Regelung dar und kann Aufschluss über dessen Auslegung geben.

aa) Die Regelung des § 111 EnWG

§ 111 Abs. 1 Satz 1 EnWG besagt, dass die §§ 19, 20 GWB nicht anzuwenden sind, soweit durch das Energiewirtschaftsgesetz oder aufgrund des Energiewirtschaftsgesetzes erlassener Rechtsverordnungen ausdrücklich abschließende Regelungen getroffen werden. Folglich ist das GWB grundsätzlich parallel zum Energiewirtschaftsgesetz anwendbar. Eine Ausnahme ist dann zu machen, wenn eine ausdrücklich abschließende Regelung im Energiewirtschaftsgesetz getroffen wird.

Nach § 111 Abs. 2 EnWG sind abschließende Regelungen zum einen in den Bestimmungen des Teiles 3, d.h. in den Bestimmungen über die Regulierung des Netzbetriebes, enthalten. Zum anderen können auch Rechtsverordnungen, die aufgrund von Bestimmungen des Teiles 3 erlassen wurden, abschließende Regelungen treffen. Das ist der Fall, soweit die Verordnungen sich für abschließend gegenüber den Bestimmungen des GWB erklären.

---

[316] Röger, DÖV 2004, 1025, 1029.

bb) Bedeutung für das Verhältnis von Telekommunikationsgesetz und GWB

Wie gesehen, sind die Regelungen des § 111 EnWG und des § 2 Abs. 3 TKG inhaltlich vergleichbar. Beide sehen eine ausdrücklich abschließende Regelung als Abgrenzungskriterium für die Anwendbarkeit bzw. Nichtanwendbarkeit des GWB vor. Liegt eine solche Regelung vor, ist das GWB nicht anwendbar; liegt sie nicht vor, kommt das GWB neben dem jeweiligen sektorspezifischen Gesetz zur Anwendung. Im Gegensatz zum Telekommunikationsgesetz stellt § 111 Abs. 2 EnWG allerdings klar, welche Normen bzw. Normenkomplexe abschließende Regelungen enthalten und legt damit fest, wann das GWB nicht anwendbar ist.

Hieraus lässt sich zweierlei schließen: Zum einen zeigt die Regelung des § 111 EnWG, dass trotz sektorspezifischer Regulierung die Anwendbarkeit des GWB möglich ist und die Sektorspezifität nicht zwangsläufig mit einer Spezialität des sektorspezifischen Gesetzes gegenüber dem allgemeinen Wettbewerbsrecht gleichzusetzen ist. Zum anderen wird deutlich, dass der Gesetzgeber sich nicht davor scheut, ausdrücklich im betroffenen Gesetz festzulegen, in welchen Normen bzw. Normenkomplexen abschließende Regelungen zu finden sind. Durch die ausdrückliche Normierung in § 111 Abs. 2 EnWG hat er einer Auslegung des Begriffs „abschließende Regelung" durch die Gerichte vorgebeugt.

Die letzte Erkenntnis kann nur so gedeutet werden, dass der Gesetzgeber dann, wenn er eine ausdrücklich abschließende Regelung treffen möchte, seine Absicht auch im jeweiligen Gesetz zum Ausdruck bringt. Bezogen auf das Telekommunikationsgesetz, in dem der Gesetzgeber nicht ausdrücklich normiert hat, welche Normen abschließend sind, bedeutet dies, dass es keine telekommunikationsrechtlichen Regelungen gibt, neben denen die Anwendbarkeit des GWB ausgeschlossen wäre. Demzufolge ist das GWB immer parallel zum Telekommunikationsgesetz anwendbar.

4. Teleologische Auslegung

Teleologische Auslegung heißt Auslegung durch den erkennbaren Zweck und den Grundgedanken einer Regelung.[317] Dabei ist die einzelne Vorschrift im Rahmen ihres möglichen Wortsinns und in Übereinstimmung mit dem Bedeu-

---

317 Larenz/Canaris, Methodenlehre der Rechtswissenschaft, 4. Aufl., 2006, S. 332.

tungszusammenhang des Gesetzes in dem Sinne auszulegen, der den Zwecken der gesetzlichen Regelung entspricht.[318]

Zweck der Regelungen des Telekommunikationsgesetzes ist es, durch technologieneutrale Regulierung den Wettbewerb im Bereich der Telekommunikation und leistungsfähige Telekommunikationsinfrastrukturen zu fördern und flächendeckend angemessene und ausreichende Dienstleistungen zu gewährleisten, § 1 TKG. Dieser Zweck wird nicht dadurch unterlaufen, dass das GWB parallel auf den Telekommunikationsmarkt angewendet wird.[319] Vielmehr kann die Anwendung des GWB, das ebenfalls den Wettbewerb auf den verschiedenen Märkten sicherstellen soll, dazu beitragen, das Ziel der Sicherstellung eines chancengleichen Wettbewerbs zu erreichen.[320]
Insbesondere die Parallelzuständigkeit von allgemeinen Kartellbehörden und Bundesnetzagentur führt zu einer doppelten Kontrolle des Telekommunikationsmarktes und damit verbunden zu einer Sicherung wettbewerbsrechtlicher Belange. Während das Bundeskartellamt über eine höhere kartellrechtliche Kompetenz verfügt und so potenzielle Marktauswirkungen besser beurteilen kann, hat die Bundesnetzagentur mehr Erfahrung, wenn es etwa um fernmeldetechnische Fragestellungen geht. Diese unterschiedlich ausgeprägten Stärken können genutzt werden, wenn die parallele Anwendbarkeit der Gesetze und damit verbunden die Doppelzuständigkeit der Behörden bejaht wird.

Im Übrigen sollten die Bundesnetzagentur und das Bundeskartellamt nicht als Gegner, sondern als Mitstreiter angesehen werden. Sie wurden nicht geschaffen, um gegeneinander zu agieren, sondern, wie an der in § 123 TKG niedergelegten Verpflichtung zur Zusammenarbeit deutlich wird, um gemeinsam den Telekommunikationsmarkt dem Wettbewerb zu öffnen und bestehenden Wettbewerb zu sichern.

Trotz der Verpflichtung zur Zusammenarbeit nach § 123 TKG wird in der Literatur teilweise vertreten[321], dass bei einer Parallelzuständigkeit von Bundeskartellamt und Bundesnetzagentur die Gefahr widersprüchlicher Entscheidungen bestehe. *Martenczuk* nahm etwa in Bezug auf das alte Telekommunikationsgesetz an, dass die Konsultationspflichten des § 82 Satz 3 und 4 TKG-alt (heute § 123 TKG) das Problem sich widersprechender Entscheidungen nicht befriedi-

---

318 Larenz/Canaris, Methodenlehre der Rechtswissenschaft, 4. Aufl., 2006, S. 332.

319 A.A. Reinke, Der Zweck des Telekommunikationsgesetzes, 2001, S. 143.

320 Piepenbrock/Schuster, CR 2002, 98, 103; Dahlke, Rechtssystematische Besonderheiten im TK-Recht, 2004, S. 31.

321 Reinke, Der Zweck des Telekommunikationsgesetzes, 2001, S. 143.

gend lösen können, da die Stellungnahme der jeweils anderen Behörde keine bindende Wirkung habe.[322] Zudem sei keine Letztentscheidungs-instanz vorgesehen, die im Falle unterschiedlicher Meinungen der Behörden den Streit entscheidet und damit für eine einheitliche Anwendung sorgt.[323] Die Uneinheitlichkeit der Entscheidungen von Bundesnetzagentur und Bundeskartellamt werde durch die Aufspaltung des Rechtsweges - sowohl Verwaltungsgericht als auch Zivilgericht können zuständig sein - zusätzlich gefördert und müsse vermieden werden. Die Annahme eines Spezialitätsverhältnisses zwischen Telekommunikationsgesetz und GWB und damit verbunden einer Alleinzuständigkeit der Bundesnetzagentur würde die Gefahr sich widersprechender Entscheidungen effektiv verhindern.

Dieser Ansicht ist insofern zuzustimmen, als die Gefahr sich widersprechender Entscheidungen gegeben ist. Beispielsweise ist denkbar, dass die Bundesnetzagentur ein Verhalten nicht beanstandet, welches das Bundeskartellamt für missbräuchlich im Sinne der §§ 19, 20 GWB befindet. Vorstellbar ist auch, dass die Bundesnetzagentur ein Entgelt genehmigt, welches die Kartellbehörde für unangemessen im Sinne des § 19 Abs. 4 Nr. 4 GWB hält.

Um Widersprüche zwischen den Entscheidungen der Bundesnetzagentur und den Kartellbehörden zu vermeiden, wurde jedoch § 123 TKG, der die Zusammenarbeit der Bundesnetzagentur mit den allgemeinen Kartellbehörden regelt, in das Telekommunikationsgesetz aufgenommen. Durch seine Konsultationspflichten stellt § 123 TKG sicher, dass es zu keinen sich widersprechenden Entscheidungen kommt. Dem Risiko uneinheitlicher Rechtsanwendung wird folglich durch die Regelung des § 123 Abs. 1 TKG, der neben der Möglichkeit zur Stellungnahme eine fortwährende Abstimmung der beiden Behörden vorsieht, Rechnung getragen.

Zu widersprüchlichen Entscheidungen kommt es daher nur, wenn die Behörden sich nicht an die durch § 123 TKG auferlegten Verpflichtungen halten. Falls dies, entgegen der von *Kurth*[324] dargestellten Regulierungspraxis, der Fall sein sollte, ist das Fehlverhalten der Behörden hinzunehmen. Zum einen, weil nicht jedes Fehlverhalten einer Behörde im Vorhinein berücksichtigt werden kann, zum anderen, weil im Falle sich widersprechender Entscheidungen noch eine gerichtliche Beurteilung des Sachverhaltes möglich ist. Die gerichtliche Beurtei-

---

322 Martenczuk, CR 1999, 363, 365.

323 Holznagel/Enaux/Nienhaus, Grundzüge des TKG, 2. Aufl., 2001, S. 46.

324 Kurth, MMR Beilage 7/2002, 3, 6.

lung erfolgt, wie *Holznagel/Enaux/Nienhaus*[325] richtig anmerken, nicht durch eine rechtswegübergreifende Letztentscheidungsinstanz, sondern durch die im jeweiligen Rechtsweg zuständigen Gerichte. Ob eine Letztentscheidungs-instanz die Gefahr sich widersprechender Entscheidungen vermeiden würde, kann dahinstehen. Zumindest kann das Nichtvorhandensein einer Letztentscheidungsinstanz nicht dazu führen, dass die Anwendbarkeit eines Gesetzes abgelehnt wird.

Es lässt sich folglich festhalten, dass § 123 TKG sich widersprechende Entscheidungen verhindert. Sollte es dennoch zu einem Widerspruch zwischen allgemeinen Kartellbehörden und Bundesnetzagentur kommen, ist dies zwar bedauerlich, aber hinzunehmen. In Anbetracht dessen, dass das Gesetz keine widersprüchlichen Entscheidungen ermöglicht und sie in der Praxis nur ausnahmsweise vorkommen, kann die bloße Gefahr eines Widerspruchs nicht dazu führen, dass eine parallele Anwendbarkeit der Gesetze und eine parallele Zuständigkeit der Behörden verneint wird.

5. Richtlinienkonforme Auslegung

Aufgrund des europarechtlichen Ursprungs des neuen Telekommunikationsgesetzes sind auch die Richtlinien, auf denen das Telekommunikationsgesetz basiert, im Rahmen der richtlinienkonformen Auslegung[326] daraufhin zu untersuchen, ob sie eine Aussage über die Anwendbarkeit des sektorspezifischen Telekommunikationsrechts im Verhältnis zum nationalen Wettbewerbsrecht treffen. Eine direkte Aussage lässt sich keiner der fünf Richtlinien entnehmen.[327]

Beachtenswert ist jedoch Punkt 1.3 der Leitlinien der Kommission zur Marktanalyse und Ermittlung beträchtlicher Marktmacht nach dem gemeinsamen Rechtsrahmen für elektronische Kommunikationsnetze und -dienste.[328] Hier wird das Verhältnis zum Wettbewerbsrecht dargestellt und in diesem Zusammenhang festgehalten, dass es in der Praxis durchaus möglich ist, dass es bei verschiedenen Fragen auf bestimmten Märkten zu *parallelen Verfahren* der ex-ante-Regulierung und des Wettbewerbsrechts kommen kann. Die Wettbewerbsbehörden könnten zusätzlich zu den bereichsspezifischen Maßnahmen der nationalen Regulierungsbehörden eigene Marktanalysen durchführen und geeignete

---

325 Holznagel/Enaux/Nienhaus, Grundzüge des TKG, 2. Aufl., 2001, S. 46.

326 Allgemein zur richtlinienkonformen Auslegung: Arndt, Europarecht, 8. Aufl., 2006, S. 89.

327 So auch OLG Düsseldorf, MMR 2005, 542 f.; Attendorn, MMR 2005, 543 ff.

328 ABl. EG Nr. C 165, S. 6, 9.

wettbewerbsrechtliche Instrumente anwenden. Zwar wird angemerkt, dass eine derartige parallele Anwendung von Rechtsinstrumenten durch unterschiedliche Behörden auf solchen Märkten unterschiedliche Fragen betreffen würden, allerdings wird dennoch deutlich, dass hier von einer grundsätzlichen parallelen Anwendbarkeit von nationalem Wettbewerbsrecht und nationalem Telekommunikationsrecht ausgegangen wird.

6. Zwischenergebnis

Als Zwischenergebnis ist festzuhalten, dass das GWB parallel zum Telekommunikationsgesetz Anwendung findet und somit das Bundeskartellamt parallel zur Bundesnetzagentur zuständig ist.

Für diese Aussage spricht vor allem der Wortlaut des § 2 Abs. 3 Satz 1 TKG, nach dem das GWB anwendbar ist, soweit nicht durch das Telekommunikationsgesetz ausdrücklich abschließende Regelungen getroffen werden. Da im Telekommunikationsgesetz keine ausdrücklich abschließenden Regelungen zu finden sind, ist das GWB uneingeschränkt auf telekommunikationsrechtliche Sachverhalte anwendbar. Die Annahme einer parallelen Anwendbarkeit der Gesetze wird durch die Unberührtheitsklausel des § 2 Abs. 3 Satz 2 TKG und durch eine systematische Auslegung anhand von § 111 EnWG, der im Gegensatz zu § 2 Abs. 3 TKG ausdrücklich festlegt, welche Regelungen des Energiewirtschaftsgesetzes abschließend sind, gestützt.

Gegen die parallele Anwendbarkeit von Telekommunikationsgesetz und GWB spricht auch nicht die Gesetzesbegründung zu § 9 TKG, die teilweise als dem Wortlaut des § 2 Abs. 3 Satz 1 TKG entgegenstehend angesehen wird, da sie keine Aussage über das Verhältnis von Telekommunikationsgesetz zu allgemeinem Wettbewerbsrecht trifft, sondern lediglich die Wettbewerbssituation auf den Telekommunikationsmärkten darstellt und die Einführung des Marktdefinitions- und Marktanalyseverfahrens erläutert.
Der in § 123 Abs. 1 Satz 3 TKG enthaltene Verweis auf die §§ 19, 20 GWB bestätigt zudem, dass der Gesetzgeber davon ausging, dass das Telekommunikationsgesetz und das GWB parallel anwendbar sind.

Auch die Leitlinien der Kommission zur Marktanalyse und Ermittlung beträchtlicher Marktmacht nach dem gemeinsamen Rechtsrahmen für elektronische Kommunikationsnetze und -dienste unterstützen diese These, da sie ausdrücklich von der Möglichkeit paralleler Verfahren der ex-ante-Regulierung und des Wettbewerbsrechts ausgehen.

Für das Nebeneinander von Telekommunikationsgesetz und GWB spricht weiterhin, dass die Regulierungsziele des Telekommunikationsgesetzes denen des GWB nicht widersprechen und folglich gemeinsam verfolgt werden können.

Zu diesem Ergebnis konnte man bereits durch Auslegung des TKG-alt kommen (siehe Teil 3, B. II. 2. a)). Zwar war bereits im TKG-alt umstritten, in welchem Verhältnis GWB und Telekommunikationsgesetz stehen, weil die Gesetzesbegründung zu § 2 Abs. 3 TKG-alt nicht mit dem Wortlaut des Paragraphen in Einklang stand; jedoch zeigt die Kombination aller Auslegungsmethoden, dass auch hier eine parallele Anwendbarkeit der Gesetze intendiert war.

Folglich ist das GWB auch bei telekommunikationsrechtlichen Sachverhalten, die vom Telekommunikationsgesetz erfasst sind, anwendbar, und das Bundeskartellamt kann parallel zur Bundesnetzagentur tätig werden. Eine Auslegung entgegen dem Wortlaut der Norm ist nicht geboten, da auch die anderen Auslegungsmethoden die Annahme der parallelen Anwendbarkeit der beiden Gesetze stützen.

III. Materiell-rechtliche Fragestellungen

1. Kollisionen zwischen den Regelungen des GWB und denen des Telekommunikationsgesetzes

Bejaht man somit die grundsätzliche Anwendbarkeit des GWB neben dem Telekommunikationsgesetz, stellt sich in einem zweiten Schritt die Frage welche materiell-rechtliche Vorschriften des GWB telekommunikationsrechtliche Sachverhalte erfassen. Für die hier vorliegende Arbeit ist insbesondere von Bedeutung, ob Entgelte, die nach dem Telekommunikationsgesetz genehmigungspflichtig sind, der allgemeinen Missbrauchskontrolle des § 19 GWB unterfallen.[329] Wenn dies der Fall ist, stellt sich im Anschluss die Frage nach möglichen Kollisionen zwischen § 19 GWB und den Regelungen des Telekommunikationsgesetzes.

a) Anwendbarkeit des § 19 GWB auf genehmigungspflichtige Entgelte

aa) Die Regelung des § 19 Abs. 1, Abs. 4 Nr. 1-3 GWB

Gemäß § 19 Abs. 1 GWB ist die missbräuchliche Ausnutzung einer marktbeherrschenden Stellung durch ein oder mehrere Unternehmen verboten. Damit

---

[329] Koenig/Braun, K & R Beilage 2 zu Heft 5/2002, 1, 41.

das Bundeskartellamt ein Telekommunikationsunternehmen der Missbrauchskontrolle des § 19 GWB unterwerfen kann, muss dass Unternehmen folglich zunächst marktbeherrschend im Sinne des § 19 Abs. 2 GWB sein.

Eine marktbeherrschende Stellung liegt gemäß § 19 Abs. 2 Satz 1 GWB dann vor, wenn ein Unternehmen ohne Wettbewerber oder keinem wesentlichen Wettbewerb ausgesetzt ist oder eine im Verhältnis zu seinen Wettbewerbern überragende Marktstellung hat.[330] Zur Ermittlung dieser Stellung werden sowohl Marktverhalten als auch Marktstruktur betrachtet.[331]

Die Marktbeherrschung wird hierbei in einem Doppelschritt ermittelt: Zunächst wird der sachlich und örtlich relevante Markt abgegrenzt. Ein sachlich relevanter Markt umfasst „sämtliche Produkte oder Dienstleistungen, die von den Verbrauchern hinsichtlich ihrer Eigenschaften, ihres Preises und ihres vorgesehenen Verwendungszwecks als austauschbar angesehen werden".[332] Räumlich relevant ist das „Gebiet, in dem die beteiligten Unternehmen Produkte oder Dienstleistungen anbieten, in dem die Wettbewerbsbedingungen hinreichend homogen sind und das sich von benachbarten Gebieten, insbesondere aufgrund merklich unterschiedlicher Wettbewerbsbedingungen, die in diesen Gebieten herrschen, abgrenzt".[333] Auf dem so ermittelten Markt wird dann der Beherrschungsgrad des Unternehmens gemäß § 19 Abs. 2 GWB festgestellt.[334]
Während die erste Alternative des § 19 Abs. 2 Satz 1 Nr. 1 GWB erfüllt ist, wenn auf dem jeweils in Frage stehenden Markt nur ein einziges Unternehmen vorhanden ist, gibt es bei der zweiten Alternative zwar Wettbewerber, diese sind auf dem betreffenden Markt allerdings so schwach vertreten, dass von einem Quasi-Monopol[335] gesprochen werden kann.
Die für § 19 Abs. 2 Satz 1 Nr. 2 GWB notwendige überragende Marktstellung liegt nach der Rechtsprechung dann vor, wenn ein Unternehmen „einen überragenden (einseitigen) Verhaltensspielraum bei der Entwicklung von Marktstrategien oder auch beim Einsatz einzelner Aktionsparameter" besitzt[336], wobei hier eine Gesamtbetrachtung aller Umstände notwendig ist. Zu den zu beachtenden

---

330 Kordel, EWIR 2004, 1033 ff. m.w.N.

331 Enaux/Koenig, N & R 2005, 2.

332 Vgl. BT-Drs. 14/2321, S. 151 Tz. 6.

333 So die Bekanntmachung der Kommission vom 12. September 1997 über die Definition des relevanten Marktes im Sinne des Wettbewerbsrechts der Gemeinschaft, ABl. EG Nr. C 272, S. 1, 2; ähnlich BT-Drs. 14/2321, S. 151 Tz. 6.

334 Möschel, in: Immenga/Mestmäcker, GWB, 3. Aufl., 2001, § 19 Rn. 18.

335 Möschel, in: Immenga/Mestmäcker, GWB, 3. Aufl., 2001, § 19 Rn. 47.

336 BGHZ 68, 23, 28 ff.; 71, 102, 116.

Umständen gehören die im Gesetz beispielhaft genannten: der Marktanteil, die Finanzkraft, der Zugang zu den Beschaffungs- und Absatzmärkten, die Verflechtung mit anderen Unternehmen sowie rechtliche oder tatsächliche Schranken für den Marktzutritt anderer Unternehmen.
Gemäß § 19 Abs. 2 Satz 2 GWB ist es auch möglich, dass zwei oder mehrere Unternehmen marktbeherrschend sind. Eine Marktbeherrschung liegt vor, soweit zwischen den Unternehmen für eine bestimmte Art von Waren oder gewerblichen Leistungen ein wesentlicher Wettbewerb nicht besteht und soweit sie in ihrer Gesamtheit die Voraussetzungen des § 19 Abs. 2 Satz 1 GWB erfüllen. Es muss also gleichermaßen der Innenwettbewerb zwischen den Unternehmen des Oligopols als auch der Außenwettbewerb zwischen dem Oligopol und allen übrigen Unternehmen erheblich eingeschränkt sein, um die Marktbeherrschung des Oligopols annehmen zu können.[337]
Die Regelung des § 19 Abs. 3 GWB legt fest, wann eine Marktbeherrschung zu vermuten ist.[338] Das ist dann der Fall, wenn ein Unternehmen auf einem Markt über einen Marktanteil von einem Drittel oder mehr verfügt, § 19 Abs. 3 Satz 1 GWB. Aber auch wenn drei oder weniger Unternehmen zusammen einen Marktanteil von über 50 % haben, wird gemäß § 19 Abs. 3 Satz 2 Nr. 1 GWB eine marktbeherrschende Stellung vermutet. Dies gilt gemäß § 19 Abs. 3 Satz 2 Nr. 2 GWB auch, wenn fünf oder weniger Unternehmen zusammen einen Marktanteil von mindestens zwei Dritteln haben.

Die Marktbeherrschungskriterien werden von Telekommunikationsunternehmen, deren Entgelte genehmigungspflichtig im Sinne des § 30 Abs. 1 TKG sind, erfüllt. Gemäß § 30 Abs. 1 TKG sind Entgelte nämlich nur genehmigungspflichtig, wenn sie von Unternehmen mit beträchtlicher Marktmacht gefordert werden. Das Erfordernis der beträchtlichen Marktmacht entspricht der in § 19 GWB geforderten marktbeherrschenden Stellung. Nach § 3 Nr. 4 TKG ist beträchtliche Marktmacht gegeben, wenn die Voraussetzungen des § 11 Abs. 1 Satz 3 bis 5 TKG vorliegen, d.h. wenn das Unternehmen allein oder gemeinsam mit anderen eine der Beherrschung gleichkommende Stellung einnimmt. Bei der Feststellung der beträchtlichen Marktmacht muss die Bundesnetzagentur weitestgehend die von der Kommission aufgestellten Kriterien, niedergelegt in den Leitlinien der Kommission zur Marktanalyse und Ermittlung beträchtlicher Marktmacht nach Art. 15 Abs. 2 der Richtlinie 2002/21/EG des Europäischen Parlaments und des Rates vom 7. März 2002 über einen gemeinsamen Rechtsrahmen für elektronische Kommunikationsnetze und -dienste (Rahmenrichtlinie)[339], berücksichtigen.

---

337 Bunte, Kartellrecht, 1. Aufl., 2003, S. 200.

338 Bechtold, KartellG, 4. Aufl., 2006, § 19 Rn. 1.

339 ABl. EG Nr. C 165, S. 6 ff.

Diese Leitlinien führen aus, es handle sich bei der beträchtlichen Marktmacht grundsätzlich um dasselbe wie bei der Marktbeherrschung gemäß Art. 82 EG; allerdings seien die Besonderheiten des Telekommunikationssektors zu berücksichtigen.[340] Auch nach der Begründung zu § 11 TKG ist der telekommunikationsrechtliche Begriff der beträchtlichen Marktmacht an den Marktbeherrschungsbegriff des allgemeinen europäischen Wettbewerbsrechts, das dem nationalen GWB zugrunde liegt, „angelehnt“.[341] Folglich kommt beträchtliche Marktmacht sowohl nach dem Wortlaut des § 11 Abs. 1 Satz 3 TKG, als auch nach den Leitlinien und der Gesetzesbegründung einer marktbeherrschenden Stellung gleich, ist aber nicht mit ihr identisch.[342] Die Gleichstellung genügt hier jedoch, um davon auszugehen, dass ein Unternehmen, dessen Entgelte genehmigungspflichtig im Sinne des § 30 Abs. 1 TKG sind, die wettbewerbsrechtliche Voraussetzung der marktbeherrschenden Stellung erfüllt. Zu diesen entgeltgenehmigungspflichtigen Unternehmen zählt zur Zeit vor allem die Deutsche Telekom AG, die zumindest auf Telekommunikationsteilmärkten die oben genannten Voraussetzungen der kartellbehördlichen Marktbeherrschung erfüllt. Sie ist zwar auf den einzelnen Telekommunikationsmärkten nicht mehr das einzige Unternehmen und hat demnach keine monopolistische Stellung im Sinne des § 19 Abs. 2 Satz 1 Nr. 1 Alt. 1 GWB inne; sie hat aber dennoch eine aufgrund ihres Marktanteils, ihrer Finanzkraft und vor allem aufgrund ihrer immer noch bestehenden Kontrolle über den Zugang zur Teilnehmeranschlussleitung[343] überragende Marktstellung.

Nach § 19 Abs. 1 GWB muss diese marktbeherrschende Stellung durch das Telekommunikationsunternehmen missbräuchlich ausgenutzt werden. Dabei muss gerade die Marktbeherrschung kausal für das missbräuchliche Verhalten sein.[344] Ein Missbrauch liegt gemäß § 19 Abs. 4 Nr. 1 GWB vor, wenn ein marktbeherrschender Anbieter oder Nachfrager die Wettbewerbsmöglichkeiten anderer Unternehmen in einer für den Wettbewerb auf dem Markt erheblichen Weise ohne sachlich gerechtfertigten Grund beeinträchtigt. Die vom Gesetz geforderte Beeinträchtigung der Wettbewerbsmöglichkeiten anderer Unternehmen setzt vor-

---

340 Leitlinien der Kommission zur Marktanalyse und Ermittlung beträchtlicher Marktmacht nach dem gemeinsamen Rechtsrahmen für elektronische Kommunikationsnetze und -dienste, ABl. EG Nr. C 165, S. 15 ff.

341 BT-Drs. 15/2316, S. 62.

342 Hierzu ausführlich: Geers, in: Arndt/Fetzer/Scherer, TKG, 2007, § 11 Rn. 10 m.w.N.

343 Monopolkommission, Telekommunikation und Post 2003 - Wettbewerbsintensivierung in der Telekommunikation - Zementierung des Postmonopols, 2004, S. 26; Monopolkommission, Wettbewerbsentwicklung bei der Telekommunikation 2005 - Dynamik unter neuen Rahmenbedingungen, 2006, S. 38 ff.

344 Bunte, Kartellrecht, 1. Aufl., 2003, S. 22.

aus, dass das marktbeherrschende Unternehmen zusätzliche Hindernisse errichtet, die über die Verdrängungswirkung hinausgehen, die es aufgrund seiner Existenz, seiner Marktmacht und seiner damit verbundenen normalen Tätigkeit hat.[345] Eine wichtige Fallgruppe dieses Behinderungsmissbrauchs sind Rabattsysteme, die den ausschließlichen Bezug beim Marktbeherrscher belohnen und dem Kunden den Wechsel zu anderen Anbietern wirtschaftlich unmöglich machen.[346] Bestimmte Rabatttarife der Deutschen Telekom AG, wie etwa der Aktiv-Plus-xxl-Tarif[347], der es den Endkunden erlaubt, für ein vergleichsweise gering erhöhtes Monatsentgelt an Sonntagen und gesetzlichen Feiertagen innerhalb Deutschlands ohne zusätzliches Nutzungsentgelt zu telefonieren, könnten diese Anforderungen erfüllen.

Ein Missbrauch besteht gemäß § 19 Abs. 4 Nr. 2 GWB auch dann, wenn das marktbeherrschende Telekommunikationsunternehmen von der Marktgegenseite Entgelte verlangt, die es nur aufgrund seiner Stellung am Markt fordern kann, oder gemäß § 19 Abs. 4 Nr. 3 GWB ungünstigere Entgelte oder sonstige Geschäftsbedingungen fordert und so ungerechtfertigte Preisdifferenzierungen vornimmt. Letzteres ist insbesondere der Fall, wenn die Preispolitik eines Telekommunikationsunternehmens für verschiedene Waren oder Abnehmer in sich widersprüchlich, willkürlich oder sonst nicht sachlich zu rechtfertigen ist.[348] Das kann sich zeigen in zu großen Preisunterschieden zwischen zwei verschiedenen Waren, die durch die Unterschiede der Herstellungskosten und sonstige Gründe nicht zu rechtfertigen sind, oder in Rabattstaffeln, die in sich widersprüchlich sind.[349] Grundsätzlich können diese Missbrauchsalternativen durch die Forderung eines genehmigungspflichtigen Entgelts für Telekommunikationsleistungen erfüllt werden.

bb) Die Regelung des § 19 Abs. 4 Nr. 4 GWB

Besonderes Augenmerk ist auf § 19 Abs. 4 Nr. 4 GWB zu legen, der bedeutsam für monopolistisch geprägte Netzindustrien ist.[350] Nach § 19 Abs. 4 Nr. 4 GWB ist die Weigerung eines marktbeherrschenden Unternehmens, einem anderen

---

345 Bunte, Kartellrecht, 1. Aufl., 2003, S. 203.

346 Bunte, Kartellrecht, 1. Aufl., 2003, S. 204.

347 Siehe OVG Münster, MMR 2004, 278 f.

348 Bechtold, KartellG, 4. Aufl., 2006, § 19 Rn. 77.

349 Bechtold, KartellG, 4. Aufl., 2006, § 19 Rn. 77.

350 Möschel, in: Immenga/Mestmäcker, GWB, 3. Aufl., 2001, § 19 Rn. 183; Zum Teil wird vertreten, dass § 19 Abs. 4 Nr. 4 GWB lex specialis zu den anderen Regelbeispielen des § 19 Abs. 4 GWB ist. So vertritt Schlack, ZNER 2001, 129, 133, dass § 19 Abs. 4 Nr. 4 GWB lex specialis zu § 19 Abs. 4 Nr. 2 GWB ist.

Unternehmen gegen angemessenes Entgelt Zugang zu den eigenen Netzen oder anderen Infrastruktureinrichtungen zu gewähren, missbräuchlich, wenn es diesem anderen Unternehmen aus rechtlichen oder tatsächlichen Gründen ohne die Mitbenutzung nicht möglich ist, auf dem vor- oder nachgelagerten Markt als Wettbewerber des marktbeherrschenden Unternehmens tätig zu werden. Sobald ein marktbeherrschendes Telekommunikationsunternehmen anderen Unternehmen den Zugang zu den eigenen Telekommunikationsnetzen oder Infrastruktureinrichtungen verweigert, könnte dieses Verhalten missbräuchlich im Sinne des § 19 Abs. 4 Nr. 4 GWB sein.

Dem zugangsnachfragenden Unternehmen darf es aus rechtlichen oder tatsächlichen Gründen ohne die Mitbenutzung der Infrastruktur nicht möglich sein, auf dem abgeleiteten Markt als Wettbewerber tätig zu werden. Die Einrichtung darf folglich nicht aus eigenen Kräften selbst errichtbar sein und zudem muss ein Zugang auf andere Art und Weise unmöglich sein.[351] Rechtliche Gründe für die Unmöglichkeit stellen etwa bauplanungs-, gefahrenabwehr- und umweltschutzrechtliche Gesichtspunkte dar. Eine tatsächliche Unmöglichkeit kann sich aus mangelnder technischer oder physischer Realisierbarkeit ergeben.[352] Auch eine wirtschaftliche Unmöglichkeit ist anerkannt.[353]
Gerade im ehemals staatsmonopolistisch geprägten Telekommunikationsbereich sind „neu" entstehende Unternehmen auf die Mitbenutzung bereits vorhandener Netze und Infrastrukturen angewiesen. Ohne die Inanspruchnahme bestimmter Zugangsleistungen des marktbeherrschenden Telekommunikationsunternehmens ist es dessen Wettbewerbern zum Teil aus mangelnder technischer Realisierbarkeit, zum Teil aus wirtschaftlichen Gründen nicht möglich, auf gewisse Märkte vorzudringen. Dies gilt zum Beispiel für die sogenannte letzte Meile im Festnetzbereich, d.h. für den Zugang zum Anschluss des Endkunden. Die Duplizierung vergleichbarer Anschlüsse und damit verbunden einer vergleichbaren Infrastruktur wäre mit einem unverhältnismäßigen zeitlichen und finanziellen Aufwand verbunden.[354]

Die Verpflichtung zur Zugangsgewährung nach § 19 Abs. 4 Nr. 4 GWB bedeutet jedoch nicht, dass das marktbeherrschende Unternehmen diese Leistung unentgeltlich erbringen muss. Ähnlich wie beim Telekommunikationsgesetz auch, ging der Gesetzgeber davon aus, dass der Inhaber des Netzes oder der Infra-

---

351 Möschel, in: Immenga/Mestmäcker, GWB, 3. Aufl., 2001, § 19 Rn. 199.

352 Möschel, in: Immenga/Mestmäcker, GWB, 3. Aufl., 2001, § 19 Rn. 199.

353 Dreher, DB 1999, 833, 835; Lutz, RdE 1999, 102, 107; Bunte, WuW 1997, 302, 316; Bechtold, KartellG, 4. Aufl., 2006, § 19 Rn. 84.

354 Stamm, Entgeltregulierung, 2001, S. 155; BT- Drs. 14/9903, S. 357.

strukturеinrichtung die Inanspruchnahme von einem „angemessenen Entgelt" abhängig machen kann und wird. Ein Missbrauch liegt nicht vor, wenn der Anspruchsteller sich weigert, ein solches Entgelt zu leisten.[355]

Fordert das marktbeherrschende Telekommunikationsunternehmen für die Zugangsgewährung ein angemessenes Entgelt, das der Wettbewerber nicht zahlt, verhält es sich folglich nicht missbräuchlich, wenn es den Zugang verweigert. Fordert das marktbeherrschende Unternehmen hingegen ein unangemessenes Entgelt, kann dies unter Umständen dazu führen, dass ein Missbrauch im Sinne des § 19 Abs. 4 Nr. 4 GWB vorliegt.

Die Angemessenheit des Entgelts bemisst sich hierbei grundsätzlich nach betriebswirtschaftlichen Gesichtspunkten.[356] Maßstab der betriebswirtschaftlichen Gesichtpunkte ist insbesondere, welches Entgelt sich der Inhaber des Netzes berechnen würde, wenn er für den Betrieb und die damit verbundene marktrelevante Tätigkeit getrennte Rechnungskreise anwenden würde.[357] Ein Entgelt ist zudem nur dann angemessen, wenn es auch im Sinne des § 19 Abs. 4 Nr. 1 und Nr. 2 GWB missbrauchsfrei wäre. Folglich sind die Maßstäbe des § 19 Abs. 4 Nr. 1 und Nr. 2 GWB auf § 19 Abs. 4 Nr. 4 GWB übertragbar.[358]

b) Kollisionen

Auch § 19 GWB erfasst telekommunikationsrechtliche Sachverhalte. Immer dann, wenn sich ein marktbeherrschendes Telekommunikationsunternehmen nicht wettbewerbsgemäß verhält, weil es zu hohe Entgelte fordert, einzelne Wettbewerber diskriminiert oder Wettbewerber nicht an den vorhandenen Infrastrukturen teilhaben lässt, kann der Missbrauch einer marktbeherrschenden Stellung vorliegen. Liegt ein solches missbräuchliches Verhalten im Sinne des § 19 GWB vor, kann dies zu Kollisionen mit den Vorschriften des Telekommunikationsgesetzes führen.

Beispielsweise ist denkbar, dass die Bundesnetzagentur ein Entgelt für Zugangsleistungen nach § 35 Abs. 3 i.V.m. §§ 30 ff. TKG bzw. ein Entgelt für Endnutzerleistungen nach § 39 Abs. 1 Satz 3 i.V.m. §§ 30 ff. TKG genehmigt und das Bundeskartellamt dieses Entgelt, gegebenenfalls auch inzident, einer wettbe-

---

355 Tränkle, Die „essential-facilities"-Doktrin im europäischen Wettbewerbsrecht, 2001, S. 174.

356 Bechtold, KartellG, 4. Aufl., 2006, § 19 Rn. 85.

357 Bechtold, KartellG, 4. Aufl., 2006, § 19 Rn. 85.

358 Zagouras, Konvergenz und Kartellrecht, 2002, S. 75.

werbsrechtlichen Kontrolle nach § 19 GWB unterwirft. Hier lassen sich zwei Fälle unterscheiden: Zum einen ist es möglich, dass ein genehmigtes Entgelt als missbräuchlich im Sinne des § 19 Abs. 4 Nr. 1-3 GWB angesehen wird, d.h., das Entgelt löst selbst die Missbräuchlichkeit aus. Zum anderen ist es vorstellbar, dass das Bundeskartellamt ein genehmigtes Entgelt als unangemessen im Sinne des § 19 Abs. 4 Nr. 4 GWB bewertet. Im erstgenannten Fall kommt es zu einer Kollision mit § 28 TKG, dessen Anforderungen gemäß § 35 Abs. 3 Satz 1 TKG vorliegen müssen, damit eine Entgeltgenehmigung erteilt wird. Die Missbrauchsalternativen des § 19 Abs. 4 Nr. 1-3 GWB entsprechen nämlich im Wesentlichen den in § 28 Abs. 1 Nr. 1-3 TKG genannten Tatbeständen[359], wonach ein Missbrauch vorliegt, wenn das Unternehmen mit beträchtlicher Marktmacht Entgelte fordert, die nur aufgrund seiner beträchtlichen Marktmacht auf dem jeweiligen Markt durchsetzbar sind, die die Wettbewerbsmöglichkeiten anderer Unternehmen auf erhebliche Weise beeinträchtigen oder die einzelnen Nachfragern Vorteile gegenüber anderen Nachfragern gleichartiger oder ähnlicher Telekommunikationsdienste einräumen.

Diese Entsprechung wurde bereits in der Gesetzesbegründung zum Telekommunikationsgesetz, nach der das Missbrauchsverbot des § 28 Abs. 1 TKG dem kartellrechtlichen Missbrauchstatbestand des § 19 Abs. 1 und 4 GWB nachgebildet ist, hervorgehoben.[360] Sie hat zur Folge, dass ein Entgelt, das genehmigt wurde und somit die Voraussetzungen des § 28 Abs. 1 Nr. 1-3 TKG erfüllt, nicht missbräuchlich im Sinne des § 19 Abs. 1, Abs. 4 Nr. 1-3 GWB sein dürfte. In der Praxis ist dennoch vorstellbar, dass es zu Konflikten kommt, weil die Bundesnetzagentur ein Entgelt als nicht missbräuchlich im Sinne des § 28 TKG beurteilt und daraufhin die Entgeltgenehmigung erteilt, - das Bundeskartellamt das genehmigte Entgelt hingegen als missbräuchlich im Sinne des § 19 GWB bewertet. Diese möglichen Kollisionen könnten verhindert werden, wenn das Bundeskartellamt an die Entgeltgenehmigung der Bundesnetzagentur gebunden wäre.

---

359 Holznagel/Hombergs/Rosengarten, K & R 2004, 505, 508; Groebel, K & R Beilage 1/2004, 18.

360 BT-Drs. 15/2316, S. 67.

2. Die Bindung des Bundeskartellamtes

a) Problemstellung

Ob und falls ja wie sich die Genehmigung eines Entgelts durch die Bundesnetzagentur auf die Entscheidung des Bundeskartellamts auswirkt, ist Gegenstand der folgenden Darstellung. Denkbar ist, dass das Bundeskartellamt an den Inhalt der Entgeltgenehmigung gebunden ist und ein von der Bundesnetzagentur genehmigtes Entgelt nicht als missbräuchlich im Sinne des § 19 Abs. 1 i.V.m. Abs. 4 Nr. 1-3 GWB bzw. als unangemessen im Sinne des § 19 Abs. 4 Nr. 4 GWB beurteilen kann.[361] Die Problematik stellt sich entsprechend, wenn die Bundesnetzagentur den Entgeltgenehmigungsantrag ablehnt. Auch hier könnte der ablehnende Bescheid für die Kartellbehörde verbindlich sein und deren Prüfung beeinflussen. Liegt weder eine Entgeltgenehmigung noch ein den Genehmigungsantrag ablehnender Bescheid der Bundesnetzagentur vor, ist bei einem telekommunikationsrechtlichen Sachverhalt ebenfalls fraglich, ob das Bundeskartellamt bei der Prüfung der Vorschriften des GWB aufgrund der sektorspezifischen Stellung des Telekommunikationsgesetzes gebunden ist. Hier kann zwar nicht die Bindungswirkung einer Genehmigung maßgeblich sein, allerdings könnten andere Wertungen des Telekommunikationsgesetzes bzw. Wertungen, die sich aus dem Verhältnis von Telekommunikationsgesetz und GWB ergeben, den Inhalt der kartellbehördlichen Entscheidung beeinflussen. Zu überlegen ist folglich auch, ob und wie die Kartellbehörde gebunden ist, wenn die Bundesnetzagentur kein Genehmigungsverfahren durchführt, obwohl ein genehmigungspflichtiges Entgelt vorliegt bzw. wenn das Entgelt nicht genehmigungspflichtig ist.

Demzufolge gibt es folgende Fallkonstellationen:

1. Das Entgelt ist genehmigungspflichtig und wird von der Bundesnetzagentur genehmigt.

2. Das Entgelt ist genehmigungspflichtig und wird von der Bundesnetzagentur nicht genehmigt.

3. Das Entgelt ist genehmigungspflichtig, die Bundesnetzagentur hat aber noch kein Genehmigungsverfahren eingeleitet.

4. Das Entgelt ist nicht genehmigungspflichtig.

---

361 So etwa Martenczuk, CR 1999, 363, 366.

b) Terminologie

Bisher wurde der noch unbestimmte Begriff der Bindungswirkung verwendet, um die Bindung des Bundeskartellamts an eine Entscheidung der Bundesnetzagentur zu bezeichnen. Der Begriff muss für die folgende Untersuchung spezifiziert werden.

Das Verwaltungsverfahrensgesetz, das die allgemeinen Vorschriften über Verwaltungsakte beinhaltet, regelt nur die Rücknahme und den Widerruf von Verwaltungsakten und nicht, inwieweit Behörden oder Gerichte an einen Verwaltungsakt gebunden sind.[362] In Literatur und Rechtsprechung wird zwischen der Bestandskraft, der Legalisierungswirkung und der Tatbestands- und der Feststellungswirkung unterschieden, wenn die Wirkungen einer Genehmigung für die erlassende Behörde und für andere Behörden, die weder für den Erlass noch die Aufhebung der Genehmigung zuständig sind, bezeichnet werden sollen. Welcher der aufgeführten Begriffe die zu untersuchende „Bindungswirkung" der Entgeltgenehmigung für das Bundeskartellamt benennt, ist im Folgenden darzustellen, um eine einheitliche Terminologie festzulegen.

aa) Bestandskraft

Bei der Bestandskraft ist zwischen der formellen und der materiellen Bestandskraft zu unterscheiden.[363]

Mit dem unumstrittenen Begriff[364] der formellen Bestandskraft eines Verwaltungsaktes wird dessen Unanfechtbarkeit[365] bezeichnet, d.h. der Ausschluss eines Angriffs auf den Verwaltungsakt mit den dafür zur Verfügung stehenden Rechtsbehelfen oder Rechtsmitteln in einem dafür vorgesehenen Verfahren.[366] Für den Betroffenen bedeutet die formelle Bestandskraft des Verwaltungsaktes, dass er sich gegen den Verwaltungsakt nicht mehr zur Wehr setzen kann.[367]

---

362 Sach, Genehmigung als Schutzschild, 1994, S. 59.

363 Kopp, DVBl. 1983, 392 ff.

364 Erichsen/Knoke, NVwZ 1983, 185, 186.

365 Achterberg, Allgemeines Verwaltungsrecht, 1988, S. 174; Merten, NJW 1983, 1993, 1995; Braun, Die präjudizielle Wirkung bestandskräftiger Verwaltungsakte, 1981, S. 13.

366 Dahlke, Rechtssystematische Besonderheiten im TK-Recht, 2004, S. 171.

367 Merten, NJW 1983, 1993, 1995.

Die Bindung der Beteiligten eines Verwaltungsverfahrens an den (möglicherweise fehlerhaften) Inhalt eines Verwaltungsaktes wird als Bestandskraft im materiellen Sinne bezeichnet.[368] *Merten*[369] umschreibt die materielle Bestandskraft als die Verbindlichkeit des im Verwaltungsakt Entschiedenen, die Kraft, Verwaltungsgerichte und die erlassende Behörde zu binden. Einigkeit besteht folglich darüber, dass die materielle Bestandskraft die inhaltliche Wirkung und Geltung eines Verwaltungsaktes umgrenzt und damit eine Verbindlichkeit des durch den Verwaltungsakt Entschiedenen ausdrückt.[370] Zudem wird mit dem Begriff „Bestandskraft im materiellen Sinne" die Wirkung des Verwaltungsaktes im Verhältnis zwischen der Erlassbehörde und dem Betroffenen benannt.[371] Die hier zu erörternde bindende Wirkung für andere Behörden, die nicht am Verwaltungsverfahren, das mit dem Erlass des Verwaltungsaktes endete, beteiligt waren, fällt demzufolge nicht unter die Begrifflichkeit.

bb) Tatbestandswirkung

Der Begriff der Tatbestandswirkung wird in der Literatur nicht einheitlich verwendet. Nach einer Ansicht bedeutet Tatbestandswirkung, dass der Verwaltungsakt und die durch ihn für einen bestimmten Rechtsbereich getroffene Regelung auch von anderen Behörden, Gerichten und nicht betroffenen Dritten als gegeben hingenommen werden muss.[372] Während sich die Wirkungen der Bestandskraft auf das Verhältnis der erlassenden Behörde und den Verfahrensbeteiligten im Sinne des § 13 VwVfG beschränke, binde die Tatbestandswirkung auch nicht betroffene Dritte, insbesondere andere Behörden und Gerichte, die nicht selbst zur Aufhebung des Verwaltungsaktes befugt seien.[373] Mithin wäre die hier zu untersuchende Bindung des Bundeskartellamtes an die Genehmigung der Bundesnetzagentur als Tatbestandswirkung zu bezeichnen. Andere[374] wollen jedoch zwischen der Tatbestandswirkung im engeren Sinn und der Tatbestandswirkung im weiteren Sinn unterscheiden. Ein Verwaltungsakt hat hiernach Tat-

---

368 Achterberg, Allgemeines Verwaltungsrecht, 1988, S. 174.

369 Merten, NJW 1983, 1993, 1996.

370 Dahlke, Rechtssystematische Besonderheiten im TK-Recht, 2004, S. 172.

371 So im Ergebnis auch: Jarass, Konkurrenz, Konzentration und Bindungswirkung von Genehmigungen, 1984, S. 70.

372 Huxholl, Erledigung eines Verwaltungsaktes im Widerspruchsverfahren, 1993, S. 53.

373 Kirchhof, NJW 1985, 2977, 2983; Randak, JuS 1992, 33, 35; Erichsen/Knoke, NVwZ 1983, 185, 189; Knöpfle, BayVBl. 1982, 225, 226.

374 Seibert, Bindungswirkung von Verwaltungsakten, 1989, S. 71 ff.; Huxholl, Erledigung eines Verwaltungsaktes im Widerspruchsverfahren, 1993, S. 53; Dahlke, Rechtssystematische Besonderheiten im TK-Recht, 2004, S. 173 f. m.w.N.

bestandswirkung im engeren Sinn, wenn er in einer Rechtsnorm als Tatbestandsmerkmal vorausgesetzt wird.

Die sogenannte Tatbestandswirkung im weiteren Sinn ist hingegen die Wirkung, die verfahrensexterne Behörden und Gerichte an die Existenz und den Inhalt eines fremden Verwaltungsaktes bindet.[375] Verfahrensextern bedeutet in diesem Zusammenhang, dass es sich um Behörden und Gerichte handeln muss, denen nicht die Kompetenz zur Prüfung, Modifikation und Kassation des Verwaltungsaktes zusteht.[376] Die Bindung des Bundeskartellamtes an eine Entgeltgenehmigung der Bundesnetzagentur wäre nach dieser Ansicht als Tatbestandswirkung im engeren Sinn zu bezeichnen.

Ohne die teilweise in der Literatur vorgenommene Unterscheidung zwischen Tatbestandswirkung im engeren Sinn und Tatbestandswirkung im weiteren Sinn zu kritisieren, soll im Rahmen dieser Arbeit mit dem Begriff Tatbestandswirkung die Wirkung der Genehmigung für verfahrensexterne Behörden und Gerichte bezeichnet werden.

cc) Legalisierungswirkung

In Bezug auf die Wirkungen einer Genehmigung für verfahrensexterne Behörden wird teilweise[377] der Begriff der Legalisierungswirkung gebraucht. Da der vom Bundesverwaltungsgericht[378] geschaffene Begriff synonym zu dem Begriff der Tatbestandswirkung die Verbindlichkeit von Verwaltungsakten für verfahrensexterne Behörden bezeichnet[379], soll er um der Klarheit willen im Rahmen dieser Arbeit nicht verwendet werden.

dd) Feststellungswirkung

Die von der Tatbestandswirkung zu unterscheidende Feststellungswirkung ist weiter als diese gefasst. Sie bindet in Abgrenzung zur Tatbestandswirkung nicht nur an die durch den Verwaltungsakt getroffene inhaltliche Regelung, sondern auch an die die Regelung tragenden tatsächlichen oder rechtlichen Feststellun-

---

375 Dahlke, Rechtssystematische Besonderheiten im TK-Recht, 2004, S. 174.

376 Dahlke, Rechtssystematische Besonderheiten im TK-Recht, 2004, S. 174.

377 Wagner, Öffentlich-rechtl. Genehmigung und zivilrechtl. Rechtswidrigkeit, 1989, S. 7; Peine, JZ 1990, 201 ff.; Sachs, in: Stelkens/Bonk/Sachs, VwVfG, 6. Aufl., 2001, § 43 Rn. 141; Ossenbühl, DVBl. 1990, 963, 967.

378 BVerwGE 55, 118 ff.

379 Peine, JZ 1990, 201, 207.

gen in der Begründung des Verwaltungsaktes.[380] Nach überwiegender Ansicht bedarf die Feststellungswirkung einer speziellen Ermächtigungsgrundlage[381], die ausdrücklich festlegt, dass die der Verwaltungsentscheidung zugrunde liegenden Feststellungen für die Behörden bindend sind. Eine solche Ermächtigungsgrundlage ist im Telekommunikationsgesetz nicht enthalten. Folglich kann die Entgeltgenehmigung der Bundesnetzagentur keine Feststellungswirkung zeigen.

c) Die Tatbestandswirkung der Entgeltgenehmigung für das Bundeskartellamt anhand von Fallgruppen

aa) Fallkonstellation 1: Das Entgelt ist genehmigungspflichtig und wird von der Bundesnetzagentur genehmigt

Wird ein genehmigtes Entgelt vom beantragenden Unternehmen im Rechtsverkehr gefordert, stellen sich in Bezug auf die Prüfung des Bundeskartellamtes zwei getrennt zu untersuchende Fragen:
Zum einen ist fraglich, ob die Forderung eines genehmigten Entgelts das Tatbestandsmerkmal der Missbräuchlichkeit im Sinne des § 19 GWB überhaupt erfüllen kann. Die Tatbestandsmäßigkeit des Verhaltens ist insofern zweifelhaft, als das beantragende Unternehmen durch die Genehmigung gemäß § 37 Abs. 1 TKG verpflichtet wird, nur das genehmigte Entgelt im Rechtsverkehr zu fordern. Mangels Entscheidungsspielraum bei der Forderung des Entgelts könnte entsprechend der vom Oberlandesgericht Düsseldorf[382] vertretenen Ansicht die Missbräuchlichkeit des Verhaltens generell abzulehnen sein.
Von dieser materiell-rechtlichen Frage, die an den Tatbestand des § 19 GWB anknüpft, ist die Problematik der Tatbestandswirkung zu unterscheiden[383], die losgelöst von den Tatbestandsmerkmalen des § 19 GWB an die Entscheidungsbefugnisse des Bundeskartellamts anschließt.

---

380 Huxholl, Erledigung eines Verwaltungsaktes im Widerspruchsverfahren, 1993, S. 55; Randak, JuS 1992, 33, 35; Knöpfle, BayVBl. 1982, 225, 226; Dahlke, Rechtssystematische Besonderheiten im TK-Recht, 2004, S. 175 m.w.N.; Bauriedl, Zulässigkeit der Inhaltskontrolle, 1998, S. 79.

381 Henneke, in: Knack, VwVfG, 8. Aufl., 2004, Vor § 35 Rn. 30; Bauriedl, Zulässigkeit der Inhaltskontrolle, 1998, S. 81; Jarass, Konkurrenz, Konzentration und Bindungswirkung von Genehmigungen, 1984, S. 72; Ehlers, K & R 2001, 1 ff.; Huxholl, Erledigung eines Verwaltungsaktes im Widerspruchsverfahren, 1993, S. 53 m.w.N.

382 OLG Düsseldorf, OLGR 2002, 205 ff.

383 BGH, MMR 2004, 471, 474= CR 2004, 666 ff.= WM 2004, 2410 ff.

(1) Tatbestandsmäßigkeit eines genehmigten Verhaltens im Sinne des § 19 GWB

Fordert das beantragende Unternehmen das genehmigte Entgelt im Rechtsverkehr, ist fraglich, ob dieses Verhalten das Tatbestandsmerkmal der Missbräuchlichkeit im Sinne des § 19 GWB erfüllt. Da das Unternehmen gemäß § 37 TKG zur Forderung der genehmigten Entgelte verpflichtet ist, könnte sein Verhalten mangels Handlungs- bzw. Entscheidungsspielraum grundsätzlich als nicht missbräuchlich anzusehen sein.[384]

Der Bundesgerichtshof hat bereits sehr früh in einem Urteil zu § 315 BGB entschieden, dass nur ein behördlich genehmigter[385] und vom Unternehmen dem Kunden gegenüber einseitig diktierter Preis[386] kontrollfähig ist. Die zivilrechtliche Überprüfung komme hingegen nicht in Betracht, wenn ein behördlich festgesetzter Preis vorliege. Indem der Bundesgerichtshof urteilte[387], dass die ordentlichen Gerichte genehmigte Telekommunikationstarife nicht nach den Maßstäben des Zivilrechts überprüfen dürfen, wenn kein privatautonomer Spielraum des Unternehmens hinsichtlich der von den Kunden zu fordernden Tarife und Entgelte besteht, bestätigte er diese Ansicht.

In einem neueren Fall[388], bei dem der Bundesgerichtshof prüfte, ob ein Entgelt der Deutschen Telekom AG einen Verstoß gegen die wettbewerbsrechtliche Vorschrift des Art. 82 EG darstellt, hat er auf diese Grundsätze zurückgegriffen. Wenn dem Unternehmen ein wettbewerbswidriges Verhalten durch nationale Vorschriften vorgeschrieben würde oder solche Vorschriften einen rechtlichen Rahmen bildeten, der selbst jede Möglichkeit eines Wettbewerbsverhaltens ausschließe, kämen die Wettbewerbsvorschriften des EG-Vertrages nicht zur Anwendung. Um sich wettbewerbswidrig verhalten zu können, müsse das regulierte Unternehmen zumindest einen Handlungs- bzw. Entscheidungsspielraum haben. Wenn die Behörde die relevante Frage abschließend prüfe und die Entgeltgenehmigung keinen Spielraum für selbstständige Verhaltensweisen des regulierten Unternehmens ließe, d.h. wenn das Unternehmen nicht die Möglichkeit habe, sich wettbewerbswidrig zu verhalten, weil es das Verfahren gar nicht be-

---

384 OLG Düsseldorf, OLGR 2002, 205 ff.

385 BGHZ 73, 114.

386 BGH, NJW-RR 1990, 1204.

387 BGH, MMR 1998, 603, 607.

388 BGH, MMR 2004, 471, 474= CR 2004, 666 ff.= WM 2004, 2410 ff.; hierzu auch Schuster, CR 2005, 730, 732.

einflussen könne, könne kein Missbrauch im Sinne des Wettbewerbsrechts vorliegen.
Fraglich ist demzufolge, ob das beantragende Unternehmen im Genehmigungsverfahren einen Handlungs- bzw. Entscheidungsspielraum hat.

Das Oberlandesgericht Düsseldorf[389] als Berufungsgericht im zuvor genannten Fall ist davon ausgegangen, dass das marktbeherrschende Unternehmen bei der Antragstellung keinen Entscheidungsspielraum hat und dem Unternehmen die Geltendmachung eines möglicherweise überhöhten Entgelts nicht als kartellrechtswidriges Verhalten zuzurechnen ist. Die strittigen Tarife seien bereits vom Bundesminister für Post und Telekommunikation genehmigt worden und die Beklagte war zur Anwendung der Tarife verpflichtet. Mithin hätte sie mangels Entscheidungsspielraum ihre marktbeherrschende Stellung nicht missbrauchen können. Sie hätte keinerlei Einfluss auf das Genehmigungsverfahren, den Umfang der Entgeltprüfung und damit auf die Höhe der zukünftig zu berechnenden Entgelte gehabt. Sie bringe zwar durch ihren Antrag das Genehmigungsverfahren in Gang, darüber hinaus habe sie aber keine Einwirkungsmöglichkeiten.
Dem stimmt auch das Oberlandesgericht Köln[390], nach dem der Umfang der Entgeltprüfung und der Inhalt der Genehmigungsentscheidung in den Entscheidungsbereich der Bundesnetzagentur fallen, zu.

Der Bundesgerichtshof entschied hingegen, dass das antragstellende Unternehmen einen Entscheidungsspielraum im Genehmigungsverfahren hat.[391] Das Genehmigungsverfahren beruht auf dem Genehmigungsantrag des Unternehmens, welches durch den Antrag das zu genehmigende Entgelt festlegt und somit den Maßstab der Prüfung vorgibt. Auch wenn das anschließende Genehmigungsverfahren gerade verhindern soll, dass Entgelte genehmigt werden, die sich als Missbrauch einer marktbeherrschenden Stellung darstellen, schließt dies den tatsächlichen Missbrauch nicht aus. Es ist denkbar, dass ein Entgelt gegen wettbewerbsrechtliche Vorschriften verstößt, obwohl es von der Bundesnetzagentur genehmigt wurde. Folglich kann nach der Rechtsprechung des Bundesgerichtshofs auch ein genehmigtes Entgelt den Tatbestand des § 19 GWB erfüllen.

---

389 OLG Düsseldorf, OLGR 2002, 205 ff.

390 OLG Köln, OLGR 2004, 312, 315.

391 BGH, MMR 2004, 471, 474= CR 2004, 666 ff.= WM 2004, 2410 ff.; hierzu auch Schuster, CR 2005, 730, 732.

(2) Tatbestandswirkung der Entgeltgenehmigung

(a) Überblick über den Meinungsstand

Ob eine Entgeltgenehmigung der Bundesnetzagentur für das Bundeskartellamt Tatbestandswirkung zeigt ist umstritten. Während das Oberlandesgericht Düsseldorf[392] eine Bindung im Sinne einer Tatbestandswirkung bejaht, ist die Literatur uneinheitlich.

Geppert[393] vertritt, wie das Oberlandesgericht Düsseldorf, dass die Genehmigung Tatbestandswirkung hat und das Bundeskartellamt an die Tatsache, dass die Entscheidung erlassen wurde und an den Inhalt dieses Verwaltungsaktes gebunden ist. Das Bundeskartellamt müsse die von der Bundesnetzagentur im Rahmen ihrer besonderen Zuständigkeit getroffenen Regelungen einer eigenen Entscheidung zugrunde legen. Die Rechtsordnung gestatte es nicht, mit Hilfe einer Norm ein spezielles Tun zu erlauben und zugleich mit Hilfe einer anderen dasselbe Tun zu verbieten bzw. zu sanktionieren.

Martenczuk[394] geht ebenfalls davon aus, dass das Bundeskartellamt an eine bestandskräftige Genehmigung von Entgelten nach dem Telekommunikationsgesetz gebunden ist. Auch in der allgemeinen verwaltungsrechtlichen Literatur[395] wird vertreten, dass eine Genehmigung Tatbestandswirkung hat. Alle anderen Behörden müssten die Tatsache, dass die Genehmigung erteilt wurde und rechtlich existent ist, als maßgeblich akzeptieren.[396] Solange eine Genehmigung bestehe, seien alle Behörden berechtigt, die Tatsache, dass die Genehmigung ergangen ist, auch ihren Entscheidungen zugrunde zu legen.[397] Soweit die Behörden nicht durch Gesetz oder aufgrund allgemeiner Rechtsgrundsätze befugt seien, über die Genehmigung zu verfügen oder sie aufzuheben, seien sie dazu grundsätzlich nicht nur berechtigt, sondern verpflichtet.[398] Vertreten wird teilweise jedoch auch[399], dass die Genehmigung keine Tatbestandswirkung entfalte

---

392 OLG Düsseldorf, MMR 2005, 542 ff.; dass., MMR 2002, 316 ff.

393 Geppert, in: Scheurle/Mayen, TKG, 2002, § 82 Rn. 17.

394 Martenczuk, CR 1999, 363, 366.

395 Merten, NJW 1983, 1993, 1997; Ossenbühl, DVBl. 1990, 963, 967; Kopp/Ramsauer, VwVfG, 9. Aufl., 2005, § 43 Rn. 18 f.; Henneke, in: Knack, VwVfG, 8. Aufl., 2004, Vor § 35 Rn. 30; Sachs, in: Stelkens/Bonk/Sachs, VwVfG, 6. Aufl., 2001, § 43 Rn. 134; Domke, Rechtsfragen der Bestandskraft von Verwaltungsakten, 1989, S. 89 f.

396 Kopp/Ramsauer, VwVfG, 9. Aufl., 2005, § 43 Rn. 18.

397 Kopp/Ramsauer, VwVfG, 9. Aufl., 2005, § 43 Rn. 19.

398 Kopp/Ramsauer, VwVfG, 9. Aufl., 2005, § 43 Rn. 19.

399 Haus, N & R 2004, 143, 145; Michalski/Bauriedl, CR 1998, 657 ff.; Dahlke, Rechtssystematische Besonderheiten im TK-Recht, 2004, S. 182 ff.; Piepenbrock, MMR 2002, 320, 321.

und folglich das Bundeskartellamt nicht daran gehindert sei, ein Entgelt als missbräuchlich bzw. unangemessen zu beurteilen.

Welcher dieser Ansichten der Vorzug zu geben ist, wird im Folgenden untersucht.

(b) Stellungnahme

Während die erlassende Behörde mit Wirksamwerden der Genehmigung an diese gebunden wird und sich von der Bindung nur unter Beachtung der Regelungen über die Aufhebung von Verwaltungsakten, §§ 48, 49 VwVfG, befreien kann, gibt es keine Normen, welche die Bindung von Genehmigungen für andere Behörden festlegen. Aus der Beteiligung am Verwaltungsverfahren, § 13 VwVfG, ergibt sich zumindest nicht, wer von den Wirkungen einer Genehmigung erfasst ist und schon gar nicht, wer an ihre Wirkungen gebunden ist.

Gegen die Tatbestandswirkung einer Entgeltgenehmigung spricht, dass eine einmal erteilte Genehmigung nur noch von der erlassenden Behörde überprüft werden könnte. Verfahrensexterne Behörden müssten die Genehmigung und die durch sie getroffene Regelung als gegeben hinnehmen.[400] Dies hätte zur Folge, dass Konkurrenten des beantragenden Unternehmens oder andere Nicht-Adressaten der Entgeltgenehmigung sich nur an die erlassende Behörde bzw. die Gerichte wenden könnten, wenn sie erfolgreich gegen die Genehmigung vorgehen wollten. Der Schutz durch verfahrensexterne Behörden würde entfallen. Allerdings findet sich im deutschen Rechtssystem keine Regelung, die vorschreibt, dass eine behördliche Entscheidung durch mehrere Behörden überprüfbar sein muss. Wenn eine Überprüfbarkeit durch andere Behörden gewollt ist, wird sie vielmehr im Rahmen einer Rechts- bzw. Fachaufsicht angeordnet. Findet eine solche Anordnung nicht statt, kann daraus geschlossen werden, dass eine Überprüfung durch eine andere Behörde nicht vorgesehen ist.

Für die Annahme der Tatbestandswirkung einer Entgeltgenehmigung spricht die staatliche Kompetenzordnung, die unter dem rechtsstaatlichen Gebot klarer und fester Kompetenz- und Zuständigkeitsabgrenzungen steht.[401] Sie verlangt, dass Hoheitsakte, die staatliche Stellen im Rahmen ihrer Kompetenz erlassen haben, von anderen Behörden akzeptiert werden.[402] Die Behörden nehmen die ihnen übertragenen Aufgaben wahr und ihre Entscheidungen müssen zumindest bis zu

---

400 Huxholl, Erledigung eines Verwaltungsaktes im Widerspruchsverfahren, 1993, S. 53.

401 Seibert, Bindungswirkung von Verwaltungsakten, 1989, S. 259 f. m.w.N.

402 Ortloff, NJW 1987, 1665, 1666; Martenczuk, CR 1999, 363, 365.

ihrer Aufhebung nach §§ 48, 49 VwVfG Gültigkeit besitzen. Entsprechend formuliert dies *Knöpfle*[403], nach dem die gewalten- und funktionenteilende rechtsstaatliche Zuständigkeitsordnung Regelungslücken und Überschneidungen vermeiden und ein homogenes System der Ausübung staatlicher Hoheitsgewalt schaffen soll. Hierzu ist erforderlich, dass Gerichte und Behörden im Verhältnis zueinander wie unter sich kompetenzgerechte Hoheitsakte in der Weise zu respektieren haben, als sie die in ihnen getroffenen Regelungen ihren eigenen Entscheidungen zugrunde zu legen haben. Für das Verhältnis von Bundesnetzagentur und Bundeskartellamt bedeutet dies, dass das Bundeskartellamt die Entscheidung der Bundesnetzagentur akzeptieren muss, weil die Kompetenzordnung gebietet, dass verbindliche Entscheidungen der fachkompetenten und sachnäheren Bundesnetzagentur nicht negiert oder übergangen werden dürfen.[404]

Die Konzeption des Telekommunikationsgesetzes als sektorspezifisches Gesetz unterstützt diese These. Das Telekommunikationsgesetz wurde geschaffen, um einen speziellen Markt - den Telekommunikationsmarkt - zu entmonopolisieren und dem freien Wettbewerb zuzuführen, § 1 TKG. Die Bundesnetzagentur als eigenständige, unabhängige Behörde sollte diese Ziele verwirklichen.[405] Hierzu wurden ihr durch das Telekommunikationsgesetz besondere Kompetenzen übertragen. Diese Kompetenzübertragung würde unterlaufen, wenn das Bundeskartellamt nicht an die Entscheidungen der Bundesnetzagentur gebunden wäre. Könnte die Kartellbehörde unabhängig von der Bundesnetzagentur entscheiden, wäre es nicht nötig gewesen, eine sektorspezifische Behörde wie die Bundesnetzagentur zu schaffen und diese mit besonderen Kompetenzen auszustatten.

Die Annahme einer Tatbestandswirkung ist auch erforderlich, um die Autorität der erlassenden Behörde zu wahren. In Anbetracht dessen, dass die Bundesnetzagentur vor Erlass des Verwaltungsaktes den zugrunde liegenden Sachverhalt geprüft hat und zu dem Entschluss gekommen ist, dass der Verwaltungsakt ergehen muss, wäre ihre Autorität beeinträchtigt, wenn sich eine verfahrensexterne Behörde über dieses Ergebnis hinwegsetzen könnte. Das Ergebnis, das durch den Erlass des Verwaltungsaktes manifestiert wird, würde zumindest teilweise seine Rechtserheblichkeit und damit seine Wichtigkeit verlieren. Zudem würde die Entscheidungs- und Wirkungseinheit der Verwaltung beschnitten werden, wenn einmal erlassene Verwaltungsakte für andere Behörden nicht bindend wären.

---

403 Knöpfle, BayVBl. 1982, 225, 228.

404 Seibert, Bindungswirkung von Verwaltungsakten, 1989, S. 261.

405 BT-Drs. 13/3609, S. 33.

Die Notwendigkeit der Tatbestandswirkung könnte sich zudem daraus ergeben, dass widersprüchliche Regelungen, zu denen es kommen könnte, wenn das Bundeskartellamt unabhängig von den Inhalten der Entgeltgenehmigung entscheidet, vermieden werden müssen.[406] Seine Funktion, Ordnung zu schaffen, kann das Recht nämlich nur erfüllen, wenn es „nicht mit zweierlei Zunge spricht“.[407] Widersprüchliche Regelungen führen zudem nicht nur zu einer Unsicherheit beim Rechtsschutzsuchenden, sondern auch zu einer Untergrabung der Einheit der Rechtsordnung.[408] Dementsprechend hat das Bundesverfassungsgericht[409] entschieden, dass das Rechtsstaatsprinzip alle rechtsetzenden Organe verpflichtet, ihre Regelungen jeweils so aufeinander abzustimmen, dass den Normadressaten nicht gegenläufige Vorschriften erreichen, die Rechtsordnung also nicht aufgrund unterschiedlicher Anordnungen widersprüchlich wird. Ein Verhalten kann demnach nur allgemein rechtswidrig oder allgemein rechtmäßig sein.[410]

Dennoch kann das Gebot widersprüchliche Entscheidungen zu vermeiden nicht dazu führen, dass die Tatbestandswirkung einer Genehmigung generell zu bejahen ist. Zum einen ist bereits die Einheit der Rechtsordnung angreifbar, weil die Erfahrungen zeigen, dass in einer pluralen Verfassungsordnung, die auf dem Prinzip des Bundesstaates und der Selbstverwaltung beruht, eine einheitliche und konfliktfreie Lösung effektiv kaum realisierbar ist.[411] Nicht einmal die Verfassung bildet eine Einheit, viel weniger noch die Rechtsordnung als ganze.[412] Zum anderen sind die Regelungen des GWB und des Telekommunikationsgesetzes nicht grundsätzlich widersprüchlich. Sie treffen keine unterschiedlichen Anordnungen, sondern es kommt allenfalls zu Wertungswidersprüchen. Ein echter Normwiderspruch[413] in dem Sinne, dass zwei Regelungen für denselben Sachverhalt einander ausschließende, also miteinander unvereinbare Rechtsfolgen anordnen, besteht nicht.

---

406 Martenczuk, CR 1999, 363, 364; Ossenbühl, DVBl. 1990, 963, 967; OLG Düsseldorf, MMR 2002, 316, 318; Wagner, Öffentlich-rechtl. Genehmigung und zivilrechtl. Rechtswidrigkeit, 1989, S. 95; Seibert, Bindungswirkung von Verwaltungsakten, 1989, S. 263.

407 Ossenbühl, DVBl. 1990, 963, 967.

408 Wagner, Öffentlich-rechtl. Genehmigung und zivilrechtl. Rechtswidrigkeit, 1989, S. 90 f.; Martenczuk, CR 1999, 363, 365; Seibert, Bindungswirkung von Verwaltungsakten, 1989, S. 241.

409 BVerfG, NJW 1998, 2341, 2342; NJW 1998, 2346, 2347.

410 RGSt 61, 247 ff.; Engisch, Die Einheit der Rechtsordnung, 1935, S. 58.

411 Wolff/Bachof/Stober, Verwaltungsrecht, Bd. 1, 11. Aufl., 1999, § 22 Rn. 72.

412 Peine, NJW 1990, 2442, 2446.

413 Sendler, NJW 1998, 2875, 2876; Brüning, NVwZ 2002, 33, 36.

Für die Tatbestandswirkung der Genehmigung könnte jedoch das Bedürfnis, dem beantragenden Unternehmen Vertrauensschutz zuzubilligen, sprechen.[414] Der Grundsatz des Vertrauensschutzes lässt sich aus dem Grundgesetz ableiten und ist folglich auch für ein behördliches Handeln maßgeblich.[415] Teilweise wird er aus dem in Art. 20 Abs. 3 GG enthaltenen Prinzip der Rechtssicherheit, teils aus dem Prinzip von Treu und Glauben hergeleitet.[416] In der Literatur wird darüber hinaus auf das Sozialstaatsprinzip und zunehmend auf die einzelnen Grundrechte verwiesen.[417] Einigkeit besteht darüber, dass der Bürger sich auf rechtsbeständige Regelungen einrichten und verlassen können muss, wenn nicht vorrangige Belange des Gemeinwohls den Schutz des berechtigten Vertrauens zurücktreten lassen.[418] Im Falle eines Verstoßes der Genehmigung gegen die Vorschriften des GWB könnte ein vorrangiger Belang des Gemeinwohls der aus Art. 20 Abs. 3 GG ableitbare Grundsatz der Gesetzmäßigkeit der Verwaltung sein. Nach Art. 20 Abs. 3 GG ist die vollziehende Gewalt, also auch das Bundeskartellamt, an Gesetz und Recht gebunden. Diese Bindung kann sich darin äußern, dass ein rechtswidriger Verwaltungsakt zurückgenommen werden und der gesetzmäßige Zustand wiederhergestellt werden muss.[419] Da der Grundsatz der Gesetzmäßigkeit und der Grundsatz des Vertrauensschutzes in Widerstreit zueinander geraten können, wenn wie hier ein Unternehmen auf eine erteilte Genehmigung vertraut, die unter Umständen gegen ein Gesetz, d.h. hier konkret gegen das GWB, verstößt, ist im Wege der Abwägung zu prüfen, welchem Grundsatz im Einzelfall größeres Gewicht zukommt.[420] Eine vergleichbare Abwägung wird im Rahmen des § 48 VwVfG bei der Rücknahme eines rechtswidrigen begünstigenden Verwaltungsaktes vorgenommen. Angesichts dieser ähnlichen Ausgangslage ist es sinnvoll, die vom Bundesverwaltungsgericht zu

---

414 Ossenbühl, DVBl. 1990, 963, 967; Peine, JZ 1990, 201, 209.

415 Sachs, in: Sachs, GG, 3. Aufl., 2003, Art. 20 Rn. 140; Herzog, in: Maunz/Dürig, GG, Art. 20 VII Rn. 64.

416 BVerfGE 58, 152, 166; BVerwG, NVwZ 1988, 281; Herzog, in: Maunz/Dürig, GG, Art. 20 VII Rn. 64; Sommermann, in: v. Mangoldt/Klein/Starck, GG, Bd. 2, 4. Aufl., 2000, Art. 20 Rn. 282; Maurer, Allgemeines Verwaltungsrecht, 16. Aufl., 2006, § 11 Rn. 22 ff.; Meyer, in: Knack, VwVfG, 8. Aufl., 2004, § 48 Rn. 87 m.w.N.

417 Kopp/Ramsauer, VwVfG, 9. Aufl., 2005, § 48 Rn. 58.

418 Sachs, in: Sachs, GG, 3. Aufl., 2003, Art. 20 Rn. 131, 135; Kannengießer, in: Schmidt-Bleibtreu/Klein, GG, 10. Aufl., 2004, Art. 2 Rn. 17; Herzog, in: Maunz/Dürig, GG, Art. 20 VII Rn. 64; Sommermann, in: v. Mangoldt/Klein/Starck, GG, Bd. 2, 4. Aufl., 2000, Art. 20 Rn. 283, 287.

419 Maurer, Allgemeines Verwaltungsrecht, 16. Aufl., 2006, § 11 Rn. 22.

420 Herzog, in: Maunz/Dürig, GG, Art. 20 VII Rn. 64; Maurer, Allgemeines Verwaltungsrecht, 16. Aufl., 2006, § 11 Rn. 22.

§ 48 VwVfG entwickelte Rechtsprechung[421] als zusätzliche Argumentationshilfe heranzuziehen. Hiernach überwiegt der Vertrauensschutz, wenn der Adressat auf den Bestand des Verwaltungsaktes vertraut hat, sein Vertrauen schutzwürdig ist und das Vertrauensinteresse gegenüber dem öffentlichen Interesse an der Wiederherstellung der Gesetzmäßigkeit überwiegt.

Das die Genehmigung beantragende Unternehmen vertraut auf die Genehmigung und nimmt entsprechend dieser Dispositionen vor; insbesondere fordert es das genehmigte Entgelt im Geschäftsverkehr.

Die Schutzwürdigkeit des Vertrauens ist davon abhängig, ob das die Genehmigung beantragende Unternehmen die Genehmigung erschlichen oder durch sonstige unlautere Mittel erwirkt hat, ob es die Rechtswidrigkeit der Genehmigung kannte oder kennen musste[422], und ob die Rechtswidrigkeit in seinem Verantwortungsbereich liegt bzw. die Fehlerhaftigkeit des Verwaltungsaktes vom Begünstigten verursacht wurde.[423] Im Fall der Erteilung einer rechtswidrigen, weil gegen das GWB verstoßenden, Genehmigung durch die Bundesnetzagentur ist insbesondere fraglich, ob das Unternehmen den Verstoß gegen das GWB kannte und ob dieser in seinem Verantwortungsbereich liegt.

Da es den Genehmigungsantrag stellt, und im Zuge dessen gemäß § 33 TKG verpflichtet ist, die zur Prüfung des Antrags erforderlichen Unterlagen vorzulegen, weiß das Telekommunikationsunternehmen unter Umständen, dass das beantragte Entgelt gegen die Vorschriften des GWB verstößt. Bei Kenntnis der Missbräuchlichkeit ist das Vertrauen des Unternehmens nicht schutzwürdig. Zudem hat das Unternehmen regelmäßig Einfluss auf das Genehmigungsverfahren. Durch die Stellung des Genehmigungsantrages legt es den Prüfungsumfang fest.[424] Aufgrund dieser Festlegung liegt die Rechtswidrigkeit der Entgeltgenehmigung zwar nicht in seinem Verantwortungsbereich; jedoch wird deutlich, dass das die Genehmigung beantragende Unternehmen - anders als bei einem Verwaltungsakt, bei dem keine Mitwirkungsmöglichkeit des Adressaten besteht - eine Mitverantwortung für den Inhalt der Genehmigung trägt. Diese Mitverantwortung spricht ebenfalls gegen die Annahme eines schutzwürdigen Vertrauens und für eine Abwägung zugunsten des Grundsatzes der Gesetzmäßigkeit der Verwaltung.

Kannte das Telekommunikationsunternehmen den Verstoß gegen das GWB hingegen nicht und sprechen auch keine sonstigen Gründe gegen die Schutzwürdigkeit, ist sein Vertrauen als schützenswert anzuerkennen. Das Vertrauensinteresse muss jedoch zudem das öffentliche Interesse an der Wiederherstellung der

---

[421] BVerwG, NVwZ 1995, 703 ff. m.w.N.; Schäfer, in: Obermayer, VwVfG, 3. Aufl., 1999, § 48 Rn. 41 ff. m.w.N.

[422] BVerwG, MDR 68, 699; 70, 77; BVerwG, DVBl. 1994, 115.

[423] BVerwGE 10, 308; 13, 28.

[424] BGH, MMR 2004, 470 ff.= CR 2004, 666 ff.

Gesetzmäßigkeit überwiegen. In Anbetracht dessen, dass hier auch Dritte, nämlich die Kunden und Wettbewerber des marktbeherrschenden Unternehmens, ein Interesse an der Verhinderung des missbräuchlichen Verhaltens und an der Wiederherstellung der Gesetzmäßigkeit haben, kann das Vertrauensinteresse des Unternehmens nicht als überwiegend angesehen werden. Ansonsten würde man das Vertrauensinteresse eines einzelnen Unternehmens höher gewichten als das Interesse der Allgemeinheit an der Herstellung des gesetzmäßigen Zustandes.

Die Verfahrensökonomie rechtfertigt hingegen die Annahme einer Tatbestandswirkung der Entgeltgenehmigung.[425] Wenn die Bundesnetzagentur bereits die gleichen Voraussetzungen bei der Genehmigungserteilung geprüft hat, erscheint es unnötig, dass die Kartellbehörde erneut die Prüfung aufnimmt. Zum Teil wird in diesem Zusammenhang sogar von „überflüssigen Doppelprüfungen" gesprochen.[426]

Auch die Grundsätze der Rechtssicherheit und Rechtsklarheit werden beeinträchtigt, wenn die Tatbestandswirkung der Genehmigung verneint wird.[427] Unabhängig von den in den §§ 48, 49 VwVfG normierten Möglichkeiten der Rücknahme und des Widerrufs einer behördlichen Entscheidung wird die Wirksamkeit der Genehmigung im kartellbehördlichen Verfahren in Frage gestellt, wenn das Bundeskartellamt nicht an den Inhalt der Genehmigung gebunden ist. Der Adressat der Genehmigung kann sich nicht auf deren Wirkungen verlassen und erlangt folglich nur eine unsichere Rechtsposition. Falls das Bundeskartellamt ein Entgelt als nicht angemessen im Sinne des § 19 Abs. 4 Nr. 4 GWB wertet, kann es die Genehmigung dennoch nicht selbst aufheben. Die Genehmigung kann nur von der Bundesnetzagentur gemäß §§ 48, 49 VwVfG zurückgenommen bzw. widerrufen werden oder sich durch einen neuen Genehmigungsantrag des Unternehmens erledigen. Folglich würde die Entscheidung der Kartellbehörde zwar dazu führen, dass ein missbräuchliches Verhalten des marktbeherrschenden Unternehmens festgestellt wird – die Kartellbehörde könnte die Rechtslage aber nicht dahingehend ändern, dass die erteilte Genehmigung ihre Bestandskraft verliert. Nach § 37 Abs. 1 TKG müsste das marktmächtige Unternehmen vielmehr weiterhin die genehmigten Entgelte verlangen. Dies würde zu einer äußerst unbefriedigenden und vor allem unklaren Rechtslage führen, die vermieden werden könnte, wenn das Bundeskartellamt an den Inhalt der Genehmigung gebunden wäre.

---

425 Dahlke, Rechtssystematische Besonderheiten im TK-Recht, 2004, S. 176.

426 Martenczuk, CR 1999, 363, 365.

427 Dahlke, Rechtssystematische Besonderheiten im TK-Recht, 2004, S. 176.

Die Tatbestandswirkung lässt sich zudem aufgrund eines systematischen Vergleichs mit § 111 Abs. 3 EnWG rechtfertigen. Nach § 111 Abs. 3 EnWG sind in Verfahren der Kartellbehörden nach den §§ 19, 20 GWB, die Preise von Energieversorgungsunternehmen für die Belieferung von Letztverbrauchern betreffen, deren tatsächlicher oder kalkulatorischer Bestandteil Netzzugangsentgelte im Sinne des § 20 Abs. 1 EnWG sind, die von Betreibern von Energieversorgungsnetzen nach § 20 Abs. 1 EnWG veröffentlichten Netzzugangsentgelte als rechtmäßig zugrunde zu legen, soweit nicht ein anderes durch eine sofort vollziehbare oder bestandskräftige Entscheidung der Bundesnetzagentur oder ein rechtskräftiges Urteil festgestellt worden ist. § 111 Abs. 3 EnWG normiert folglich die im Telekommunikationsbereich in Frage stehende Tatbestandswirkung einer Entscheidung der Bundesnetzagentur. Wenn nun die Genehmigung eines Netzzugangsentgeltes im Energiesektor Tatbestandswirkung für die Kartellbehörden entfaltet, liegt es nahe, diese Wirkung auch dann anzunehmen, wenn die Bundesnetzagentur eine Entgeltgenehmigung im Rahmen des Telekommunikationsgesetzes erteilt. Es wäre widersprüchlich, einer energiewirtschaftsrechtlichen Entgeltgenehmigung der Bundesnetzagentur Tatbestandswirkung zuzusprechen, diese Wirkung bei einer Entgeltgenehmigung im Telekommunikationsbereich jedoch abzulehnen.

Gegen eine Tatbestandswirkung der Entgeltgenehmigung für das Bundeskartellamt könnte allerdings der in § 24 Abs. 1 VwVfG niedergelegte Untersuchungsgrundsatz herangezogen werden. Der Untersuchungsgrundsatz, der zumindest analog auf das GWB anwendbar ist[428], besagt, dass die Ermittlung des für die Entscheidung maßgeblichen Sachverhalts von Amts wegen zu erfolgen hat. Folglich ist die zuständige Behörde zu einer umfassenden Aufklärung des für ihre Entscheidung maßgeblichen Sachverhalts verpflichtet.[429] Aus dieser Verpflichtung könnte folgen, dass das Bundeskartellamt eine erneute Prüfung aller maßgeblichen Tatbestandsmerkmale vorzunehmen hat und mithin nicht an den Inhalt einer bereits bestehenden Genehmigung gebunden ist. Dass die Behörde den Sachverhalt von Amts wegen erforschen muss bedeutet jedoch nicht, dass sie alle vorherigen Rechtsakte auf ihre Richtigkeit überprüfen muss und vorangegangene Entscheidungen, wie hier die Entgeltgenehmigung der Bundesnetzagentur, bei ihrer Beurteilung nicht berücksichtigen darf.[430] Demnach spricht auch der Untersuchungsgrundsatz nicht zwingend gegen die Tatbestandswirkung der Entgeltgenehmigung.

---

[428] Kopp/Ramsauer, VwVfG, 9. Aufl., 2005, § 2 Rn. 67.

[429] Kopp/Ramsauer, VwVfG, 9. Aufl., 2005, § 24 Rn. 8.

[430] Kopp/Ramsauer, VwVfG, 9. Aufl., 2005, § 24 Rn. 16.

Insgesamt ist damit von einer Tatbestandswirkung der Entgeltgenehmigung auszugehen.

(c) Der Umfang der Tatbestandswirkung

Fraglich ist jedoch, wie sich die Tatbestandswirkung auf die Prüfung der §§ 19, 20 GWB durch das Bundeskartellamt auswirkt.

Die Folgen der Tatbestandswirkung für das Verfahren des Bundeskartellamtes sind von deren Umfang abhängig.[431] Nicht alle Teile der Genehmigung entfalten Tatbestandswirkung: Die Tatbestandswirkung gilt nach *h.M.*[432] vielmehr nur für die im Tenor enthaltene Regelung der Genehmigung, nicht für die Begründung oder die Beurteilung von Vorfragen. Nach herkömmlichem Verständnis[433] ist eine Regelung die Maßnahme einer Behörde, die auf eine einseitige Rechtsfolge gerichtet ist; sie trifft somit eine anordnende, verbindliche, rechtsfolgenbegründende Aussage über einen Lebenssachverhalt. Die Begründung kann niemanden binden, da sie keine Rechtsanordnungen trifft, sondern diese nur erläutert.[434] *Seibert*[435] beschreibt dies treffend, indem er sagt: "Was geregelt ist, bindet; was bindet, ist geregelt."
Demzufolge ist zu prüfen, welche Regelung bzw. welche Regelungen die Entgeltgenehmigung enthält. Was Regelungsinhalt ist und was lediglich die Begründung der Genehmigung darstellt, ist nicht immer leicht festzustellen, bestimmt sich aber grundsätzlich nach der Gesetzesgrundlage und dem Behördenwillen.[436] Lässt sich der Inhalt der Regelung auch danach noch nicht eindeutig bestimmen, ist grundsätzlich davon auszugehen, dass die Behörde die Entscheidung in erschöpfender Würdigung der im Rahmen ihrer rechtssatzmäßig festgelegten Entscheidungskompetenz einschlägigen Aspekte getroffen hat.[437]

---

431 Meyer, in: Knack, VwVfG, 8. Aufl., 2004, § 43 Rn. 18; Seibert, Bindungswirkung von Verwaltungsakten, 1989, S. 303; Ortloff, NJW 1987, 1665, 1666.

432 Kopp/Ramsauer, VwVfG, 9. Aufl., 2005, § 43 Rn. 15; Henneke, in: Knack, VwVfG, 8. Aufl., 2004, § 35 Rn. 30; Meyer, in: Knack, VwVfG, 8. Aufl., 2004, § 43 Rn. 18; Seibert, Bindungswirkung von Verwaltungsakten, 1989, S. 303; Ortloff, NJW 1987, 1665, 1666; Säcker, AöR 130 (2005), 180, 200; Sach, Genehmigung als Schutzschild, 1994, S. 65; Attendorn, MMR 2005, 543, 545.

433 Seibert, Bindungswirkung von Verwaltungsakten, 1989, S. 95 m.w.N.

434 Ortloff, NJW 1987, 1665, 1666.

435 Seibert, Bindungswirkung von Verwaltungsakten, 1989, S. 303.

436 Seibert, Bindungswirkung von Verwaltungsakten, 1989, S. 314 m.w.N.

437 Erichsen/Knoke, NVwZ 1983, 185, 190; Hilger, Die Legalisierungswirkung von Genehmigungen, 1996, S. 52 ff.; Kopp/Ramsauer, VwVfG, 9. Aufl., 2005, § 43 Rn. 15.

Da der einzelfallabhängige Behördenwillen hier nicht allgemein dargelegt werden kann, ist zunächst die Gesetzesgrundlage für die Genehmigung, d.h. § 35 Abs. 3 TKG, zu untersuchen. Nach § 35 Abs. 3 TKG ist die Genehmigung zu erteilen, soweit die Entgelte den Anforderungen der §§ 28 und 31 TKG entsprechen und mit dem Telekommunikationsgesetz und anderen Rechtsvorschriften in Einklang stehen. Folglich beinhaltet die Genehmigung neben der Aussage, dass ein vorgelegtes Entgelt genehmigt wurde, eine Regelung dahingehend, dass dieses genehmigte Entgelt den §§ 28 und 31 TKG entspricht und auch mit anderen Rechtsvorschriften in Einklang steht. Inhalt der Preisgenehmigung ist also die öffentlich-rechtliche Erlaubnis an das Unternehmen, die Entgelte im Kundenverkehr anzuwenden, weil sie nicht gegen die im Telekommunikationsgesetz festgelegten Voraussetzungen verstoßen.[438]

Maßgeblich für die Beurteilung eines telekommunikationsrechtlichen Sachverhaltes durch das Bundeskartellamt ist allerdings nur der Teil der Regelung der Entgeltgenehmigung, der sich auf die Vorschriften bezieht, die auch das Bundeskartellamt zu prüfen hat, d.h. auf das GWB. Prüft die Bundesnetzagentur gänzlich andere Voraussetzungen als das Kartellamt, kann dieses die getroffene Regelung nicht verwerten bzw. seiner Entscheidung zugrunde legen. Wenn es die Ergebnisse der Bundesnetzagentur bei seiner Prüfung nicht verwerten kann, ist es auch nicht an den Inhalt der Entgeltgenehmigung gebunden. Notwendige Voraussetzung für die Annahme einer Tatbestandswirkung ist demnach die Identität oder zumindest Kongruenz der Prüfungsmaßstäbe von Bundesnetzagentur und Kartellbehörde.[439]

Da die Tatbestandwirkung folglich davon abhängig ist, ob die Bundesnetzagentur die Vorschriften des GWB prüft, bevor sie eine Entgeltgenehmigung erlässt, können zwei Fälle gebildet werden, deren Beurteilung unterschiedlich ausfällt: Zum einen ist möglich, dass die Bundesnetzagentur die Vorschriften des GWB prüft, bevor sie die Entgeltgenehmigung erteilt, zum anderen ist denkbar, dass die Bundesnetzagentur die Genehmigung erlässt, ohne die Normen des GWB berücksichtigt zu haben.

Grundsätzlich ist die Bundesnetzagentur zur Prüfung der Vorschriften des GWB verpflichtet. Die Verpflichtung ergibt sich aus § 35 Abs. 3 Satz 2 TKG, nach dem die Entgeltgenehmigung zu versagen ist, wenn die Entgelte mit anderen Rechtsvorschriften nicht in Einklang stehen. § 35 Abs. 3 Satz 2 TKG ist dahin-

---

438 Michalski/Bauriedl, CR 1998, 657.

439 Attendorn, MMR 2005, 543, 545; Michalski/Bauriedl, CR 1998, 657, 661; Bauriedl, Zulässigkeit der Inhaltskontrolle, 1998, S. 76.

gehend auszulegen, dass die Genehmigung nicht erteilt werden kann, wenn die Bundesnetzagentur einen Verstoß gegen das GWB feststellt (siehe bereits Teil 2, B. II. 2. b) cc)). Für diese Interpretation spricht der Wortlaut des § 35 Abs. 3 Satz 2 TKG, der offen formuliert ist und keine Einschränkung bezüglich der zu prüfenden Normen enthält. Auch § 123 Abs. 1 Satz 2 TKG, nach welchem die Bundesnetzagentur dem Bundeskartellamt vor Abschluss des Genehmigungsverfahrens Gelegenheit zur Stellungnahme geben muss, stützt diese Auslegung. Da das Bundeskartellamt nur für die Prüfung der Normen des GWB zuständig ist, bezieht sich seine Stellungnahme auf einen Verstoß gegen diese Vorschriften. Auch wenn die Stellungnahme des Bundeskartellamts für die Bundesnetzagentur nicht verbindlich ist[440], muss sie die wettbewerbsrechtlichen Gesichtspunkte des GWB folglich berücksichtigen. Diese Auslegung entspricht im Übrigen auch der Position[441] von *Matthias Kurth*, dem Präsidenten der Bundesnetzagentur, nach der die Bundesnetzagentur auch auf der rechtlichen Basis des GWB entscheidet und immer entschieden hat und sich auch künftig an der gesetzlichen Lage des § 19 GWB orientieren wird.

Wenn die Bundesnetzagentur die Vorschriften des GWB gemäß § 35 Abs. 3 Satz 2 TKG geprüft hat und zu dem Ergebnis gekommen ist, dass kein Verstoß gegen das GWB vorliegt, ist das Bundeskartellamt an diese in der Genehmigung enthaltene Regelung gebunden; insbesondere kann das Bundeskartellamt aufgrund der Tatbestandswirkung der Entgeltgenehmigung nicht entscheiden, dass das genehmigte Entgelt gegen die Vorschriften des GWB verstößt.

Problematisch ist die Bindung des Bundeskartellamts dann, wenn die Bundesnetzagentur trotz § 35 Abs. 3 Satz 2 TKG die Normen des GWB nicht oder nicht in zureichendem Maße prüft. In diesem Fall stellt sich die Frage, ob das Bundeskartellamt trotz fehlender oder unzureichender Prüfung der Vorschriften des GWB durch die Bundesnetzagentur an die Entgeltgenehmigung gebunden ist. Werden die Normen des GWB nicht von der Bundesnetzagentur geprüft, was aufgrund der Regelung des § 123 Abs. 1 Satz 2 TKG, die eine Abstimmung zwischen der Bundesnetzagentur und dem Bundeskartellamt vorsieht, äußerst unwahrscheinlich ist, ist der Prüfungsumfang eigentlich nicht kongruent. Nach oben Gesagtem ist das Bundeskartellamt bei nicht kongruentem Prüfungsmaßstab nicht an die Genehmigung gebunden. Hier ist jedoch zu berücksichtigen, dass die Voraussetzungen des § 28 TKG, die ebenfalls erfüllt sein müssen, damit eine Entgeltgenehmigung erteilt wird, inhaltlich den Missbrauchsalternativen des

---

440 Geppert, in: Büchner, TKG, 2. Aufl., 2000, § 82 Rn. 13.

441 Kurth, MMR Beilage 7/2002, 3, 6.

§ 19 Abs. 4 Nr. 1-3 GWB entsprechen (siehe bereits Teil 3, B. III. 1. b)).[442] Werden die Voraussetzungen des § 28 TKG von der Bundesnetzagentur im Entgeltgenehmigungsverfahren geprüft, ist der Prüfungsumfang in Bezug auf § 19 Abs. 4 Nr. 1-3 GWB folglich ebenfalls als kongruent anzusehen.

(d) Zusammenfassung

Zusammenfassend ist festzuhalten, dass die besseren Argumente für die Tatbestandswirkung der Entgeltgenehmigung sprechen. Die allgemeinen Gesichtspunkte - zu denen unter anderem das Gebot widersprüchliche Entscheidungen zu vermeiden[443], die Wahrung der staatlichen Kompetenzordnung[444] und die Verfahrensökonomie[445] zählen - fordern die Annahme der Tatbestandswirkung. Auch ein systematischer Vergleich mit § 113 Abs. 3 EnWG bestätigt die inhaltliche Bindung der Kartellbehörde an die Entgeltgenehmigung.

Der Umfang der Tatbestandswirkung bestimmt sich zum einen nach der in der Genehmigung getroffenen Regelung[446] und zum anderen nach dem tatsächlichen Prüfungsumfang[447], also danach, ob die Prüfungsmaßstäbe von Bundesnetzagentur und Bundeskartellamt kongruent sind. § 35 Abs. 3 Satz 2 TKG stellt sicher, dass im Entgeltgenehmigungsverfahren auch die Anforderungen des GWB geprüft werden. Ist dies der Fall, besteht zumindest hinsichtlich der Vorschriften des GWB eine Kongruenz der Prüfungsmaßstäbe. Bei übereinstimmenden Prüfkriterien ist das Bundeskartellamt an die Entscheidung der Bundesnetzagentur gebunden, d.h., dass eine Tatbestandswirkung eintritt, sobald die Bundesnetzagentur die Normen des GWB im Entgeltgenehmigungsverfahren prüft. Prüft sie die Vorschriften des GWB nicht, besteht jedoch zumindest eine Kongruenz bezüglich § 19 Abs. 4 Nr. 1-3 GWB und § 28 TKG.

---

442 Holznagel/Hombergs/Rosengarten, K & R 2004, 505, 508; Groebel, K & R Beilage 1/2004, 18.

443 Martenczuk, CR 1999, 363, 364; Ossenbühl, DVBl. 1990, 963, 967; OLG Düsseldorf, MMR 2002, 316, 318; Wagner, Öffentlich-rechtl. Genehmigung und zivilrechtl. Rechtswidrigkeit, 1989, S. 95; Seibert, Bindungswirkung von Verwaltungsakten, 1989, S. 263.

444 Seibert, Bindungswirkung von Verwaltungsakten, 1989, S. 259 f. m.w.N.

445 Dahlke, Rechtssystematische Besonderheiten im TK-Recht, 2004, S. 176.

446 Kopp/Ramsauer, VwVfG, 9. Aufl., 2005, § 43 Rn. 15; Henneke, in: Knack, VwVfG, 8. Aufl., 2004, § 35 Rn. 30; Meyer, in: Knack, VwVfG, 8. Aufl., 2004, § 43 Rn. 18; Seibert, Bindungswirkung von Verwaltungsakten, 1989, S. 303; Ortloff, NJW 1987, 1665, 1666; Säcker, AöR 130 (2005), 180, 200; Sach, Genehmigung als Schutzschild, 1994, S. 65.

447 Michalski/Bauriedl, CR 1998, 657, 661.

Allerdings darf ein praktisches Argument nicht aus der Beurteilung ausgeschlossen werden: Es ist nicht sichergestellt, dass die Bundesnetzagentur die Regelungen des GWB und § 28 TKG tatsächlich ihrer Prüfung zugrunde legt. § 35 Abs. 3 Satz 2 TKG fordert zwar, dass die Entgelte mit anderen Rechtsvorschriften in Einklang stehen müssen, und *Kurth*[448] bestätigt, dass hierunter auch die rechtlichen Voraussetzungen des GWB zu fassen sind - eine ausdrückliche Verpflichtung zur Prüfung des GWB ist im Telekommunikationsgesetz jedoch nicht enthalten. Die Vorschrift des § 123 Abs. 1 Satz 2 TKG gewährleistet zwar, dass die Bundesnetzagentur dem Bundeskartellamt bei Entscheidungen nach Teil 2 Abschnitt 2 bis 5 des Telekommunikationsgesetzes, mithin auch bei Erlass einer Entgeltgenehmigung, Gelegenheit zur Stellungnahme gibt, diese Stellungnahme ist für die Bundesnetzagentur aber nicht verbindlich.[449] Die Verpflichtung, einer anderen Behörde vor Abschluss des Verfahrens Gelegenheit zur Stellungnahme zu geben, ist nämlich kein Fall sogenannter bestimmender Mitwirkung, bei dem die zuständige Behörde nur im Einvernehmen mit einer anderen Behörde entscheiden kann.[450] Auch die in § 123 Abs. 1 Satz 4 TKG enthaltene Verpflichtung zur Hinwirkung auf eine einheitliche und das Gesetz gegen Wettbewerbsbeschränkungen wahrende Auslegung des Telekommunikationsgesetzes führt nicht dazu, dass die Bundesnetzagentur die Vorschriften des GWB prüfen muss. Der Begriff „hinwirken“ intendiert zwar, dass sowohl die Bundesnetzagentur als auch das Bundeskartellamt vom ernsthaften Willen getragen sein sollen, gemeinsame Auffassungen in Auslegungsfragen zu finden und im Zweifel der Kompromissbereitschaft den Vorrang gegenüber ausgedehnten Kontroversen um die zutreffende Interpretation einzuräumen[451], verpflichtet die Bundesnetzagentur aber nicht zu einer gewissenhaften Prüfung des GWB. Demzufolge ist es in der Praxis möglich, dass die Bundesnetzagentur die Stellungnahme des Bundeskartellamtes nicht anerkennt und die Normen des GWB nicht prüft. Bei fehlender Kongruenz der Prüfungsmaßstäbe ist das Bundeskartellamt an die Genehmigung der Bundesnetzagentur nicht gebunden und kann zu einem anderen Ergebnis als die Bundesnetzagentur kommen.

Um diese unbefriedigende Situation zu vermeiden bestehen mehrere denkbare Auswege: Zum einen könnte der Gesetzgeber der Bundesnetzagentur ein Prüfprogramm für das Genehmigungsverfahren auferlegen, anhand dessen sie auch

---

448 Kurth, MMR Beilage 7/2002, 3, 6.

449 Siehe zu dem mit § 123 Abs. 1 Satz 2 TKG vergleichbaren § 48 Satz 1 PostG: OLG Düsseldorf, MMR 2005, 542 ff., mit der Anmerkung von Attendorn, MMR 2005, 543 ff., die sich auch auf § 123 Abs. 1 TKG bezieht.

450 OLG Düsseldorf, MMR 2005, 542, 543.

451 Siehe zu dem mit § 123 Abs. 1 Satz 4 TKG vergleichbaren § 48 Satz 3 PostG: OLG Düsseldorf, MMR 2005, 542 ff.

die Regelungen des GWB entsprechend der wettbewerbsrechtlichen Vorgaben prüfen muss. Vorstellbar ist etwa, dass der Gesetzgeber die Vorschrift des § 35 Abs. 3 Satz 2 TKG neu fasst und ausdrücklich die Prüfung des GWB als Voraussetzung für die Genehmigungserteilung normiert.
Zum anderen könnte der Gesetzgeber das Stellungnahmerecht der Kartellbehörden nach § 123 Abs. 1 Satz 2 TKG abändern und wie in § 123 Abs. 1 Satz 1 TKG eine Entscheidung im Einvernehmen mit dem Bundeskartellamt verlangen. Wenn ein Einvernehmen des Bundeskartellamtes gesetzlich gefordert würde, müsste die Bundesnetzagentur die Regelungen des GWB immer im Genehmigungsverfahren berücksichtigen. Aufgrund der daraus folgenden Kongruenz der Prüfungsmaßstäbe wäre das Bundeskartellamt an die Genehmigung der Bundesnetzagentur gebunden und es käme nicht zu widersprüchlichen Entscheidungen.

bb) Fallkonstellation 2: Das Entgelt ist genehmigungspflichtig und wird von der Bundesnetzagentur nicht genehmigt

Wenn ein genehmigungspflichtiges Entgelt von der Bundesnetzagentur nicht genehmigt wird, sei es, weil sie einen Verstoß gegen das Telekommunikationsgesetz festgestellt hat, sei es, weil sie ein Verhalten als missbräuchlich im Sinne des § 19 GWB bewertet hat, stellt sich die Frage nach der Tatbestandswirkung des den Genehmigungsantrag ablehnenden Bescheides. Der ablehnende Bescheid könnte Tatbestandswirkung für das Bundeskartellamt entfalten, mit der Folge, dass es ein nicht genehmigtes Entgelt als missbräuchlich im Sinne des § 19 GWB bewerten muss.

Bevor die Tatbestandswirkung des ablehnenden Bescheides untersucht werden kann, drängt sich allerdings die Frage auf, ob es überhaupt Fälle gibt, bei denen das Bundeskartellamt tätig wird, obwohl die Bundesnetzagentur die Genehmigung eines Entgeltes verweigert hat. Wenn der Entgeltgenehmigungsantrag abgelehnt wurde, darf das Entgelt gemäß § 37 Abs. 1 TKG nicht im Geschäftsverkehr gefordert werden. Erhebt das den ablehnenden Bescheid empfangende Unternehmen dennoch das ungenehmigte Entgelt, ist dieses Verhalten gemäß § 149 Abs. 1 Nr. 6 TKG bußgeldbewehrt.

Verhält sich das Unternehmen rechtmäßig und verlangt das ungenehmigte Entgelt nicht im Rechtsverkehr, sondern stellt einen erneuten Genehmigungsantrag, ist der Missbrauch einer marktbeherrschenden Stellung nicht denkbar. Nur wenn das Unternehmen das ungenehmigte Entgelt entgegen dem ablehnenden Bescheid im Geschäftsverkehr fordert, ist es möglich, dass ein kartellbehördliches Verfahren eingeleitet wird und das, auch nach dem Telekommunikationsgesetz rechtswidrige, Verhalten an den Vorschriften des GWB gemessen wird. Ob das

Bundeskartellamt in diesem Verfahren an den Inhalt des ablehnenden Bescheides der Bundesnetzagentur gebunden ist, ist fraglich.

Die Beurteilung der Tatbestandswirkung ist auch hier von deren Umfang abhängig. Der Umfang der Tatbestandswirkung richtet sich nach dem Regelungsinhalt des ablehnenden Bescheides. Nur die in dem Bescheid getroffene Regelung entfaltet Tatbestandswirkung.[452] Folglich ist maßgeblich, ob der Bescheid wegen eines Verstoßes gegen die Vorschriften des Telekommunikationsgesetzes oder wegen eines Verstoßes gegen die Normen des GWB versagt wurde.

Wurde die Genehmigung verweigert, weil gegen telekommunikationsrechtliche Vorschriften verstoßen wurde, ist es nicht zwingend, dass die Kartellbehörde an diese Regelung gebunden ist. Nur bei einem kongruenten Prüfungsmaßstab ist die Bindung des Bundeskartellamtes an den Inhalt des Bescheides zu bejahen[453], d.h., nur wenn die Bundesnetzagentur auch die Normen des GWB bzw. zumindest § 28 TKG geprüft hat, kann das Bundeskartellamt an die Entscheidung der Bundesnetzagentur gebunden sein.

Werden die Normen des GWB gar nicht erst geprüft, weil vorab bereits ein Verstoß gegen das Telekommunikationsgesetz festgestellt wurde, kann das Kartellamt daneben tätig werden und einen Verstoß gegen das GWB unabhängig von der Entscheidung der Bundesnetzagentur feststellen. Dies entspricht auch der von *Martenczuk*[454] geäußerten Ansicht, dass die Feststellung eines Verstoßes gegen das GWB durch das Bundeskartellamt nicht ausgeschlossen ist, wenn die Bundesnetzagentur einen Verstoß gegen das Telekommunikationsgesetz feststellt und deswegen die Genehmigung versagt.

Hat die Bundesnetzagentur hingegen die Normen des GWB trotz bereits festgestelltem Verstoß gegen das Telekommunikationsgesetz geprüft und ist hier zu einer Entscheidung mit regelndem Charakter gekommen, ist das Bundeskartellamt hieran aufgrund der sich aus der Kongruenz der Prüfungsmaßstäbe ergebenden Tatbestandswirkung gebunden.

---

452 Kopp/Ramsauer, VwVfG, 9. Aufl., 2005, § 43 Rn. 15; Henneke, in: Knack, VwVfG, 8. Aufl., 2004, § 35 Rn. 30; Meyer, in: Knack, VwVfG, 8. Aufl., 2004, § 43 Rn. 18; Seibert, Bindungswirkung von Verwaltungsakten, 1989, S. 303; Ortloff, NJW 1987, 1665, 1666; Säcker, AöR 130 (2005), 180, 200; Sach, Genehmigung als Schutzschild, 1994, S. 65.

453 Michalski/Bauriedl, CR 1998, 657, 661; Bauriedl, Zulässigkeit der Inhaltskontrolle, 1998, S. 76.

454 Martenczuk, CR 1999, 363, 365.

Versagt die Bundesnetzagentur die Entgeltgenehmigung ausschließlich aufgrund eines Verstoßes gegen § 19 GWB, ist die Kartellbehörde an diese Feststellung ebenfalls gebunden. Sie ist hier zwar neben der Bundesnetzagentur zuständig, muss den ablehnenden Bescheid jedoch aufgrund der Tatbestandswirkung bei gleichem Prüfungsumfang als verbindlich ansehen. Wenn die Bundesnetzagentur also feststellt, dass ein beantragtes Entgelt missbräuchlich im Sinne des § 19 GWB ist und deswegen die Genehmigung versagt, kann die Kartellbehörde nicht zu einem anderen Ergebnis kommen. Sie muss das Entgelt ebenfalls als missbräuchlich beurteilen.

cc) Fallkonstellation 3: Das Entgelt ist genehmigungspflichtig, die Bundesnetzagentur hat aber noch kein Entgeltgenehmigungsverfahren eingeleitet

Es ist auch denkbar, dass ein Entgelt zwar genehmigungspflichtig ist, weil es die Anforderungen des § 30 TKG erfüllt, die Bundesnetzagentur aber mangels Genehmigungsantrag des Unternehmens noch kein Genehmigungsverfahren eingeleitet hat. Welche Bedeutung diese Situation für die Betroffenen hat, ist nicht ausdrücklich im Telekommunikationsgesetz geregelt. § 37 Abs. 1 TKG legt jedoch fest, dass ein Betreiber eines öffentlichen Telekommunikationsnetzes, der über beträchtliche Marktmacht verfügt, keine anderen als die von der Bundesnetzagentur genehmigten Entgelte verlangen darf. Auch wenn sich der Wortlaut des § 37 Abs. 1 TKG zunächst nur auf die Situation bezieht, dass ein genehmigtes Entgelt vorhanden ist, müssen alle Entgelte, die genehmigungspflichtig sind, unabhängig davon, ob sie tatsächlich zur Genehmigung vorgelegt worden sind oder nicht, diesem Gebot unterliegen. Diese weite Auslegung entspricht dem Sinn und Zweck des § 37 Abs. 1 TKG, durch den sichergestellt werden soll, dass alle Entgelte, die der Entgeltregulierung unterliegen, auch zur Genehmigung vorgelegt und nicht ohne Genehmigung verlangt werden. Somit können die Entgelte gemäß § 37 Abs. 1 TKG nicht vor der Durchführung des Genehmigungsverfahrens im Rechtsverkehr gefordert werden. Ein Verstoß gegen § 37 Abs. 1 TKG ist gemäß § 149 Abs. 1 Nr. 6 TKG bußgeldbewehrt.

Inwiefern die Kartellbehörden in einem solchen Fall gebunden sind, ist fraglich. Fest steht, dass hier weder eine Genehmigung noch ein ablehnender Bescheid vorliegt, dessen Inhalt für das Bundeskartellamt verbindlich sein könnte. Mangels Tatbestandswirkung einer vorhergehenden Entscheidung der Bundesnetzagentur könnte die für die Prüfung von telekommunikationsrechtlichen Sachverhalten zuständige Kartellbehörde folglich eine Prüfung der Normen des GWB vornehmen, ohne eine Entscheidung der Bundesnetzagentur berücksichtigen zu müssen.

Allenfalls die in § 37 Abs. 1 TKG getroffene Wertung, dass genehmigungspflichtige, nicht genehmigte Entgelte nicht im Rechtsverkehr verlangt werden dürfen, könnte auf die Prüfung des Bundeskartellamtes ausstrahlen; ausstrahlen in dem Sinne, dass das Bundeskartellamt die Forderung eines genehmigungspflichtigen, nicht genehmigten Entgeltes immer als gemäß § 19 GWB missbräuchlich ansehen muss. Für diese Folgerung könnte folgender Ansatz sprechen: Ein nicht genehmigtes Entgelt verstößt gegen die Vorschriften des Telekommunikationsgesetzes. Wird es dennoch im Rechtsverkehr gefordert, könnte die Forderung aufgrund ihres Verstoßes gegen § 37 Abs. 1 TKG eine missbräuchliche Ausnutzung einer marktbeherrschenden Stellung im Sinne des § 19 Abs. 1 GWB sein. Hierfür spricht, dass der in § 19 Abs. 4 GWB enthaltene Regelbeispielskatalog der Missbrauchstatbestände nicht abschließend ist[455] und demnach auch andere, nicht aufgeführte Verhaltensverweisen eines marktbeherrschenden Unternehmens missbräuchlich sein können. Aus diesen Gegebenheiten könnte gefolgert werden, dass das Bundeskartellamt die Forderung eines ungenehmigten Entgeltes immer als missbräuchlich im Sinne des GWB beurteilen muss.

Diese Schlussfolgerung ist jedoch zu weitreichend. Es ist nicht ersichtlich, warum das Bundeskartellamt bei der Missbrauchsprüfung zwingend die Wertungen des Telekommunikationsgesetzes berücksichtigen sollte. Auch wenn das Bundeskartellamt im Einzelfall tatsächlich zu der Überzeugung käme, dass die Forderung eines ungenehmigten Entgeltes missbräuchlich im Sinne des § 19 Abs. 1 GWB ist, besteht keine Verpflichtung zur Berücksichtigung der Normen bzw. der Wertungen des Telekommunikationsgesetzes. Anders als im Telekommunikationsgesetz, das in § 35 Abs. 3 Satz 2 TKG eine Prüfung der Normen des GWB vorsieht, ist im GWB keine Vorschrift enthalten, welche das Bundeskartellamt verpflichtet, die Normen des Telekommunikationsgesetzes zu prüfen oder zu berücksichtigen. Bei der Prüfung eines telekommunikationsrechtlichen Sachverhaltes muss das Bundeskartellamt allenfalls dem Charakter des Telekommunikationsgesetzes als sektorspezifischem Gesetz und der Bundesnetzagentur als sektorspezifischer Behörde im Telekommunikationsbereich Rechnung tragen. Dieser Anforderung wird jedoch § 123 Abs. 1 Satz 3 TKG gerecht. Hiernach muss das Bundeskartellamt, wenn es im Bereich der Telekommunikation Verfahren nach den §§ 19, 20 Abs. 1 und 2 GWB durchführt, der Bundesnetzagentur rechtzeitig vor Abschluss des Verfahrens Gelegenheit zur Stellungnahme geben. Demnach ist das Bundeskartellamt bei seiner Entscheidung zwar nicht an die Normen bzw. Wertungen des Telekommunikations-

---

455 Möschel, in: Immenga/Mestmäcker, GWB, 3. Aufl., 2001, § 19 Rn. 227.

gesetzes gebunden, muss aber gemäß § 123 Abs. 1 Satz 3 TKG eine Stellungnahme der Bundesnetzagentur einholen.

dd) Fallkonstellation 4: Das Entgelt ist nicht genehmigungspflichtig

Die vierte Fallkonstellation zeichnet sich dadurch aus, dass keine Entgeltgenehmigung der Bundesnetzagentur vorliegt, weil das Entgelt nicht genehmigungspflichtig ist. Ein Entgelt ist zum Beispiel dann nicht genehmigungspflichtig, wenn eine der in § 30 TKG genannten Ausnahmen vom Grundsatz der Genehmigungspflicht von Entgelten für nach § 21 TKG auferlegte Zugangsleistungen greift, oder wenn ein Entgelt für Endnutzerleistungen nicht der Genehmigungspflicht nach § 39 Abs. 1 TKG unterliegt. Die Genehmigungspflicht entfällt auch dann, wenn das Entgelt auf einem Markt gefordert wird, für den die Marktanalyse nach § 11 TKG ergeben hat, dass wirksamer Wettbewerb herrscht. Auf solchen Märkten findet keine sektorspezifische Regulierung statt und folglich unterliegen Entgelte, die auf solchen Märkten gefordert werden, nicht der telekommunikationsrechtlichen Genehmigungspflicht.

Den Beispielen ist gemeinsam, dass das jeweilige Entgelt nicht genehmigungspflichtig ist und demzufolge auch keine Genehmigung ergangen ist bzw. ergehen wird. Sie unterscheiden sich jedoch insofern, als bei den erstgenannten zwar ein regulierungsbedürftiger Markt vorliegt, aber dennoch keine Genehmigungspflicht besteht, beim letztgenannten hingegen bereits kein regulierungsbedürftiger Markt besteht und die Bundesnetzagentur folglich nicht tätig werden darf.

(1) Variante 1: Der Markt ist regulierungsbedürftig, es besteht aber keine Genehmigungspflicht für das konkrete Entgelt

Prüft das Bundeskartellamt, ob die Forderung eines nicht genehmigungspflichtigen Entgelts im Rechtsverkehr den Anforderungen des GWB genügt und insbesondere kein missbräuchliches Verhalten im Sinne des § 19 GWB darstellt, ist fraglich, ob es hierbei an die Wertungen des Telekommunikationsgesetzes gebunden ist. Da weder eine Genehmigung noch ein den Genehmigungsantrag ablehnender Bescheid ergangen ist, kann das Bundeskartellamt nicht an eine Entscheidung der Bundesnetzagentur gebunden sein. Eine Bindung ließe sich allenfalls mittels der These, dass ein nach dem Telekommunikationsgesetz nicht genehmigungspflichtiges Entgelt erst recht nicht der kartellrechtlichen Missbrauchskontrolle unterliegen darf, begründen.

Dies ist jedoch aus mehreren Gesichtspunkten abzulehnen. Zunächst ist die Begründung zweifelhaft, weil sie das Verhältnis von sektorspezifischer Regulierung und allgemeinem Kartellrecht auf den Kopf stellt. Der Telekommunikationsmarkt wurde der sektorspezifischen Regulierung und nicht dem allgemeinen Wettbewerbsrecht unterstellt, weil er noch nicht wettbewerbsfähig war und auf ihm aufgrund der langjährigen Monopolstellung der Deutschen Telekom AG eine besondere Marktsituation herrschte.[456] Sobald der Wettbewerb auf den einzelnen Teilmärkten sichergestellt ist, sollten die Märkte jedoch dem allgemeinen Wettbewerbsrecht zugeführt werden.[457] Folglich ist die Schlussfolgerung, dass die Nichtanwendbarkeit der telekommunikationsrechtlichen Regulierungsvorschriften zu einer Nichtanwendung der kartellrechtlichen Vorschriften führen muss, nicht haltbar. Bereits im Zeitpunkt der Schaffung des TKG-alt war die Rückführung der sektorspezifischen Regulierung in das Regime des allgemeinen Wettbewerbsrechts und damit die Anwendung des GWB auf telekommunikationsrechtliche Sachverhalte geplant.[458] Dass dieses Ziel auch noch heute ein Anliegen des Telekommunikationsgesetzes ist, zeigen die §§ 9 ff. TKG, wonach nur noch die Märkte einer Marktregulierung im Sinne des Telekommunikationsgesetzes unterliegen, auf denen die Voraussetzungen der Marktdefinition vorliegen und für die eine Marktanalyse ergeben hat, dass kein wirksamer Wettbewerb besteht. Die anderen Teilmärkte, d.h. die Märkte auf denen wirksamer Wettbewerb herrscht, unterliegen bereits jetzt ausschließlich dem GWB.[459] An dieser Zuordnung wird deutlich, dass das Verhältnis von Telekommunikationsgesetz und GWB keineswegs so ausgestaltet ist, dass die Regelungen des GWB nicht anwendbar sein sollen, wenn die Marktregulierung des Telekommunikationsgesetzes nicht greift. Vielmehr ist das Gegenteil der Fall: Sobald eine Marktregulierung nach dem Telekommunikationsgesetz nicht mehr notwendig ist, unterfällt der Telekommunikationsmarkt den Regelungen des GWB. Auch wenn diese Ausführungen das Verhältnis von Telekommunikationsgesetz und GWB im Allgemeinen betreffen, lässt sich der zugrunde liegende Gedanke auf die zu untersuchende Fallkonstellation übertragen. Wenn ein Entgelt nicht genehmigungspflichtig ist und die Bundesnetzagentur folglich nicht die Voraussetzungen für eine Genehmigungserteilung prüfen darf, bedeutet dies nicht, dass das Entgelt keiner Kontrolle unterliegt. Vielmehr greift dann die allgemeine Kontrolle des GWB, mit der Folge, dass das Bundeskartellamt die Forderung des Entgelts an den Maßstäben des GWB messen darf, ohne hierbei an die Wertungen des Telekommunikationsgesetzes gebunden zu sein.

---

456 BT-Drs. 13/3609, S. 33; Röger, DVBl. 2005, 143, 147; dies bestätigend: 14. Hauptgutachten der Monopolkommission 2000/2001, BT-Drs. 14/9903, S. 42; Stamm, Entgeltregulierung, 2001, S. 57 m.w.N.

457 Hefekäuser, MMR 1999, Heft 10, XIV; Möschel/Haug, MMR 2003, 505.

458 Monopolkommission, Wettbewerb auf den Telekommunikations- und Postmärkten?, 2000, S. 5.

459 BT-Drs. 15/2316, S. 60.

Hierfür spricht auch ein teleologisches Argument. Nur weil das Entgelt nicht genehmigungspflichtig im Sinne des Telekommunikationsgesetzes ist, kann dies nicht dazu führen, dass es keiner staatlichen Kontrolle unterliegt. Während für alle anderen Märkte das GWB Anwendung findet und folglich Entgelte, die auf anderen Märkten gefordert werden, der allgemeinen Missbrauchskontrolle der §§ 19 f. GWB unterliegen, würden nicht genehmigungspflichtige Entgelte im Telekommunikationsbereich bei Ablehnung der Anwendbarkeit des GWB als unkontrollierbar eingestuft. Die Nichtanwendung des GWB hätte zur Folge, dass Entgelte im Telekommunikationssektor weniger kontrolliert würden als Entgelte in anderen Bereichen, und dies, obwohl der Telekommunikationsmarkt ursprünglich als besonders regulierungsbedürftig eingestuft wurde.[460]

Zudem muss auch hier beachtet werden, dass die Prüfung des GWB nicht generell von den Wertungen des Telekommunikationsgesetzes abhängig gemacht werden darf. Die Annahme, dass eine Entgeltgenehmigung Tatbestandswirkung für die Kartellbehörde hat, lässt sich rechtfertigen (siehe Teil 3, B. III. 2. c) aa)). Für die Annahme, dass das Telekommunikationsgesetz grundsätzlich das GWB beeinflusst, bestehen hingegen weder gesetzliche Anhaltspunkte, noch lässt sich dies argumentativ begründen. Demnach ist aus der Gegebenheit, dass das Telekommunikationsgesetz keine Kontrolle eines Entgeltes vorsieht, nicht zu schlussfolgern, dass auch keine Kontrolle im Rahmen der allgemeinen Missbrauchsaufsicht des GWB erfolgen darf.

Im Ergebnis kann das Bundeskartellamt das Entgelt im Rahmen des § 19 GWB unabhängig von den Wertungen des Telekommunikationsgesetzes, die hier keine Genehmigungspflicht und damit keine ex-ante-Kontrolle vorsehen, prüfen, muss jedoch auch hier der Bundesnetzagentur gemäß § 123 Abs. 1 Satz 3 TKG Gelegenheit zur Stellungnahme geben.

(2) Variante 2: Der Markt ist nicht regulierungsbedürftig und folglich besteht keine Genehmigungspflicht für das konkrete Entgelt

Wenn der jeweilige Markt, auf dem das Entgelt gefordert wird, nicht regulierungsbedürftig ist, weil die Marktanalyse gemäß § 9 TKG ergeben hat, dass bereits wirksamer Wettbewerb herrscht, wird ebenfalls keine Genehmigung erlassen, an die das Bundeskartellamt gebunden sein könnte. Ein im Sinne des Telekommunikationsgesetzes nicht regulierungsbedürftiger Markt unterfällt automatisch dem allgemeinen Wettbewerbsrecht.[461] Folglich kann das Bundeskartell-

---

[460] BT-Drs. 13/3609, S. 1, 33 f.

[461] BT-Drs. 15/2316, S. 60.

amt die Forderung des Entgeltes im Rahmen des § 19 GWB prüfen. Hierbei muss es der Bundesnetzagentur die Gelegenheit zur Stellungnahme einräumen, § 123 Abs. 1 Satz 3 TKG.

C. Ergebnis zu Teil 3

Im dritten Teil wurden die Wirkungen einer Genehmigung dargestellt. Zum einen wurde gezeigt, dass die Wirkungen für die unmittelbar oder mittelbar von der Genehmigung Betroffenen sich nach § 37 TKG richten, und dass die Genehmigung ein privatrechtsge-staltender Verwaltungsakt ist.

Zum anderen wurden die Wirkungen für verfahrensexterne Behörden, d.h. insbesondere für das Bundeskartellamt, aufgezeigt. Aufgrund der sich aus § 2 Abs. 3 Satz 1 TKG ergebenden grundsätzlich parallelen Anwendbarkeit des Telekommunikationsgesetzes und des GWB ist das Bundeskartellamt auch für die Prüfung telekommunikationsrechtlicher Sachverhalte zuständig, wenn diese unter die Vorschriften des GWB zu subsumieren sind. Eine solche Subsumtion ist insbesondere im Anwendungsbereich des § 19 GWB möglich.

Liegt eine Entgeltgenehmigung der Bundesnetzagentur vor, ist das Bundeskartellamt an den Inhalt der Genehmigung bei der Prüfung des § 19 GWB im Rahmen der Tatbestandswirkung gebunden. Der Umfang der Tatbestandswirkung bestimmt sich nach der in der Genehmigung getroffenen Regelung. Voraussetzung für die Tatbestandswirkung ist die Kongruenz der Prüfungsmaßstäbe von Bundesnetzagentur und Bundeskartellamt. Nur wenn die Bundesnetzagentur bereits die Voraussetzungen, die das Bundeskartellamt im Rahmen der kartellrechtlichen Missbrauchsaufsicht prüfen muss, im Entgeltgenehmigungsverfahren geprüft hat, ist das Bundeskartellamt an die erteilte Genehmigung gebunden. Hat die Bundesnetzagentur bereits die Anforderungen des GWB im Genehmigungsverfahren geprüft, ist dieses Ergebnis folglich für die Kartellbehörde verbindlich. Falls die Bundesnetzagentur die Normen des GWB entgegen § 35 Abs. 3 Satz 2 TKG nicht geprüft hat, ist das Bundeskartellamt nicht an den Inhalt der Entgeltgenehmigung gebunden. In diesem Fall kann das Bundeskartellamt das in § 19 Abs. 1 GWB geforderte missbräuchliche Verhalten des marktbeherrschenden Unternehmens ohne Rücksicht auf die erteilte Genehmigung feststellen. Diese Situation kann unter Umständen zu gegenläufigen Entscheidungen der Bundesnetzagentur und des Bundeskartellamts führen. Denkbar ist, dass das Bundeskartellamt ein von der Bundesnetzagentur genehmigtes Entgelt als missbräuchlich im Sinne des § 19 Abs. 1 GWB ansieht, mit der Folge, dass das beantragende Unternehmen gemäß § 37 Abs. 1 TKG berechtigt und verpflichtet ist, das Entgelt im Rechtsverkehr zu fordern, die Forderung aber missbräuchlich im Sinne des § 19 Abs. 1 GWB ist.

Die Vorschrift des § 123 TKG soll durch ihre Abstimmungspflichten und vor allem durch die in § 123 Abs. 1 Satz 4 TKG normierte Regelung, nach der die beiden Behörden auf eine einheitliche und den Zusammenhang mit dem GWB wahrende Auslegung des Telekommunikationsgesetzes hinzuwirken haben, zur Vermeidung widersprüchlicher Entscheidungen beitragen. Da die einzuholende Stellungnahme des Bundeskartellamtes für die Bundesnetzagentur jedoch nicht verbindlich ist, empfiehlt es sich, der Gefahr widersprüchlicher Entscheidungen durch eine Umgestaltung des § 35 Abs. 3 Satz 2 TKG oder des § 123 Abs. 1 Satz 2 TKG vorzubeugen. Eine ausdrücklich gesetzlich normierte Anforderung in § 35 Abs. 3 Satz 2 TKG, die Normen des GWB im Genehmigungsverfahren zu prüfen, könnte - genauso wie eine Änderung des § 123 Abs. 1 Satz 3 TKG dahingehend, dass nicht nur eine Stellungnahme, sondern ein für die Bundesnetzagentur verbindliches Einvernehmen des Bundeskartellamtes im Genehmigungsverfahren notwendig ist - dazu führen, dass die Prüfungsmaßstäbe von Bundeskartellamt und Bundesnetzagentur auch in der Praxis kongruent sind.

Auch der den Genehmigungsantrag ablehnende Bescheid ist ein Verwaltungsakt, dessen Regelungen für das Bundeskartellamt verbindlich sind, wenn kongruente Prüfungsmaßstäbe vorliegen. Wurde in dem ablehnenden Bescheid festgestellt, dass ein Verstoß gegen § 19 GWB vorliegt, ist das Bundeskartellamt an diese Regelung gebunden. Stellt die Bundesnetzagentur hingegen lediglich einen Verstoß gegen das Telekommunikationsgesetz fest, kann das Bundeskartellamt daneben einen Verstoß gegen das GWB rügen. Es ist dann an den Inhalt des ablehnenden Bescheides nicht gebunden, weil keine kongruenten Prüfungsmaßstäbe vorliegen.

Wenn keine Genehmigung und auch kein den Genehmigungsantrag ablehnender Bescheid ergeht, können diese keine Tatbestandswirkung für das Bundeskartellamt entfalten. Auch die Überlegung, ob das Bundeskartellamt bei seiner Prüfung nicht zumindest an die im Telekommunikationsgesetz vorgesehenen Wertungen gebunden ist bzw. ob eine Bindung aufgrund des besonderen Verhältnisses von Telekommunikationsgesetz und GWB unabhängig vom Vorliegen einer Entgeltgenehmigung angenommen werden muss, konnte nicht begründet werden. Folglich ist das Bundeskartellamt mangels vorausgehender Entscheidung der Bundesnetzagentur nicht gebunden und kann die Vorschriften des GWB prüfen. Hierbei hat das Bundeskartellamt der Bundesnetzagentur gemäß § 123 Abs. 1 Satz 3 TKG rechtzeitig vor Abschluss des Verfahrens Gelegenheit zur Stellungnahme zu geben.

Auch wenn das Entgelt nicht genehmigungspflichtig ist und demnach keine Genehmigung ergeht, kann das Bundeskartellamt das Entgelt im Rahmen des § 19 GWB unabhängig von den Wertungen des Telekommunikationsgesetzes prüfen, muss jedoch auch hier der Bundesnetzagentur Gelegenheit zur Stellungnahme geben.

Da das Bundeskartellamt gemäß § 2 Abs. 3 TKG für die Prüfung telekommunikationsrechtlicher Sachverhalte zuständig ist, wenn diese die Vorschriften des GWB tangieren, bei Vorliegen einer Entgeltgenehmigung bzw. eines ablehnenden Bescheides aber an die in der Entscheidung der Bundesnetzagentur getroffene Regelungen gebunden ist, stellt sich die Frage nach der Sinnhaftigkeit der in § 2 Abs. 3 TKG normierten Anordnung. § 2 Abs. 3 Satz 1 TKG erklärt die Vorschriften des GWB für anwendbar und gemäß § 2 Abs. 3 Satz 2 TKG bleiben die Aufgaben und Zuständigkeiten der Kartellbehörden unberührt. Dennoch kann das Bundeskartellamt bei Vorliegen einer Entscheidung der Bundesnetzagentur nicht unabhängig entscheiden, sondern hat die getroffene Regelung seiner eigenen Prüfung zugrunde zu legen. Warum das Bundeskartellamt in diesem Fall überhaupt zuständig sein soll, wenn es ohnehin keine „eigene" Entscheidung treffen kann, liegt nicht ohne weiteres auf der Hand. Eine mögliche Begründung könnte darin zu suchen sein, dass der Gesetzgeber den Rechtsweg zu den Zivilgerichten eröffnen wollte, die nur zuständig sind, wenn die Vorschriften des GWB anwendbar sind und das Bundeskartellamt tätig werden kann.

Teil 4: Der Rechtsschutz gegen Entgeltgenehmigungen

Im vierten Teil werden die Klagemöglichkeiten der von der Entgeltgenehmigung unmittelbar und mittelbar Betroffenen erläutert. Sowohl der Adressat der Genehmigung als auch dessen Wettbewerber und Vertragspartner können ein Interesse daran haben, gegen die Genehmigung bzw. gegen deren Wirkungen gerichtlich vorzugehen.[462]

Hieraus ergeben sich drei Fallgruppen:

Zunächst sind die Rechtsschutzmöglichkeiten des Adressaten der Genehmigung zu untersuchen.

Die zweite Konstellation zeichnet sich dadurch aus, dass die rechtsschutzsuchende Person weder direkt von der Genehmigung betroffen ist, noch einen privatrechtlichen Vertrag mit dem marktbeherrschenden Unternehmen abgeschlossen hat. Ihr Interesse am Vorgehen gegen die Genehmigung bzw. deren Wirkungen rührt vielmehr daher, dass sie als Konkurrent des beantragenden Unternehmens Wettbewerbsnachteile befürchtet bzw. erleidet, wenn genehmigte Endkundenentgelte in privatrechtlichen Verträgen zwischen dem Unternehmen und seinen Kunden vereinbart und daraufhin gefordert werden.[463]
Ein Beispiel hierfür ist der Streit um die „Aktiv-Plus-xxl"-Tarife der Deutschen Telekom AG[464], der bereits unter Geltung des TKG-alt entschieden wurde:

> Die Regulierungsbehörde genehmigte hier einen neuen Tarif der Deutschen Telekom AG, den „Aktiv-Plus-xxl"-Tarif. Dieser Tarif unterscheidet sich von den anderen Tarifen im Wesentlichen dadurch, dass dem Kunden gegen Zahlung eines um 3,58 Euro höheren Überlassungsentgelts im Rahmen einer sogenannten Flatrate an Samstagen, Sonn- und Feiertagen unentgeltliche City- und Deutschlandverbindungen eingeräumt werden.
> Ein Konkurrenzunternehmen erhob Anfechtungsklage gegen die Entgeltgenehmigung. Es machte im Wesentlichen geltend, dass die Entgeltgenehmigung bereits wegen feh-

---

462 Zum Rechtsschutz im Telekommunikationsbereich im Allgemeinen: Lau, MMR Beilage 2/2002, 3 ff.; Zerres, MMR Beilage 2/2002, 8 ff.; Stegh, MMR Beilage 2/2002, 12 ff.; Zwach, MMR Beilage 2/2002, 15 ff.; Schütz, MMR Beilage 2/2002, 18 ff.; Scherer, MMR Beilage 2/2002, 23 ff.; Krautscheid, MMR Beilage 2/2002, 30 ff.; Holznagel, MMR Beilage 2/2002, 34 ff.; Schulz/Werthmann, MMR Beilage 2/2002, 38 f.

463 Schütz, MMR Beilage 2/2002, 18, 21.

464 RegTP, MMR 2002, 134; VG Köln, MMR 2004, 122 ff.; OVG Münster, MMR 2004, 278 f.

lender Kostenunterlagen nach § 2 Abs. 3 TEntgV versagt werden muss. Des Weiteren entspreche sie offenkundig nicht den Anforderungen des § 24 Abs. 2 Nr. 2 TKG-alt, nach dem Entgelte keine Abschläge enthalten dürfen, die die Wettbewerbsmöglichkeiten anderer Unternehmen beeinträchtigen. Die im Tarif „Aktiv-Plus-xxl" enthaltene Flatrate werde nicht kostendeckend angeboten. Abgesehen davon verstoße die Genehmigung gegen § 27 Abs. 3 TKG-alt i.V.m. §§ 19 Abs. 4 Nr. 1, 20 Abs. 1 GWB sowie Art. 82 lit. d EG. Der in Rede stehende Tarif führe nämlich zu einer unzulässigen Bezugskonzentration und Sogwirkung zugunsten der Angebote der Deutschen Telekom AG, enthalte eine unzulässige Leistungskopplung und verdränge Preselection- und Call-by-call-Angebote von Wettbewerbern in einer, deren Wettbewerbsmöglichkeiten erheblich beeinträchtigenden und somit missbräuchlichen Weise.

Die Klagemöglichkeiten der Vertragspartner des Adressaten der Genehmigung werden am Ende des vierten Teiles dargestellt. In der dritten Fallgruppe ist zu zeigen, dass auch die Vertragspartner, die Vorleistungen des marktbeherrschenden Unternehmens in Anspruch nehmen müssen, von der Entgeltgenehmigung nachteilig betroffen sein können und aufgrunddessen gerichtlichen Rechtsschutz suchen. Diese Problematik veranschaulicht folgender vom Bundesgerichtshof[465] entschiedene Beispielsfall, bei dem ein Nachfrager von Vorleistungen gegen das marktbeherrschende Unternehmen klagte[466]:

Die Beklagte ist die Deutsche Telekom AG (DTAG), die Klägerin ist ein mit ihr im Wettbewerb stehendes Telekommunikationsunternehmen. Mit ihrer Klage begehrt die Klägerin die teilweise Erstattung von Entgelten, die sie an die Deutsche Telekom AG aufgrund ihres Vertragsverhältnisses gezahlt hat.
Im Hinblick auf das bis zum 31. Dezember 1997 bestehende Monopol der Deutschen Telekom AG war die Klägerin bis zu diesem Zeitpunkt lediglich als Anbieterin von Telefondiensten für Firmennetze und geschlossene Benutzergruppen tätig. Für diese Bereiche bot die Deutsche Telekom AG die Tarife „AGB-Standard", „Dial und Benefit" und „Dial und Benefit CN" an. Die Tarife waren vom Bundesminister für Post und Telekommunikation, als der bis zum 31. Dezember 1997 zuständigen Regulierungsbehörde, genehmigt. Die Klägerin wandte sich gegen die Tarife an die Kommission der Europäischen Gemeinschaften mit dem Vorwurf, die Deutsche Telekom AG nutze ihre marktbeherrschende Stellung missbräuchlich aus, indem sie ihre Endkundentarife auch gegenüber ihren konkurrierenden Diensteanbietern anwende.
Daraufhin entwickelte die Beklagte einen neuen Tarif, den AfCN-Tarif, der speziell auf den Netzzugang für Betreiber ausgerichtet war. Das der Klägerin von der Deutschen Telekom AG unterbreitete Angebot zum Abschluss eines Vertrages mit diesem Tarif nahm die Klägerin jedoch nicht an. Sie wandte sich vielmehr erneut an die Kommission und machte geltend, dass auch dieser Tarif überhöht sei, was auch von einem Vergleichsmarktgutachten bestätigt wurde. Ohne Anerkennung einer Rechtspflicht senkte die Deutsche Telekom AG daraufhin den AfCN-Tarif auf die in dem Marktgutachten

---

465 BGH, MMR 2004, 470 ff.= CR 2004, 666 ff.

466 Der Sachverhalt wird verkürzt dargestellt.

ermittelten Maxima ab und kündigte an, dass sie rückwirkend die Differenz zwischen dem „Dial und Benefit CN"-Tarif und dem neuen, d.h. abgesenkten, AfCN-Tarif erstatten werde.

Der abgesenkte Tarif wurde von der Regulierungsbehörde genehmigt, die Klägerin nahm das Vertragsangebot der Deutschen Telekom AG aber nicht an. Vielmehr verklagte sie die Deutsche Telekom AG auf Erstattung von weiteren 10 Millionen Euro. Mit der Klage begehrt die Klägerin, dass die nach den Tarifen „AGB-Standard" sowie „Dial und Benefit" abgerechneten Leistungen wie Leistungen nach dem Tarif „Dial und Benefit CN" zu behandeln seien. Auch hier wollte sie den Unterschiedsbetrag zum AfCN-Tarif erstattet bekommen.

A. Die einzelnen Rechtsschutzmöglichkeiten

I. Konstellation 1: Der Adressat der Entgeltgenehmigung möchte gegen die Genehmigung vorgehen

Grundsätzlich ist die Entgeltgenehmigung für das beantragende Unternehmen ein begünstigender Verwaltungsakt.[467] Sie verschafft dem Antragsteller das Recht, das beantragte Entgelt im Geschäftsverkehr zu fordern. Folglich wird der Antragsteller mangels Rechtsverletzung kein Interesse an einem gerichtlichen Vorgehen haben. Nur dann, wenn die Bundesnetzagentur ein anderes als das beantragte Entgelt genehmigt, ist eine Rechtsverletzung denkbar.

Gemäß § 35 Abs. 3 Satz 1 TKG ist die Bundesnetzagentur berechtigt, ein Entgelt nur teilweise zu genehmigen. Die Teilgenehmigung hat zur Folge, dass das Unternehmen nicht das beantragte, sondern nur ein geringeres Entgelt genehmigt bekommt. Wird nur ein geringeres als das beantragte Entgelt genehmigt, kann der Antragsteller vor dem Verwaltungsgericht gemäß § 42 Abs. 1 Alt. 2 VwGO Verpflichtungsklage auf Erlass des beantragten Entgelts erheben, wenn die Sachentscheidungsvoraussetzungen der Verpflichtungsklage vorliegen.

Hierzu muss zunächst der Verwaltungsrechtsweg eröffnet sein. Gemäß § 40 Abs. 1 Satz 1 VwGO ist der Verwaltungsrechtsweg - vorbehaltlich spezialgesetzlicher Abweichungen - für alle öffentlich-rechtlichen Streitigkeiten nichtverfassungsrechtlicher Art gegeben. Das Klagebegehren ist öffentlich-rechtlich, wenn die dem Streit zugrunde liegenden Normen des Telekommunikationsgesetzes öffentlich-rechtlicher Natur sind.[468] Trotz ihrer Nähe zum Wettbewerbsrecht stellen die Normen des Telekommunikationsrechts Regelungen des öffentlichen Rechts dar.[469] Folglich liegt eine öffentlich-rechtliche Streitigkeit vor. Die Streitigkeit ist verfassungsrechtlicher Art, wenn sie zwischen unmittelbar am Verfassungsleben Beteiligten besteht und sich dabei auf Rechte und Pflichten bezieht, die unmittelbar in der Verfassung geregelt sind[470] bzw. wenn die Streitigkeit ausschließlich den Verfassungsgerichten vorbehalten sein soll.[471] Die

---

467 Zur Definition des begünstigenden Verwaltungsaktes: Ehlers, in: Schoch/Schmidt-Aßmann/Pietzner, VwGO, § 42 Rn. 7.

468 Ehlers, in: Schoch/Schmidt-Aßmann/Pietzner, VwGO, § 40 Rn. 204.

469 Fetzer, in: Arndt/Fetzer/Scherer, TKG, 1. Aufl., 2007, § 1 Rn. 13; Becker, ZNER 2004, 130, 132; Holznagel/Werthmann, IR 2004, 74; Becker/Riedel, ZNER 2003, 170, 175; Büdenbender/Rosin, ET 2003, 746, 751 ff.

470 Rennert, in: Eyermann, VwGO, 12. Aufl., 2006, § 40 Rn. 17 ff.

471 Kopp/Schenke, VwGO, 14. Aufl., 2005, § 40 Rn. 31 ff.; Schenke, Verwaltungsprozessrecht, 10. Aufl., 2005, Rn. 124 ff.

Klage des Unternehmens auf Erlass der beantragten Entgeltgenehmigung erfüllt diese Kriterien nicht. Demzufolge liegt auch eine Streitigkeit nichtverfassungsrechtlicher Art im Sinne des § 40 Abs. 1 Satz 1 VwGO vor. Mangels spezialgesetzlicher Anordnungen ist der Verwaltungsrechtsweg gegeben.[472]

Im Rahmen der Novellierung des Telekommunikationsgesetzes war eine Verlagerung des Rechtsweges auf die Kartellgerichte in der Diskussion.[473] Hierfür wurden insbesondere der verkürzte Instanzenzug, die damit verbundene Zeitersparnis und die Existenz besonderer Spruchkörper (Kartellsenate) angeführt.[474] Für die Verwaltungsgerichte sprach demgegenüber die in acht Jahren erworbene Sachkunde der mit dem Thema befassten Spruchkörper und die in dieser Zeit erworbene Spruchpraxis. Dass sich insbesondere die mit dem Telekommunikationsrecht befasste 1. Kammer des Verwaltungsgerichts Köln umfassende Sach- und Fachkunde aneignen konnte, gab schließlich den Ausschlag für die Entscheidung, die angestrebte Verkürzung des Instanzenzuges durch den Wegfall der Berufungsinstanz beim Oberverwaltungsgericht Münster zu verwirklichen und nicht durch eine Verlagerung auf die Kartellgerichte. Durch die Verkürzung des Instanzenzuges kann insbesondere im einstweiligen Rechtsschutz, über dessen Gewährung das Verwaltungsgericht Köln künftig abschließend entscheidet, mit erheblich verkürzten Entscheidungen gerechnet werden.[475] Mithin ist der Verwaltungsrechtsweg nach wie vor eröffnet.[476]

---

472 So auch Kind/Geppert/Schütze/Wiesche, MMR Beilage 12/2003, 3, 4.

473 BT-Drs. 13/4438, S. 5; Säcker, AöR 130 (2005), 180, 183; Wiesche, MMR 2004, 249, 250; Holznagel, MMR 2003, 513; Becker, ZNER 2004, 130; Wissmann/Klümper, K & R 2003, 52 ff.

474 Kind/Geppert/Schütze/Wiesche, MMR Beilage 12/2003, 3 ff. m.w.N.

475 Ellinghaus, MMR 2004, 293, 295.

476 Es ist zu einigen Änderungen im Bereich des Rechtsschutzes gekommen. So trifft § 137 TKG zu Zwecken der Verfahrensbeschleunigung und zur Sicherstellung der Regulierungseffizienz Regelungen, die vom üblichen Rechtsschutz in Verwaltungssachen abweichen. Durch § 137 Abs. 1 TKG wird die regelmäßig durch Widerspruch und Klageerhebung eintretende aufschiebende Wirkung, § 80 Abs. 5 VwGO, aufgehoben. Zudem findet gemäß § 137 Abs. 2 TKG kein Vorverfahren im Sinne der §§ 68 ff. VwGO gegen Entscheidungen der Beschlusskammer der Bundesnetzagentur statt. Neu ist die Verkürzung des Instanzenzuges auf eine Tatsacheninstanz (Zwach, TKMR-Tagungsband, 2004, 9, 15; Holznagel, MMR 2003, 513, 514). Gegen die erstinstanzlichen Urteile des Verwaltungsgerichts Köln ist damit unter den Voraussetzungen des § 135 VwGO lediglich die Revision zum Bundesverwaltungsgericht gegeben (Koenig/Loetz/Neumann, TelekommunikationsR, 1. Aufl., 2004, S. 227). Die Verkürzung der Rechtsschutzmöglichkeiten ist im Hinblick auf die Verfahrensdauer und die Effizienz der Regulierungsentscheidungen gerechtfertigt. Sie begegnet auch keinen rechtsstaatlichen Bedenken, ins-

Die Erhebung einer Verpflichtungsklage setzt gemäß § 42 Abs. 2 VwGO weiterhin voraus, dass der Antragsteller klagebefugt ist, d.h., dass die Möglichkeit besteht, dass er durch die Ablehnung der beantragten Genehmigung in seinen Rechten verletzt ist. Eine Rechtsverletzung ist möglich, wenn der Antragsteller einen Anspruch auf Erlass der beantragten Genehmigung hat. Liegen die weiteren Sachentscheidungsvoraussetzungen vor, ist die Verpflichtungsklage des beantragenden Unternehmens zulässig; besteht der materielle Anspruch auf Erlass der beantragten Genehmigung, ist die Klage begründet und hat Aussicht auf Erfolg.

II. Konstellation 2: Ein Wettbewerber möchte gegen die Entgeltgenehmigung bzw. deren Wirkungen vorgehen

Hält ein Wettbewerber des die Genehmigung beantragenden Unternehmens geforderte Endkundenentgelte für nicht nach dem Telekommunikationsgesetz genehmigungsfähig oder für missbräuchlich im Sinne des § 19 Abs. 1 GWB, wird er gegen die Genehmigung bzw. gegen deren Wirkungen gerichtlich einschreiten. Das Vorgehen ist davon abhängig, welchen Rechtsweg er wählt. Grundsätzlich stehen ihm der Verwaltungsrechtsweg und der Zivilrechtsweg zur Wahl.

1. Vorgehen auf dem Verwaltungsrechtsweg

Fraglich ist, inwieweit ein Wettbewerber des marktbeherrschenden Unternehmens auf dem Verwaltungsrechtsweg gegen eine Genehmigung der Bundesnetzagentur vorgehen kann. Dass ein Bedürfnis hierfür besteht, zeigt der Streit um den „Aktiv-Plus-xxl"-Tarif der Deutschen Telekom AG[477], bei dem ein Konkurrenzunternehmen Anfechtungsklage gegen die dem Tarif zugrunde liegende Entgeltgenehmigung erhob.

Eine erfolgreiche Anfechtungsklage des Wettbewerbers führt dazu, dass die Genehmigung gemäß § 42 Abs. 1 VwGO aufgehoben wird, und dass das marktbeherrschende Unternehmen das in der Genehmigung festgesetzte Entgelt nicht mehr im Rechtsverkehr fordern kann und einen erneuten Genehmigungsantrag stellen muss.

---

besondere ist sie mit Art. 19 Abs. 4 GG vereinbar (Koenig/Loetz/Neumann, TelekommunikationsR, 1. Auf., 2004, S. 228), der zwar einen Rechtsweg fordert, aber nicht verlangt, dass dieser zweistufig ausgestaltet sein muss.

477 RegTP, MMR 2002, 134; VG Köln, MMR 2004, 122 ff.; OVG Münster, MMR 2004, 278 f.

a) Zulässigkeit einer verwaltungsgerichtlichen Klage

aa) Statthaftigkeit des Verwaltungsrechtsweges

Der Verwaltungsrechtsweg ist gemäß § 40 Abs. 1 Satz 1 VwGO in allen öffentlich-rechtlichen Streitigkeiten nichtverfassungsrechtlicher Art eröffnet, soweit die Streitigkeiten nicht durch Bundesgesetz einem anderen Gericht ausdrücklich zugewiesen sind. Die Bundesnetzagentur wird kraft ihrer durch das Telekommunikationsgesetz verliehenen Hoheitsrechte auf dem Gebiet des öffentlichen Rechts tätig[478] und die streitentscheidenden Normen sind solche des öffentlichen Rechts. Es liegt keine Sonderzuweisung an ein anderes Gericht vor, und es handelt sich nicht um eine Streitigkeit verfassungsrechtlicher Art. Folglich ist der Verwaltungsrechtsweg gegeben.

bb) Klagebefugnis

(1) Die sogenannte Möglichkeitstheorie

Nach § 42 Abs. 2 VwGO ist eine Anfechtungsklage nur zulässig, wenn der Kläger geltend machen kann, durch den Verwaltungsakt in seinen Rechten verletzt zu sein. Die Klagebefugnis ist nach der Rechtsprechung immer dann gegeben, wenn eine Verletzung von subjektiven Rechten[479] des Klägers durch den angefochtenen Verwaltungsaktes jedenfalls „nicht offensichtlich und eindeutig nach jeder denkbaren Betrachtungsweise unmöglich erscheint", d.h. wenn nicht „offensichtlich und eindeutig nach keiner Betrachtungsweise die vom Kläger behaupteten Rechte nicht bestehen oder ihm nicht zustehen können".[480] Auf der Grundlage dieser sogenannten Möglichkeitstheorie[481] ist § 42 Abs. 2 VwGO dahingehend auszulegen, dass der Kläger die Verletzung subjektiver Rechte geltend machen muss, und dass nach seinem Vorbringen die Verletzung eigener Rechte möglich sein muss.[482]

---

478 Fetzer, in: Arndt/Fetzer/Scherer, TKG, 1. Aufl., 2007, § 1 Rn. 13; Stober, DÖV 2004, 221.

479 Zum Begriff des subjektiven Rechts: Kopp/Ramsauer, VwVfG, 9. Aufl., 2005, Einf. Rn. 67 ff.

480 BVerwGE 36, 192, 199 f.; 81, 330; 92, 316.

481 Hipp/Hufeld, JuS 1998, 802 ff.; Schlette, Jura 2004, 90 ff.

482 BVerwG, NVwZ 1995, 1200; Tettinger/Wahrendorf, Verwaltungsprozessrecht, 3. Aufl., 2005, S. 150; Lorenz, Verwaltungsprozessrecht, 2000, § 18; von Albedyll, in: Bader/Funke-Kaiser/Kuntze/von Albedyll, VwGO, 3. Aufl., 2005, § 42 Rn. 62.

(2) Die Klagebefugnis Dritter

Bei Dritten, d.h. bei Personen, an die sich der Verwaltungsakt nicht richtet (Nicht-Adressaten), muss eine sogenannte drittschützende Norm vorliegen, damit sie die Verletzung eines subjektiven Rechts geltend machen können und klagebefugt sind.[483] Die Wettbewerber, die gegen die Genehmigung des Entgelts eines konkurrierenden Unternehmens vorgehen möchten, sind solche Nicht-Adressaten.

Ob eine Norm nach ihrem Regelungsinhalt dazu bestimmt ist, die Interessen Dritter zu schützen, wird durch Auslegung ermittelt.[484] Grundlage dafür ist die sogenannte Schutznormtheorie.[485] Danach kommt es darauf an, ob die betreffende Norm neben ihrer objektiv-rechtlichen Zielrichtung zugunsten öffentlicher Interessen zumindest auch dem Schutz des Einzelnen zu dienen bestimmt ist und ihm die Rechtsmacht einräumt, diese Schutzwirkung gegenüber der Behörde durchzusetzen.[486] Für die Annahme eines Individualinteressen schützenden Regelungsgehaltes ist entscheidend, dass der geschützte Personenkreis sowie dessen geschützte Interessen und die Art der möglichen Verletzung hinreichend abgrenzbar sind.[487] Bei dieser Abgrenzbarkeit kommt es nach der Rechtsprechung des Bundesverwaltungsgerichts weder darauf an, dass die Norm einen geschützten Personenkreis räumlich abgrenzt, noch darauf, dass sie in ihrer vollen Reichweite auch dem Schutz individueller Interessen zu dienen bestimmt ist.[488] Ausschlaggebend ist vielmehr, dass sich aus den individualisierenden Tatbestandsmerkmalen der Norm ein Personenkreis entnehmen lässt, der sich von der Allgemeinheit unterscheidet.[489] Der geschützte Personenkreis muss folglich bei

---

483 Hüttenbrink, in: Kuhla/Hüttenbrink/Endler, Verwaltungsprozess, 3. Aufl., 2002, Teil D Rn. 62 ff. m.w.N.

484 Schmidt, JuS 1999, 1107, 1108; Hüttenbrink, in: Kuhla/Hüttenbrink/Endler, Verwaltungsprozess, 3. Aufl., 2002, Teil D Rn. 62 ff. m.w.N

485 Redeker/v. Oertzen, VwGO, 14. Aufl., 2004, § 42 Rn. 102; Happ, in: Eyermann, VwGO, 12. Aufl., 2006, § 42 Rn. 86; Schoch, Jura 2004, 317 ff.; Schlichter, in: Erbguth, Festschrift Werner Hoppe, 2000, S. 1031 ff.; Erichsen, Jura 1994, 385 ff.; Lorenz, Verwaltungsprozessrecht, 2000, § 18 II 2, a, aa; Hüttenbrink, in: Kuhla/Hüttenbrink/Endler, Verwaltungsprozess, 3. Aufl., 2002, Teil D Rn. 62 ff. m.w.N.

486 BVerwGE 81, 329, 334; 72, 226, 229; Neumann/Bosch, CR 2001, 225, 226; Happ, in: Eyermann, VwGO, 11. Aufl., 2000, § 42 Rn. 84, 86.

487 Neumann/Bosch, CR 2001, 225, 226; Hüttenbrink, in: Kuhla/Hüttenbrink/Endler, Verwaltungsprozess, 3. Aufl., 2002, Teil D Rn. 62; Happ, in: Eyermann, VwGO, 12. Aufl., 2006, § 42 Rn. 86.

488 BVerwG, DÖV 1987, 296, 297.

489 Schmitt-Glaeser/Horn, Verwaltungsprozessrecht, 15. Aufl., 2000, Rn. 167.

jeder Norm gesondert festgestellt werden. Neben dem Wortlaut liegt der Schwerpunkt der Auslegung hierbei auf der teleologischen und systematischen Methode. Zu fragen ist danach, ob sich aus dem Zweck der Norm und ihrer systematischen Stellung im bereichsspezifischen Normgefüge ergibt, dass der betreffende Rechtssatz auch rechtliche Interessen des Klägers schützen soll.[490] Zudem muss dem Einzelnen eine Rechtsposition eingeräumt werden, die ihn zur unter Umständen klageweisen Durchsetzung der in der Norm enthaltenen Rechtspflichten ermächtigt.[491] Wenn das der Fall ist, gibt die Norm dem Bürger ein subjektiv-öffentliches Recht. Umgekehrt kann der Einzelne aus einer bestimmten Vorschrift kein subjektiv-öffentliches Recht herleiten, wenn die Norm ausschließlich im öffentlichen Interesse erlassen ist und nur sogenannte Rechtsreflexe für den Einzelnen mit sich bringt.[492]

Auch bei den Vorschriften zur Entgeltregulierung ist mithin zu prüfen, ob sie drittschützenden Charakter haben und ob der jeweilige Kläger vom Schutzzweck der Norm erfasst ist.

(3) Die Klagebefugnis der Wettbewerber nach dem Telekommunikationsgesetz

(a) Allgemein

Im Telekommunikationsgesetz ist keine Norm enthalten, die ausdrücklich festlegt, dass die Regelungen, die die Entgeltgenehmigung betreffen, drittschützenden Charakter haben.[493]

Zwar ist in § 27 Abs. 1 TKG normiert, dass es Ziel der Entgeltregulierung ist, eine missbräuchliche Ausbeutung, Behinderung oder Diskriminierung von Endnutzern oder von Wettbewerbern durch preispolitische Maßnahmen von Unternehmen mit beträchtlicher Marktmacht zu verhindern. Diese Normierung ist jedoch keine ausdrückliche Regelung der drittschützenden Wirkung einzelner Entgeltregulierungsvorschriften. Sie ist vielmehr eine programmatische Zielbestimmung, die allenfalls in Verbindung mit konkreten und vor allem durchsetzbaren Normen drittschützend wirken kann. In der Gesetzesbegründung findet

---

490 Schmitt-Glaeser/Horn, Verwaltungsprozessrecht, 15. Aufl., 2000, Rn. 167.

491 Kopp/Ramsauer, VwVfG, 9. Aufl., 2005, Einf. Rn. 72.

492 Hüttenbrink, in: Kuhla/Hüttenbrink/Endler, Verwaltungsprozess, 3. Aufl., 2002, Teil D Rn. 68; Kopp/Ramsauer, VwVfG, 9. Aufl., 2005, Einf. Rn. 72.

493 Schalast/Rößner, WuW 2004, 595, 602; Ellinghaus, MMR 2004, 293; Möschel/Haug, MMR 2003, 505, 507.

sich ebenfalls keine Aussage betreffend der drittschützenden Wirkung einzelner Entgeltregulierungsvorschriften. Somit ist durch Auslegung zu ermitteln, ob die §§ 27 ff. TKG den Wettbewerbern Drittschutz gewähren.[494]

Für den Drittschutz relevant sind zunächst nur die Vorschriften von § 35 Abs. 3 i.V.m. §§ 28 und 31 TKG, § 37 TKG, § 38 Abs. 2 i.V.m. § 28 TKG, die die Voraussetzungen für eine Genehmigungserteilung enthalten. Die anderen Vorschriften enthalten keine Regelungen, auf deren Verletzung sich die Wettbewerber berufen könnten. § 27 TKG, der die Ziele der Regulierung enthält, verbürgt kein subjektives Recht, das dem Einzelnen eine durchsetzbare Rechtsstellung verleiht. Die Norm ist - wie bereits erläutert - allenfalls in Verbindung mit einer anderen Entgeltregulierungsvorschrift drittschützend. Auch § 29 TKG, der die Anordnungen der Bundesnetzagentur im Rahmen der Entgeltgenehmigung betrifft, und § 30 TKG, der normiert, wann eine Genehmigung erforderlich ist und wann eine nachträgliche Regulierung nach § 38 Abs. 2 bis 4 TKG genügt, sind, mangels abgrenzbarem geschützten Personenkreis, nicht drittschützend. Gleiches gilt für § 32 TKG und § 34 TKG, die die Arten der Entgeltgenehmigung festlegen, für § 33 TKG, der die vorzulegenden Kostenunterlagen bestimmt und für § 36 TKG, der eine Regelung bezüglich der Veröffentlichung von beabsichtigten Entscheidungen der Bundesnetzagentur betrifft. Aus diesen Vorschriften können die Wettbewerber keine Rechte herleiten und sich folglich auch nicht darauf berufen. Für die Norm des § 30 TKG hat das Verwaltungsgericht Köln dies bereits in einem Beschluss festgestellt.[495]

(b) Die drittschützende Wirkung einzelner Entgeltregulierungsvorschriften

(aa) § 35 Abs. 3 i.V.m. § 28 TKG

Die Genehmigung ist nach § 35 Abs. 3 TKG zu versagen, wenn ein Verstoß gegen § 28 TKG vorliegt, d.h., wenn das Unternehmen mit beträchtlicher Marktmacht sich missbräuchlich bei der Forderung und Vereinbarung von Entgelten verhält. Die Vorschrift des § 28 TKG ist in unterschiedliche Alternativen unterteilt, für die gesondert geprüft werden muss, ob sie drittschützend sind.[496]

---

494 Schmitt-Glaeser/Horn, Verwaltungsprozessrecht, 15. Aufl., 2000, Rn. 164.

495 VG Köln, CR 2005, 197.

496 So auch: Spoerr/Sellmann, N & R 2004, 98, 106.

(α) Auslegung nach dem Wortlaut und dem Sinn und Zweck

Für § 28 Abs. 1 Nr. 2 TKG und § 28 Abs. 2 Nr. 2 TKG liegt die Annahme einer drittschützenden Wirkung nahe. Gemäß § 28 Abs. 1 Nr. 2 TKG liegt ein Missbrauch vor, wenn durch die Forderung des Entgelts die Wettbewerbsmöglichkeiten anderer Unternehmen auf dem Telekommunikationsmarkt auf erhebliche Weise beeinträchtigt werden. Die Wettbewerber werden in § 28 Abs. 1 Nr. 2 TKG ausdrücklich benannt und die Auswirkungen eines Missbrauchs auf sie hervorgehoben. Demnach lässt sich aus den Tatbestandsmerkmalen der Norm ein Personenkreis entnehmen, der sich von der Allgemeinheit unterscheidet. Der Wortlaut des § 28 Abs. 1 Nr. 2 TKG spricht folglich für die Annahme einer drittschützenden Wirkung und auch eine Auslegung nach Sinn und Zweck der Vorschrift unterstützt diese These: § 28 Abs. 1 Nr. 2 TKG hat den Zweck, den Missbrauch einer marktbeherrschenden Stellung bei der Forderung von Entgelten zuungunsten eines konkurrierenden Unternehmens zu verhindern und soll folglich die Wettbewerbsmöglichkeiten der konkurrierenden Unternehmen gewährleisten. Somit sind die Konkurrenten auch vom Schutzzweck der Norm erfasst und können sich auf deren Verletzung berufen, wenn sie selbst in ihren Wettbewerbsmöglichkeiten beeinträchtigt werden.
In § 28 Abs. 2 Nr. 2 TKG wird die sogenannte Preis-Kosten-Schere als missbräuchlich bewertet.[497] Ein Missbrauch wird hiernach vermutet, wenn die Spanne zwischen dem Entgelt, das der Betreiber eines öffentlichen Telekommunikationsnetzes, der über beträchtliche Marktmacht verfügt, Wettbewerbern für eine Zugangsleistung in Rechnung stellt, und dem entsprechenden Endnutzerentgelt nicht ausreicht, um einem effizienten Unternehmen die Erzielung einer angemessenen Verzinsung des eingesetzten Kapitals auf dem Endnutzermarkt zu ermöglichen. Auch hier sind sowohl der geschützte Personenkreis - die Wettbewerber, die eine Zugangsleistung des marktmächtigen Unternehmens beanspruchen -, als auch die Art der möglichen Verletzung hinreichend abgrenzbar. Mithin spricht auch der Wortlaut des § 28 Abs. 2 Nr. 2 TKG für die Annahme einer drittschützenden Wirkung.

Die anderen Missbrauchsalternativen nehmen nicht ausdrücklich auf die Wettbewerber Bezug. Allerdings bedeutet dies noch nicht, dass die Vorschriften nicht trotzdem drittschützend sind. Der systematische Zusammenhang und der Sinn und Zweck der Regelungen muss ebenfalls beachtet werden.

Nach § 28 Abs. 2 Nr. 1 TKG wird ein Missbrauch vermutet, wenn das Entgelt zu niedrig bemessen ist, weil es die langfristigen zusätzlichen Kosten der Leis-

---

[497] Zur Preis-Kosten-Schere: Bussche/Meiborn, WuW 1999, 1171 ff.

tung einschließlich einer angemessenen Verzinsung des eingesetzten Kapitals nicht deckt. Diese Norm soll einen Verdrängungswettbewerb des marktmächtigen Unternehmens verhindern. Das Unternehmen mit beträchtlicher Marktmacht soll daran gehindert werden, Konkurrenten durch gezielte Preisunterbietung vom betroffenen Markt zu verdrängen. Folglich dient diese Alternative auch dem Schutz der Wettbewerber, die sich auf eine Verletzung der Regelung berufen können müssen. Das Bündelungsverbot in § 28 Abs. 2 Nr. 3 TKG hat einen vergleichbaren Zweck. Ein Unternehmen soll durch eine Kombination von Produkten (Bündelprodukte) nicht Wettbewerbsvorteile ausnutzen, wenn es selbst effizienten Wettbewerbern nicht möglich wäre, das Bündelprodukt zu vergleichbaren Konditionen anzubieten. Folglich sollen auch hier die Wettbewerber vor einem missbräuchlichen Verhalten des Unternehmens mit beträchtlicher Marktmacht geschützt werden. Somit spricht auch die Zwecksetzung dieser Alternative für die Annahme des drittschützenden Charakters.

Teleologisch lässt sich die drittschützende Wirkung aller Missbrauchsalternativen des § 28 TKG durch § 27 Abs. 1 TKG, der das Ziel der Entgeltregulierung definiert, stützen.[498] Nach § 27 Abs. 1 TKG sollen die Entgeltregulierungsvorschriften die Wettbewerber vor missbräuchlicher Ausbeutung, Behinderung oder Diskriminierung durch preispolitische Maßnahmen von Unternehmen mit beträchtlicher Marktmacht schützen. § 27 Abs. 1 TKG stellt somit sowohl die Wettbewerber als schutzwürdigen Personenkreis als auch die möglichen Verletzungshandlungen heraus. Als Zielbestimmung verleiht er jedoch keine durchsetzbare Rechtsposition, die notwendig wäre, um den Wettbewerbern den Schutz des Telekommunikationsgesetzes effektiv zu gewähren. Eine Durchsetzbarkeit ist allenfalls in Verbindung mit den der Genehmigung zugrunde liegenden Vorschriften, also auch in Verbindung mit § 28 TKG, denkbar. Um die Durchsetzbarkeit zu gewährleisten und um dem Ziel des § 27 Abs. 1 TKG gerecht zu werden, ist die Annahme der drittschützenden Wirkung der durchsetzbaren Entgeltregulierungsvorschriften zu bejahen. Somit spricht auch eine systematische Auslegung anhand von § 27 Abs. 1 TKG für den drittschützenden Charakter des § 28 TKG.[499]

Gefestigt wird diese Annahme durch die in § 2 Abs. 2 TKG festgelegten Ziele der Regulierung. Bereits im ersten Teil des Telekommunikationsgesetzes wird darauf hingewiesen, dass chancengleicher Wettbewerb gesichert und nachhaltig wettbewerbsorientierte Märkte gefördert werden sollen. Auch wenn nach dem

---

498 So ansatzweise auch Holznagel, MMR 2003, 513, 515; Ladeur/Möllers, DVBl. 2005, 525, 530.

499 Ladeur/Möllers, DVBl. 2005, 525, 530.

Wortlaut des § 2 Abs. 2 TKG der Wettbewerb im Allgemeinen schutzwürdig ist, schließt das den Schutz einzelner Wettbewerber nicht aus. Vielmehr kann die Sicherung Einzelner durchaus dazu beitragen, dass der Wettbewerb als Institution gefördert wird. Um den Wettbewerb effektiv zu fördern, muss demnach jedem Wettbewerber Schutz gewährt werden. Hierzu kann die Annahme einer drittschützenden Wirkung einzelner Entgeltregulierungsvorschriften und die damit verbundene Klagebefugnis der Wettbewerber im Sinne des § 42 Abs. 2 VwGO beitragen.

(β) Historische Auslegung

Auch eine historische Auslegung anhand von § 24 Abs. 2 TKG-alt, der Vorgängerregelung zu § 28 TKG, kann Aufschluss über die drittschützende Wirkung des § 28 TKG geben. Bei § 24 Abs. 2 TKG-alt war ebenfalls umstritten, ob sich Wettbewerber auf eine Verletzung der Vorschrift berufen können. Der überwiegende Teil der Literatur[500] ging vom drittschützenden Charakter des § 24 Abs. 2 TKG-alt aus, während die Rechtsprechung hierzu uneinheitlich war.[501]

Nach der früheren Rechtsprechung des Oberverwaltungsgerichts Münster bezweckte die Entgeltregulierung und damit auch § 24 Abs. 2 TKG-alt nicht den Schutz des Einzelnen, sondern diente der Ordnung des Wettbewerbsmarktes und dem Verbraucherschutz schlechthin.[502] Von dieser kategorischen Ablehnung jeden Drittschutzes scheint das OVG Münster jedoch in zwei späteren Entscheidungen abzuweichen.[503]

Das Verwaltungsgericht Köln[504] bejahte hingegen den drittschützenden Charakter des § 24 Abs. 2 TKG-alt, und auch das Bundesverwaltungsgericht erkannte zumindest für § 24 Abs. 2 Nr. 2 und Nr. 3 TKG-alt die drittschützende Wirkung an.[505] Zu § 24 Abs. 2 Nr. 1 TKG-alt urteilte das Bundesverwaltungsgericht[506]

---

500 Schalast/Rößner, WuW 2004, 595, 598; Ladeur, CR 2000, 433 ff.; Neumann/Bosch, CR 2001, 225 ff.; Scherer, NJW 2000, 776 ff.; Schuster/Stürmer, in: Büchner, TKG, 2. Aufl., 2000, § 24 Rn. 86; Schütz, MMR Beilage 12/2002, 18, 22; Trute, in: Schmidt-Aßmann, Festgabe 50 Jahre BVerwG, 2003, S. 857, 869.

501 Ein Überblick über die Rechtsprechung geben Kind/Geppert/Schütze/Wiesche, MMR Beilage 12/2003, 3, 16 ff.

502 OVG Münster, MMR 1999, 553, 554; dass., MMR 2000, 117, 119.

503 OVG Münster, MMR 2000, 779 ff.; dass., MMR 2002, 129.

504 VG Köln, CR 2000, 374, 375; dass., MMR 2000, 227 ff.; dass., MMR 2003, 687 ff.

505 BVerwG, TKMR 2003, 123 ff.; dass., MMR 2003, 241 ff.; so auch Manssen, in: Manssen, TKMMR, C § 27 Rn. 16.

506 BVerwG, MMR 2003, 241, 242.

hingegen, dass dem Wortlaut der Bestimmung grundsätzlich keine Hinweise auf eine drittschützende Wirkung zugunsten Dritter zu entnehmen sind. In § 24 Abs. 2 Nr. 1 TKG-alt fände sich als individualisierendes Tatbestandsmerkmal lediglich der Begriff „Anbieter". Soweit sich die Norm auf „Aufschläge" beziehe, sei dem nicht zu entnehmen, dass Dritten, die von einem Aufschlag betroffen sind, subjektive Rechte verliehen sind. Allein der Umstand, dass die Verhinderung von Aufschlägen die davon Betroffenen objektiv begünstigt, sei noch nicht geeignet, den Betroffenen eine auf behördliches Einschreiten gerichtete Anspruchsposition zu verschaffen.[507] Folglich diene das Verbot nicht dem Schutz von Individualinteressen, sondern dem Interesse der Allgemeinheit und der Sicherstellung und Förderung von Wettbewerb. Für Wettbewerber hat das Bundesverwaltungsgericht[508] allerdings offen gelassen, ob § 24 Abs. 2 Nr. 1 TKG-alt ein subjektives Recht gewährt. Das Gericht erkennt hier zumindest an, dass es kaum sinnvoll erscheint, den Wettbewerbern im Anwendungsbereich von § 24 Abs. 2 Nr. 2 TKG-alt Drittschutz zu gewähren, im Anwendungsbereich des § 24 Abs. 2 Nr. 1 TKG-alt den Drittschutz jedoch zu versagen.

Manssen[509] bestätigte die vom Bundesverwaltungsgericht getroffene Unterscheidung zwischen den drei Nummern des § 24 Abs. 2 TKG-alt. Während er § 24 Abs. 2 Nr. 2 und Nr. 3 TKG-alt für drittschützend hielt, lehnte er den Drittschutz bei § 24 Abs. 2 Nr. 1 TKG-alt ab, weil keine Gruppe genannt werde, die von der Allgemeinheit abgrenzbar sei.

Der Wortlaut von § 24 Abs. 2 Nr. 2 und 3 TKG-alt deutet darauf hin, dass die Entgeltregulierungsvorschriften auch dem Schutz von Wettbewerbern dienten. In § 24 Abs. 2 Nr. 2 TKG-alt war ausdrücklich von anderen „Unternehmen" und in § 24 Abs. 2 Nr. 3 TKG-alt von „anderen Nachfragern" die Rede. Die Alternativen legten fest, dass Entgelte weder die Wettbewerbsmöglichkeiten anderer Unternehmen beeinträchtigen, noch einzelne Nachfrager bevorteilen dürfen. Folglich war der Kreis der zu schützenden Personen und auch die mögliche Verletzung hinreichend abgrenzbar.[510] Das der Regulierungsbehörde bei der Entgeltüberprüfung anhand der Maßstäbe des § 24 Abs. 2 TKG-alt auferlegte Entscheidungsprogramm beinhaltete demnach nicht nur die Prüfung der Auswirkungen von Entgeltfestsetzungen für den Wettbewerb allgemein, sondern auch die Frage, ob einzelne Wettbewerber beeinträchtigt oder benachteiligt werden. Die Maßstäbe des § 24 Abs. 2 Nr. 2 und Nr. 3 TKG-alt waren deswegen nicht

---

507 BVerwG, MMR 2003, 241, 243.

508 BVerwG, MMR 2003, 241, 245.

509 Manssen, in: Manssen, TKMMR, C § 27 Rn. 16.

510 BVerwGE 52, 122, 129.

nur dann verletzt, wenn ein Entgelt tatsächlich wettbewerbsschädigende Wirkungen entfaltete. Sie waren vielmehr bei einer Beeinträchtigung oder Benachteiligung eines einzelnen Unternehmens auch dann verletzt, wenn eine Auswirkung auf den Wettbewerb nicht spürbar war.[511] Hieran wird deutlich, dass die Norm nicht nur dem Wettbewerbsschutz im Allgemeinen diente, sondern dass auch die Interessen der Wettbewerber in die Regulierung einbezogen sein sollten. In § 24 Abs. 2 Nr. 1 TKG-alt war hingegen kein abgrenzbarer Personenkreis erkennbar.
Der Wortlaut trägt daher nicht zur Auslegung bei.

Eine am Sinn und Zweck des Gesetzes orientierte Auslegung könnte jedoch den drittschützenden Charakter der Entgeltregulierungsvorschriften des TKG-alt begründen. Nach § 2 Abs. 2 Nr. 2 TKG-alt war die Sicherstellung eines chancengleichen und funktionsfähigen Wettbewerbs Ziel der Regulierung. Wie der Bezug auf die Chancengleichheit verdeutlicht, war die Sicherstellung des Wettbewerbs auch darauf gerichtet, den Wettbewerbern des marktmächtigen Unternehmens eine wettbewerbsfähige Position zu verschaffen.[512] Der Schutz des Wettbewerbs ist danach nur möglich, wenn auch der einzelne Wettbewerber Schutz geniest.

Demgegenüber wurde zum Teil[513] vertreten, dass Sinn und Zweck der Regulierung keine Bejahung der drittschützenden Wirkung zulassen. Das TKG-alt verfolge lediglich den Zweck, die einstmals staatsmonopolistisch geprägten Verhältnisse im Bereich der Telekommunikation im Wege staatlicher Regulierung nach Wettbewerbsbedingungen neu zu ordnen. Diese Zwecksetzung sei daran zu erkennen, dass das TKG-alt in Ausführung des Art. 87f GG ergangen sei.[514] Die in Art. 87f GG enthaltene staatliche Gewährleistungspflicht würde sich auch in den in § 2 Abs. 2 TKG-alt genannten Zielen äußern.[515] Der Schutz Einzelner sei in § 2 Abs. 2 TKG-alt hingegen nicht bezweckt. Auch wenn der Wettbewerb und die Interessen der Verbraucher geschützt werden sollten, würde dies nicht bedeuten, dass die Interessen einzelner Wettbewerber geschützt würden.[516]

Diesen Aussagen kann nur zum Teil zugestimmt werden. Durch das TKG-alt und die Entgeltregulierungsvorschriften sollte sicherlich der Wettbewerb als In-

---

511 VG Köln, MMR 2000, 227 ff.

512 Trute, in: Schmidt-Aßmann, Festgabe 50 Jahre BVerwG, 2003, S. 857, 869.

513 BVerwG, MMR 2003, 241, 243.

514 BVerwG, MMR 2003, 241, 243.

515 BVerwG, MMR 2003, 241, 243; Zwach, TKMR-Tagungsband 2004, 9, 10.

516 BVerwG, MMR 2003, 241, 243.

stitution geschützt werden. Zu fragen ist hier aber doch, ob daneben auch die Interessen Einzelner gesichert werden sollten. Um eine Norm als drittschützend zu bezeichnen, ist es nämlich nicht notwendig, dass ausschließlich die Rechte Dritter gewährleistet werden. Vielmehr genügt es, dass die Norm auch - gewissermaßen neben dem Schutz von Allgemeininteressen - dazu bestimmt ist, die Rechte von Dritten zu schützen.[517] Um den Wettbewerb effektiv zu gewährleisten, muss auch der Schutz der einzelnen Wettbewerber sichergestellt werden. Diese Schutzgüter schließen sich keinesfalls aus, sondern ergänzen sich vielmehr. Folglich ist auch der Schutz Einzelner in § 2 Abs. 2 TKG-alt angelegt.

Sinn und Zweck des TKG-alt im Allgemeinen und der Entgeltregulierungsvorschriften im Besonderen weisen folglich darauf hin, dass § 24 Abs. 2 Nr. 2 und 3 TKG-alt drittschützend waren. Auch bei § 24 Abs. 2 Nr. 1 TKG-alt spricht der Zweck der Vorschrift, der in der Vermeidung objektiv nachteiliger Auswirkungen von Aufschlägen für die Wettbewerbsmöglichkeiten von Wettbewerbern und in dem Schutz der Nachfrager vor überhöhten Preisen besteht, letztlich für ihren drittschützenden Charakter. Im Zusammenhang mit den allgemeinen Schutzzielen des TKG-alt ist auch diese Alternative als drittschützend anzusehen.[518]
Die Gesetzgebungsmaterialien stützen diese Auslegung.[519] Nach ihnen kam gerade „dem Schutz des Marktzutritts und den Wettbewerbsmöglichkeiten der neuen Unternehmen besondere Bedeutung zu".[520] Damit hat der Gesetzgeber des TKG-alt zum Ausdruck gebracht, dass der Marktzutritt und die Wettbewerbsfähigkeit einzelner neugegründeter Unternehmen besonders schutzwürdig war; und folglich den Schutz von Individualinteressen durch die Entgeltregulierungsvorschriften besonders hervorgehoben. Demzufolge sprechen auch die aus den Gesetzesmaterialen erkennbaren gesetzgeberischen Intentionen für die drittschützende Funktion des § 24 Abs. 2 TKG-alt.
Zudem ist schon zu dem in § 24 Abs. 2 TKG-alt im Wesentlichen unverändert übernommenen § 23 Abs. 2 des ursprünglichen Entwurfs der Fraktionen der CDU/CSU, SPD und FDP[521] in der Begründung ausdrücklich - neben dem Schutz des Wettbewerbs als Institution - auch der Schutz der Wettbewerber angesprochen:[522]

---

517 Kopp/Ramsauer, VwVfG, 9. Aufl., 2005, Einf. Rn. 71 f. m.w.N.

518 VG Köln, MMR 2000, 227 ff.; Schalast/Rößner, WuW 2004, 595, 598.

519 Schalast/Rößner, WuW 2004, 595, 599.

520 BT-Drs. 13/3069, S. 43.

521 BT-Drs. 13/3609.

522 BT-Drs. 13/3609, S. 43.

„Die Entgelte sind daraufhin zu prüfen, ob sie mißbräuchlich hoch, niedrig oder diskriminierend sind. Diese Kriterien entsprechen im wesentlichen den Beurteilungsmaßstäben des GWB; sie gehen aber - insbesondere nach Nr. 2 - insoweit über die GWB-Kriterien hinaus, als hier eine Wesentlichkeitsschwelle nicht genannt worden ist. Insoweit ist hier nicht nur der Schutz des Wettbewerbs als Institution, sondern auch der der Wettbewerber strenger gefaßt als im GWB, denn wegen der noch besonderen Marktstruktur auf dem Telekommunikationsmarkt kommt dem Schutz des Marktzutritts und den Wettbewerbsmöglichkeiten der neuen Unternehmen besondere Bedeutung zu; eine wesentliche Behinderung der Wettbewerbsmöglichkeiten dürfte in der Anfangsphase des Wettbewerbs bedeuten, daß der Marktzutritt für neue Unternehmen (wirtschaftlich) unmöglich wird."

Wie der in der Gesetzesbegründung enthaltene Zusatz „insbesondere" zeigt, bezieht sich der gesetzgeberische Wille zum Schutze der Wettbewerber hierbei nicht nur auf die Erhebung zu niedriger Entgelte nach § 24 Abs. 2 Nr. 2 TKG-alt, sondern auch auf missbräuchlich zu hohe bzw. diskriminierende Entgelte - also auch auf § 24 Abs. 2 Nr. 1 und Nr. 3 TKG-alt.[523]

Als Ergebnis ist festzuhalten, dass sowohl der Wortlaut, der Sinn und Zweck, als auch die Gesetzesbegründung zum TKG-alt für den drittschützenden Charakter von § 24 Abs. 2 Nr. 2 und Nr. 3 TKG-alt sprechen. Bei § 24 Abs. 2 Nr. 2 TKG-alt, der die Wettbewerbsmöglichkeiten von konkurrierenden Unternehmen schützen sollte, ist die Einbeziehung des Wettbewerbers in den Schutzzweck der Norm generell zu bejahen. Bei § 24 Abs. 2 Nr. 3 TKG-alt, der die Gleichbehandlung von Kunden bei der Nachfrage nach Telekommunikationsdienstleistungen postulierte, ist die Einbeziehung des Wettbewerbers hingegen nicht immer anzunehmen. Der Schutzzweck des § 24 Abs. 2 Nr. 3 TKG-alt bestand nämlich nicht in der Gleichbehandlung von Wettbewerbern, sondern in der Gleichbehandlung von Nachfragern. Somit war der Wettbewerber nur erfasst, wenn er eine Leistung des marktbeherrschenden Unternehmens in Anspruch nahm bzw. gegebenenfalls in Anspruch nehmen musste. Folglich konnte er sich auf eine Verletzung des § 24 Abs. 2 Nr. 3 TKG-alt nur berufen, wenn er einen Vertrag mit dem marktbeherrschenden Unternehmen abschloss bzw. abschließen wollte und als Nachfrager im Sinne des § 24 Abs. 2 Nr. 3 TKG-alt fungierte. Auch wenn der Wortlaut des § 24 Abs. 2 Nr. 1 TKG-alt keine abgrenzbare Personengruppe in Bezug nahm, zeigten der Sinn und Zweck der Entgeltregulierungsvorschriften und die Gesetzesbegründung, dass auch diese Alternative drittschützend war.

---

523 VG Köln, MMR 2000, 227, 229.

Die drittschützende Wirkung des § 24 Abs. 2 TKG-alt spricht dafür, dass auch die Nachfolgeregelung des § 28 TKG Drittschutz gewährt.[524]

(χ) Richtlinienkonforme Auslegung

Die europarechtlichen Vorgaben, die dem Telekommunikationsgesetz zugrunde liegen, könnten die drittschützende Wirkung der Entgeltregulierungsvorschriften ebenfalls begründen.[525] Nach Art. 4 Abs. 1 Satz 1 Rahmenrichtlinie haben die Mitgliedstaaten dafür Sorge zu tragen, dass jeder Nutzer oder Anbieter elektronischer Telekommunikationsnetze oder -dienste, „der von einer Entscheidung der nationalen Regulierungsbehörde betroffen ist“, einen Rechtsbehelf einlegen kann. Da gegen die Entscheidung der nationalen Regulierungsbehörde, d.h. gegen die Entgeltgenehmigung der Bundesnetzagentur selbst, nur auf dem Verwaltungsrechtsweg und nicht auf dem Zivilrechtsweg vorgegangen werden kann, könnte der Verpflichtung zur Rechtsschutzgewährung im nationalen Recht durch die Anerkennung entsprechender subjektiv-öffentlicher Rechte der Wettbewerber nachzukommen sein. Allerdings ist fraglich, ob der Wettbewerber überhaupt von der Verpflichtung zur Rechtsschutzgewährung erfasst ist.[526] Hiergegen spricht, dass nur einer von der Entscheidung der nationalen Regulierungsbehörde betroffenen Partei das Recht zur Einspruchserhebung eingeräumt werden muss. Der Wettbewerber ist jedoch nicht im Sinne des Art. 4 Abs. 1 Satz 1 Rahmenrichtlinie von der Entscheidung betroffen. Zum einen ist er nicht unmittelbar von der Entscheidung der Bundesnetzagentur, sondern allenfalls durch die wettbewerbsbeeinflussenden Wirkungen der Genehmigung betroffen. Zum anderen zeigt die in Erwägungsgrund 12 der Rahmenrichtlinie gewählte Formulierung, wonach der Rechtsbehelf derjenigen Partei zustehen soll, „die einem Beschluss einer nationalen Regulierungsbehörde unterliegt“, dass für das „Betroffensein“ mehr als nur eine mittelbare Betroffenheit erforderlich ist. Ein Wettbewerber ist gegebenenfalls von einem Beschluss wirtschaftlich „betroffen“, aber er unterliegt ihm nicht.[527] Dem Wettbewerber, der nicht am Streit beteiligt ist, muss demzufolge keine Rechtsbehelfsmöglichkeit zustehen. Somit fordert Art. 4 Abs. 1 Satz 1 Rahmenrichtlinie nicht, dass der Wettbewerber auf dem Verwaltungsrechtsweg vorgehen können muss und gibt folglich auch kei-

---

524 Wank, Die Auslegung von Gesetzen, 3. Aufl., 2005, S. 73 ff.

525 Koenig/Loetz/Neumann, TelekommunikationsR, 1. Aufl., 2004, S. 227; Scherer, MMR Beilage 2/2002, 23, 27; Knauth/Krüger, K & R Beilage 1/2004, 3, 10.

526 Wissmann/Klümper, K & R 2003, 52, 55; Scherer, K & R 2002, 273, 279.

527 A.A. Schütz/Attendorn, MMR Beilage 4/2002, 3, 26. Diese legen die Formulierung in Erwägungsgrund 12 weit aus und stellen nicht nur auf die formelle Adressateneigenschaft, sondern auch auf die materielle Betroffenheit vom Regelungsgehalt ab.

nen Aufschluss über die Notwendigkeit der Annahme eines drittschützenden Charakters der Entgeltregulierungsvorschriften.

(δ) Zwischenergebnis

Sowohl die historische Auslegung anhand der Vorgängerregelung des § 24 Abs. 2 TKG-alt als auch der Wortlaut einzelner Alternativen des § 28 TKG sprechen für den drittschützenden Charakter des § 28 TKG. Die in den §§ 2 Abs. 2, 27 Abs. 1 TKG genannten Ziele weisen zudem darauf hin, dass auch im Rahmen der Entgeltregulierung der Schutz einzelner Wettbewerber gewollt ist. Mithin ist § 28 TKG mit all seinen Alternativen als drittschützend anzuerkennen.

Demnach sind die Wettbewerber klagebefugt, sofern sie einen Verstoß gegen diese Norm rügen.[528]

(bb) § 35 Abs. 3 i.V.m. § 31 TKG

Die Genehmigung wird nur erteilt, wenn die Voraussetzungen des § 31 TKG vorliegen. Nach § 31 Abs. 1 TKG sind Entgelte genehmigungsfähig, wenn sie die Kosten der effizienten Leistungsbereitstellung nicht überschreiten. Die nachfolgenden Absätze des § 31 TKG dienen dazu, die Kosten der effizienten Leistungsbereitstellung zu spezifizieren und enthalten Regelungen über die Verzinsung, über Aufwendungen und Vorlagepflichten. Eine Bezugnahme auf einzelne Wettbewerber ist in § 31 TKG nicht enthalten. Die Kosten der effizienten Leistungsbereitstellung und ihre Konkretisierungen stellen vielmehr einen objektivierten Prüfmaßstab dar, aus dessen Verletzung sich keine subjektiven Rechte ergeben können. § 31 TKG erlangt allerdings drittschützende Wirkung in Verbindung mit den einzelnen Verbotsvorschriften des § 28 TKG-alt.[529]

(cc) § 37 TKG

Fordert ein Betreiber eines öffentlichen Telekommunikationsnetzes andere als die von der Bundesnetzagentur genehmigten Entgelte im Geschäftsverkehr, liegt gegebenenfalls ein Eingriff in subjektive Rechte des Wettbewerbers vor, und dieser kann unter Umständen auch die Verletzung des § 37 TKG rügen. Da § 37 TKG keine Voraussetzung für die Genehmigungserteilung ist und auch nur mittelbar mit einer Entgeltgenehmigung in Verbindung steht, soll an dieser Stel-

---

528 Im Ergebnis auch: Ladeur/Möllers, DVBl. 2005, 525, 530.

529 Zum TKG-alt: Spoerr, in: Trute/Spoerr/Bosch, TKG, 2001, § 30 Rn. 32.

le jedoch nicht auf die eventuell bestehende drittschützende Wirkung des § 37 TKG eingegangen werden.

(dd) § 38 Abs. 2 i.V.m. § 28 TKG

Eine nachträgliche Überprüfung der Entgelte nach § 38 Abs. 2 TKG ist einzuleiten, wenn der Bundesnetzagentur Tatsachen bekannt werden, die die Annahme rechtfertigen, dass Entgelte für Zugangsleistungen von Unternehmen mit beträchtlicher Marktmacht nicht den Maßstäben des § 28 TKG genügen.[530] Auch hier ist darauf abzustellen, ob § 28 TKG drittschützend ist. Wie bereits gesehen sind alle Missbrauchsalternativen des § 28 TKG drittschützend. Obige Ausführungen sind auf eine nachträgliche Überprüfung übertragbar. Allerdings ist hier zu beachten, dass bei der nachträglichen Regulierung gerade keine Genehmigung vorliegt, gegen die vorgegangen werden kann. Folglich kann der Wettbewerber hier nur eine Verpflichtungsklage gerichtet auf ein Tätigwerden der Bundesnetzagentur erheben.

cc) Ergebnis

Eine Anfechtungsklage eines Wettbewerbers des marktmächtigen Unternehmens vor dem Verwaltungsgericht ist zulässig, wenn der Wettbewerber sich auf die Verletzung des § 28 TKG berufen kann und die anderen Sachentscheidungsvoraussetzungen der Anfechtungsklage vorliegen.

b) Begründetheit einer verwaltungsgerichtlichen Klage

Die Anfechtungsklage ist gemäß § 42 Abs. 2 VwGO begründet, wenn der Wettbewerber durch die Genehmigung in seinen Rechten verletzt wird. Demnach führt ein Verstoß gegen § 28 TKG zur Begründetheit der Klage. Der Verstoß muss im Einzelfall festgestellt werden.

Das OVG Münster hat im Beispielsfall die „Aktiv-Plus-xxl"-Tarife als rechtmäßig anerkannt und eine Verletzung des Klägers verneint. Zur Begründung hat es ausgeführt, dass die beiden Tarife keine unzulässigen Preisabschläge im Sinne des § 24 Abs. 2 Nr. 2 TKG-alt enthielten, dass sie zwischen der Dumpingpreisgrenze und dem Standardverbindungsentgelt liegen und folglich kostendeckend seien.

---

530 Siehe hierzu ausführlich: Mielke, in: Säcker, TKG, 1. Aufl., 2006, § 38 Rn. 1 ff.

2. Vorgehen auf dem Zivilrechtsweg

Will der Wettbewerber des die Genehmigung beantragenden Unternehmens die missbräuchliche Ausnutzung einer marktbeherrschenden Stellung und damit verbunden die Verletzung der Normen des GWB geltend machen, muss er sich an die Zivilgerichte wenden. Den Zivilrechtsweg wird der Wettbewerber beispielsweise wählen, wenn er sich nicht auf die Verletzung einer drittschützenden Norm berufen kann und folglich vor den Verwaltungsgerichten nicht klagebefugt im Sinne des § 42 Abs. 2 VwGO ist.

Eine Klage vor dem Zivilgericht hat Aussicht auf Erfolg, wenn sie zulässig und begründet ist. Zulässig ist die Klage, wenn die Sachentscheidungsvoraussetzungen vorliegen. An dieser Stelle soll nicht auf alle Sachentscheidungsvoraussetzungen einer zivilgerichtlichen Klage eingegangen werden. Vielmehr soll nur die Zuständigkeit der Zivilgerichte herausgestellt werden, da umstritten ist, ob diese tätig werden können, wenn eine Entgeltgenehmigung der Bundesnetzagentur vorliegt.[531]

a) Zulässigkeit einer zivilgerichtlichen Klage

aa) Zuständigkeit der Zivilgerichte

Die Landgerichte sind gemäß §§ 87 Abs. 1 Satz 1, 95 GWB für bürgerliche Streitigkeiten, die sich aus dem GWB oder aus Kartellvereinbarungen und aus Kartellbeschlüssen ergeben, ausschließlich zuständig. Ob sich der Rechtsstreit aus dem GWB oder aus Kartellvereinbarungen oder Kartellbeschlüssen ergibt, bestimmt sich nach dem mit der Klage geltend gemachten Anspruch.[532] Eine Streitigkeit ergibt sich folglich aus dem GWB, wenn die Klage auf kartellrechtliche Normen gestützt ist.[533] Der Anspruch eines Wettbewerbers gemäß § 19 Abs. 1 i.V.m. Abs. 4 GWB (ggf. i.V.m. § 33 GWB) erfüllt diese Anforderungen und stellt folglich eine bürgerliche Streitigkeit im Sinne der §§ 87 Abs. 1 Satz 1, 95 GWB dar. Etwas anderes ergibt sich auch nicht aus § 13 GVG. Folglich sind die hier interessierenden Streitigkeiten vor den Landgerichten auszutragen.[534]

---

531 OLG Düsseldorf, MMR 2004, 247; dass., MMR 2002, 316 ff.

532 Bechtold, KartellG, 4. Aufl., 2006, § 87 Rn. 2; Schmidt, in: Immenga/Mestmäcker, GWB, 3. Aufl., 2001, § 87 Rn. 9.

533 OLG Düsseldorf, MMR 2004, 247, 248; Bechtold, KartellG, 4. Aufl., 2006, § 87 Rn. 2; Meyer-Lindemann, in: Glassen, GWB, § 87 GWB Rn. 22 ff.

534 So im Ergebnis auch Bauriedl, Zulässigkeit der Inhaltskontrolle, 1998, S. 66.

bb) Entgegenstehen der Entgeltgenehmigung

Fraglich ist jedoch, ob die durch die Bundesnetzagentur erteilte Genehmigung einer Zuständigkeit der Zivilgerichte entgegensteht.[535] Der Zivilrechtsweg könnte allenfalls dann nicht eröffnet sein, wenn die Vorschriften des GWB auf telekommunikationsrechtliche Sachverhalte, denen eine Entgeltgenehmigung zugrunde liegt, unanwendbar sind. Wie bereits in Teil 3, C. II. gesehen, sind das Telekommunikationsgesetz und das GWB jedoch nebeneinander anwendbar, und es ist möglich, dass der Rechtsschutzsuchende Ansprüche aus dem GWB geltend macht, obwohl ein telekommunikationsrechtlicher Sachverhalt vorliegt. Dementsprechend hat auch das Oberlandesgericht Düsseldorf[536] erkannt, dass das Verhältnis von GWB und Telekommunikationsgesetz und folglich auch alle damit zusammenhängenden Problemkreise eine Frage der Begründetheit und nicht der Zulässigkeit der Klage sind:

> Die Zulässigkeit einer Klage vor dem Zivil(kartell)gericht wird nicht dadurch berührt, dass die Regulierungsbehörde über den gleichen Sachverhalt nach § 33 Abs. 2 TKG bereits entschieden hat und der Kläger an diesem Verwaltungsverfahren beteiligt war. Der Zulässigkeit einer solchen Kartellrechtsklage steht es auch nicht entgegen, dass vor den Verwaltungsgerichten ein Rechtsstreit zur Frage der Rechtmäßigkeit dieser Behördenentscheidung anhängig ist. Dies sind Fragen der Begründetheit.[537]

Demzufolge ist das Zivil(kartell)gericht für die Klage des Konkurrenten zuständig. Eine Klage ist zulässig, wenn auch die anderen Sachentscheidungsvoraussetzungen vorliegen.

b) Begründetheit einer zivilgerichtlichen Klage

aa) Problemstellung

Die Klage vor dem Zivilgericht ist begründet, wenn § 19 GWB durch das erhobene Entgelt verletzt ist. Dessen Verletzung hängt maßgeblich vom Vorliegen und den Wirkungen einer Entgeltgenehmigung der Bundesnetzagentur ab. Entfaltet die Genehmigung auch für die Zivilgerichte Tatbestandswirkung, können diese einen Missbrauch im Sinne des § 19 Abs. 1 GWB nicht unabhängig vom Inhalt der Genehmigung feststellen. Die Tatbestandswirkung könnte dazu führen, dass das Zivilgericht ein genehmigtes Entgelt nicht als missbräuchlich im

---

[535] So das OLG Düsseldorf, MMR 2002, 316 ff. in Bezug auf den Erlass einer einstweiligen Verfügung; dass., CR 2002, 426 ff., mit Anmerkung Rädler, CR 2002, 432 ff.

[536] OLG Düsseldorf, MMR 2004, 247; anders noch OLG Düsseldorf, MMR 2002, 316 ff.

[537] OLG Düsseldorf, MMR 2004, 247.

Sinne des § 19 Abs. 1 GWB bewerten kann, wenn die für die Tatbestandswirkung erforderliche Kongruenz der Prüfungsmaßstäbe gegeben ist.[538] Wird hingegen angenommen, dass die Genehmigung bzw. deren Inhalt nicht bindend ist, kann das Zivilgericht die Entgelte am Maßstab des § 19 Abs. 1 GWB messen und die Missbräuchlichkeit unabhängig vom Inhalt der Genehmigung feststellen.

Wie bereits bei der Frage nach der Tatbestandswirkung einer Entgeltgenehmigung für das Bundeskartellamt (Teil 3, C. IV.) ist auch hier umstritten, ob und falls ja inwieweit das zuständige Zivilgericht an die Genehmigung der Bundesnetzagentur gebunden ist.[539] Die Literatur[540] und auch die Gerichte[541] beschäftigen sich schon länger mit dieser Fragestellung.

bb) Tatbestandswirkung der Entgeltgenehmigung für die Zivilgerichte

(1) Überblick über den Meinungsstand

Martenczuk[542] geht grundsätzlich davon aus, dass Verwaltungsakte für Drittbehörden und -gerichte Tatbestandswirkung entfalten. Die Tatbestandswirkung ergebe sich aus der rechtsstaatlichen Kompetenzordnung, die verlange, dass Hoheitsakte, die staatliche Stellen im Rahmen ihrer Kompetenz erlassen haben, von anderen Stellen akzeptiert werden. Zudem würden bei der Annahme einer Tatbestandswirkung widersprüchliche staatliche Entscheidungen verhindert, was ein Gebot der Wahrung der Rechtseinheit darstelle. Auch der Verfahrensökonomie sei durch die Vermeidung überflüssiger Doppelprüfungen gedient.

Ähnlich urteilt das Oberlandesgericht Köln.[543] Das Gericht hatte über die Frage zu entscheiden, ob die von der Deutschen Telekom AG geforderten Entgelte für die Kündigung einer Teilnehmeranschlussleitung ungeachtet ihrer Genehmigung durch die Regulierungsbehörde für Telekommunikation und Post (jetzt Bundes-

---

538 Attendorn, MMR 2005, 543, 545; Michalski/Bauriedl, CR 1998, 657, 661.

539 Nacimiento, K & R 2005, 1, 13 f.

540 Säcker, AöR 130 (2005), 180, 184; Sach, Genehmigung als Schutzschild, 1994, S. 66; Martenczuk, CR 1999, 363 ff. m.w.N.

541 BGH, MMR 2004, 471, 474= CR 2004, 666 ff.= WM 2004, 2410 ff.; OLG Köln, OLGR 2004, 312 ff.= CR 2004, 911 ff.

542 Martenczuk, CR 1999, 363, 365; ähnlich, wenn auch allgemein: Henneke, in: Knack, VwVfG, 8. Aufl., 2004, Vor § 35 Rn. 32.

543 OLG Köln, OLGR 2004, 312 ff.= CR 2004, 911 ff.

netzagentur) wegen Verstoßes gegen § 9 AGBG[544] bzw. §§ 305 f. BGB unwirksam sind. Es verneinte diese Frage unter anderem damit, dass die Entgeltgenehmigung einer zivilgerichtlichen Überprüfung entgegenstehe. Dass diese Entscheidung nicht zum Wettbewerbsrecht, sondern zu Normen des Gesetzes zur Regelung der Allgemeinen Geschäftsbedingungen (AGBG) und des Bürgerlichen Gesetzbuches erlassen wurde, ändert nichts an der Beurteilung; denn auch hier veranlasste die angenommene Tatbestandswirkung der Entgeltgenehmigung das Oberlandesgericht Köln, einen Verstoß gegen die Vorschriften des AGBG und des BGB abzulehnen.

Das Oberlandesgericht Düsseldorf[545] urteilt ebenfalls, dass Beschlüsse der Bundesnetzagentur Tatbestandswirkung für die Zivilgerichte entfalten. Die Zivilgerichte könnten bei Vorliegen einer Entgeltgenehmigung nicht den gleichen Sachverhalt unter den wettbewerbs- und kartellrechtlichen Anspruchsgrundlagen der §§ 19 Abs. 1 und Abs. 4, 20 Abs. 2 GWB prüfen. Diese Einschränkung sei erforderlich, um einander widersprechende Entscheidungen zu vermeiden.

Dennoch wird in der Literatur vertreten, dass die Genehmigung keine Tatbestandswirkung für die Zivilgerichte entfalten könne.[546] Die Annahme einer solchen Bindungs- und damit Sperrwirkung verstoße hinsichtlich des Rechtsweges gegen Art. 101 Abs. 1 Satz 2 und Art. 3 Abs. 1 GG, da den Wettbewerbern in unzulässiger Weise der für die Prüfung der Ansprüche nach dem GWB zuständige Richter entzogen werde.[547] *Piepenbrock* macht allerdings insofern eine Einschränkung, als er eine Tatbestandswirkung dann anerkennt, wenn das Verwaltungsgericht eine rechtskräftige Entscheidung erlassen hat. An deren Inhalt müsste auch das Zivilgericht gebunden sein.

Michalski/Bauriedl[548] sind ebenfalls der Ansicht, dass die Zivilgerichte nicht an die Genehmigung gebunden sind und unabhängig von der Entscheidung der Bundesnetzagentur über einen Verstoß gegen das GWB urteilen können. Die Tatbestandswirkung von Verwaltungsakten finde in Art. 19 Abs. 4 GG eine rechtliche Schranke. Dem Rechtsschutzsuchenden müsse der Zivilrechtsweg

---

544 Gesetz zur Regelung der Allgemeinen Geschäftsbedingungen vom 9. Dezember 1976, BGBl. I 1976, S. 3317 ff., aufgehoben durch Gesetz vom 26. November 2001, BGBl. I 2001, S. 3138 ff.

545 OLG Düsseldorf, MMR 2002, 316 ff.

546 Rommel/Hoffmann-Steudner, MMR 2002, 323; Piepenbrock, MMR 2002, 320, 322; Bauriedl, Zulässigkeit der Inhaltskontrolle, 1998, S. 82.

547 Piepenbrock, MMR 2002, 319, 322.

548 Michalski/Bauriedl, CR 1998, 657, 660.

offen stehen, damit dieser nicht in seiner durch Art. 19 Abs. 4 GG gewährleisteten Rechtsweggarantie verletzt wird.

Die Rechtsprechung des Bundesgerichtshofs ist uneinheitlich. Nach neueren Entscheidungen[549] sollen die Zivilgerichte nicht an einen bestandskräftigen Verwaltungsakt gebunden sein, sondern im Gegenteil dessen Rechtmäßigkeit zu überprüfen haben. An anderer Stelle[550] führte der Bundesgerichtshof jedoch aus, dass auch die ordentlichen Gerichte die Existenz und den Inhalt eines Verwaltungsaktes, der nicht nichtig ist, aufgrund seiner Tatbestandswirkung zu beachten haben, solange dieser Verwaltungsakt nicht von Amts wegen oder auf Rechtsbehelfe hin in dem dafür vorgesehenen Verfahren aufgehoben worden ist.

Gegen eine Tatbestandswirkung spricht sich das Bundesverwaltungsgericht aus.[551] Ein Gericht ist nach Entscheidung des Bundesverwaltungsgerichts aufgrund der wesensmäßigen Unterschiede zwischen behördlichem und gerichtlichem Verfahren nicht an den Inhalt eines Verwaltungsaktes gebunden, wenn dieser noch nicht abschließend überprüft wurde. In einer Entscheidung betreffend die Entgeltgenehmigung im Stromsektor[552] ist es fast beiläufig davon ausgegangen, dass eine Genehmigung zivilrechtlich überprüft werden kann. Das ordentliche Gericht sei an die Genehmigung nur insoweit gebunden, als es sie als solche hinnehmen müsse. Eine inhaltliche Überprüfung des umgesetzten Tarifs sei dem ordentlichen Gericht hingegen nicht versagt.[553]

(2) Stellungnahme

Aufgrund der unterschiedlichen Stellung des Bundeskartellamtes und der Zivilgerichte können die obigen Argumente betreffend die Tatbestandswirkung der Entgeltgenehmigung für das Bundeskartellamt nicht übernommen werden.
Die staatliche Kompetenzordnung[554] kann die Tatbestandswirkung der Entgeltgenehmigung für die Zivilgerichte nicht rechtfertigen. Sie gebietet zwar, dass Hoheitsakte, die staatliche Stellen im Rahmen ihrer Kompetenz erlassen haben, von anderen Behörden akzeptiert werden und demzufolge die Kompetenzen der einzelnen Behörden gewahrt bleiben.[555] Jedoch kann dieser Grundsatz nur für

---

549 BGHZ 113, 17, 18ff.; BGH, NVwZ 2000, 1206, 1207; BGH, NJW 2001, 2541.

550 BGHZ 4, 68, 71; 73, 114, 117; 103, 30, 34; 117, 159, 168.

551 BVerwGE 48, 271, 276.

552 BVerwGE 95, 133, 138.

553 BVerwGE 95, 133, 138.

554 Seibert, Bindungswirkung von Verwaltungsakten, 1989, S. 259.

555 Ortloff, NJW 1987, 1665, 1666; Martenczuk, CR 1999, 363, 365; Seibert, Bindungs-

gleichgestellte staatliche Stellen, d.h. für Behörden gelten. Gerichte können aufgrund ihrer grundgesetzlich verbürgten unabhängigen Stellung nicht ohne weiteres an Behördenentscheidungen gebunden sein. Die Ungebundenheit der Gerichte ergibt sich zum einen aus dem in Art. 20 Abs. 2 Satz 2 GG enthaltenen Grundsatz der Gewaltenteilung, der verlangt, dass die Rechtsprechung durch besondere von der Gesetzgebung und vollziehenden Gewalt verschiedene Organe ausgeübt wird.[556] Zum anderen ist die Unabhängigkeit der Gerichte von der Exekutive eine notwendige Voraussetzung zur Erfüllung des Wirksamkeitsgebotes des Art. 19 Abs. 4 GG, nach dem demjenigen, der durch die öffentliche Gewalt in seinen Rechten verletzt wird, wirksamer Rechtsschutz zu Teil werden muss.[557] Konkretisiert wird die Ungebundenheit der Gerichte in Art. 97 Abs. 1 GG, der die unabhängige Stellung der Richter normiert.[558] Durch § 1 GVG und § 1 VwGO, die festlegen, dass die richterliche Gewalt durch unabhängige, nur dem Gesetz unterworfene Gerichte ausgeübt wird, erfährt der Grundsatz der Unabhängigkeit einfachgesetzliche Ausprägung. Die Unabhängigkeit ist hierbei in organisatorischer, funktioneller und personeller Hinsicht zu gewährleisten;[559] insbesondere ist eine Abkoppelung von den normalen Steuerungsmöglichkeiten der exekutivistischen Hierarchie sicherzustellen.[560]
Aufgrund der grundgesetzlich und einfachgesetzlich verbürgten unabhängigen Stellung der Gerichte darf sich folglich eine behördliche Entscheidung in Form einer Entgeltgenehmigung nicht bindend auf sie auswirken.[561]

Durch eine gerichtliche Überprüfung der behördlichen Entscheidung wird auch die Autorität der Bundesnetzagentur nicht berührt, da ein Gerichtsurteil zwar unter Umständen mittelbar das Behördenverhalten bewertet, diese Bewertung

---

wirkung von Verwaltungsakten, 1989, S. 259.

556 Kopp/Schenke, VwGO, 14. Aufl., 2005, § 1 Rn. 1; Geiger, in: Eyermann, VwGO, 12. Aufl., 2006, § 1 Rn. 6; Kissel/Mayer, GVG, 4. Aufl., 2005, § 1 Rn. 6, 32.

557 Schmidt-Aßmann, in: Schoch/Schmidt-Aßmann/Pietzner, VwGO, Einl. Rn. 38.

558 Zur unabhängigen Stellung der Richter siehe: Detterbeck, in: Sachs, GG, 3. Aufl., 2003, Art. 97 GG; Pieroth, in: Jarass/Pieroth, GG, 8. Aufl., 2006, Art. 97 GG; Schmidt-Bleibtreu, in: Schmidt-Bleibtreu/Klein, GG, 10. Aufl., 2004, Art. 97 GG; Schulze-Fielitz, in: Dreier, GG, 1. Aufl., 2000, Art. 97 GG.

559 Pfeiffer, in: Pfeiffer, StPO, 5. Aufl., 2003, § 1 GVG Rn. 3 ff.; Stelkens, in: Schoch/Schmidt-Aßmann/Pietzner, VwGO, § 1 Rn. 34; Geiger, in: Eyermann, VwGO, 12. Aufl., 2006, § 1 Rn. 6 ff.; Redeker/v. Oertzen, VwGO, 14. Aufl., 2004, § 1 Rn. 2 ff.; Kissel/Mayer, GVG, 4. Aufl., 2005, § 1 Rn. 8 ff.; Gummer, in: Zöller, ZPO, 25. Aufl., 2005, § 1 GVG, Rn. 4 ff.

560 Pfeiffer, in: Pfeiffer, StPO, 5. Aufl., 2003, § 1 GVG Rn. 5 f.; Kopp/Schenke, VwGO, 14. Aufl., 2005, § 1 Rn. 3.

561 A.A. Martenczuk, CR 1999, 363, 365.

aber gerade Ausdruck der staatlichen Rechtsordnung ist. Das Urteil dient nicht dazu, das Verhalten der Bundesnetzagentur zu maßregeln, sondern dazu, einen möglichen Verstoß gegen § 19 GWB festzustellen. Zu dieser Feststellung ist das Gericht gemäß §§ 87 Abs. 1 Satz 1, 95 GWB befugt und verpflichtet.

Auch die Notwendigkeit der Vermeidung widersprüchlicher Entscheidungen[562] kann im Verhältnis von Behörde zu Gericht nicht als Argument für die Tatbestandswirkung angeführt werden. Wenn das Gericht einer Behördenentscheidung widerspricht, muss dieses Urteil vielmehr hingenommen werden. Dieser „Widerspruch" ist der Rechtsordnung und unserem Rechtsschutzsystem immanent. Es ist gerade die Aufgabe eines Gerichts, die Rechtmäßigkeit des Verwaltungshandelns zu überprüfen. Hierbei kann es zwangsläufig zu widersprüchlichen Entscheidungen kommen. Zudem ist zu beachten, dass die Entscheidung des Zivilgerichts, dass ein Verstoß gegen § 19 GWB vorliegt, und die Entscheidung der Bundesnetzagentur, dass eine Genehmigung zu erteilen ist, keinen Normwiderspruch darstellt. Vielmehr liegt hier allenfalls ein Wertungswiderspruch vor, der in Anbetracht der unterschiedlichen kompetenzrechtlichen Stellung der Behörde und des Gerichts hinzunehmen ist.

Das verfahrensökonomische Argument, nach dem unnötige Doppelprüfungen zu vermeiden sind[563], kann im Verhältnis von Behörde und Gericht ebenfalls nicht überzeugen. Auch wenn das Zivilgericht innerhalb seines Verfahrens den Inhalt der Genehmigung betrachtet, kommt es zu keiner unnötigen Doppelprüfung der Anforderungen an die Genehmigung. Die erneute Überprüfung, ob ein Verstoß gegen das GWB vorliegt, ist nämlich keineswegs unnötig, wenn das Zivilgericht zu einer anderen Entscheidung als die Bundesnetzagentur kommt.

Für die Annahme der Tatbestandswirkung einer Entgeltgenehmigung könnte allenfalls der Vertrauensschutz[564] des antragstellenden Unternehmens sprechen, das sich auf die erteilte bestandskräftige Genehmigung verlässt und entsprechend dieser seine Preisge-staltung auf dem Markt vornimmt. Wird das beantragende Unternehmen etwa trotz bestandskräftiger Genehmigung von dem Zivilgericht zu einer Schadensersatzzahlung gemäß § 33 Abs. 3, Abs. 1 i.V.m. § 19 Abs. 1 GWB verurteilt, weil es Entgelte im Geschäftsverkehr fordert, die miss-

---

562 OLG Düsseldorf, MMR 2002, 316, 318; Martenczuk, CR 1999, 363, 364; Ossenbühl, DVBl. 1990, 963, 967; Wagner, Öffentlich-rechtl. Genehmigung und zivilrechtl. Rechtswidrigkeit, 1989, S. 95; Seibert, Bindungswirkung von Verwaltungsakten, 1989, S. 263.

563 Martenczuk, CR 1999, 363, 365.

564 Siehe bereits Teil 3, B. III. 2. c) aa) (2) (b).

bräuchlich im Sinne des § 19 Abs. 1 GWB sind, ist es in seinem Vertrauen auf die Entgeltgenehmigung betroffen. Die Forderung eines genehmigten Entgelts wird im Nachhinein als Missbrauch einer marktbeherrschenden Stellung im Sinne des § 19 GWB bewertet. Ein Unwerturteil wird ausgesprochen und das obwohl das betroffene Unternehmen nach dem Telekommunikationsgesetz nichts „Unrechtes“ getan hat: Es hat entsprechend der Genehmigung Entgelte im Geschäftsverkehr erhoben. Genau zu diesem Verhalten war es gemäß § 37 TKG verpflichtet.

Der Vertrauensschutz des Unternehmens ist jedoch nur schützenswert, wenn der Adressat der Genehmigung auf den Bestand des Verwaltungsaktes vertraut hat, sein Vertrauen schutzwürdig ist und das Vertrauensinteresse gegenüber dem öffentlichen Interesse an der Wiederherstellung der Gesetzmäßigkeit überwiegt. Die Schutzwürdigkeit des Vertrauens ist davon abhängig, ob das die Genehmigung beantragende Unternehmen die Genehmigung erschlichen oder durch sonstige unlautere Mittel erwirkt hat, ob es die Rechtswidrigkeit der Genehmigung kannte oder kennen musste[565], und ob die Rechtswidrigkeit in seinem Verantwortungsbereich liegt bzw. die Fehlerhaftigkeit des Verwaltungsaktes vom Begünstigten verursacht wurde.[566] Da das Telekommunikationsunternehmen den Genehmigungsantrag stellt, und im Zuge dessen gemäß § 33 TKG verpflichtet ist, die zur Prüfung des Antrags erforderlichen Unterlagen vorzulegen, weiß das Unternehmen unter Umständen, dass das beantragte Entgelt gegen die Vorschriften des GWB verstößt. Bei Kenntnis der Missbräuchlichkeit ist das Vertrauen des Unternehmens nicht schutzwürdig. Zudem hat das Unternehmen regelmäßig Einfluss auf das Genehmigungsverfahren. Durch die Stellung des Genehmigungsantrages legt es den Prüfungsumfang fest.[567] Aufgrund dieser Festlegung liegt die Rechtswidrigkeit der Entgeltgenehmigung zwar nicht in seinem Verantwortungsbereich; jedoch wird deutlich, dass das die Genehmigung beantragende Unternehmen anders als bei einem Verwaltungsakt, bei dem keine Mitwirkungsmöglichkeit des Adressaten besteht, eine Mitverantwortung für den Inhalt der Genehmigung trägt. Diese Mitverantwortung spricht ebenfalls gegen die Annahme eines schutzwürdigen Vertrauens und für eine Abwägung zugunsten des Grundsatzes der Gesetzmäßigkeit der Verwaltung.

Kannte das Telekommunikationsunternehmen den Verstoß gegen das GWB hingegen nicht und sprechen auch keine sonstigen Gründe gegen die Schutzwürdigkeit, ist sein Vertrauen grundsätzlich als schützenswert anzuerkennen. Das

---

565 BVerwG, MDR 68, 699; 70, 77; BVerwG, DVBl. 1994, 115.

566 BVerwGE 10, 308; 13, 28.

567 BGH, MMR 2004, 470 ff.= CR 2004, 666 ff.

Vertrauensinteresse muss jedoch zudem das öffentliche Interesse an der Wiederherstellung der Gesetzmäßigkeit überwiegen. In Anbetracht dessen, dass hier auch Dritte - nämlich die Kunden und Wettbewerber des marktbeherrschenden Unternehmens - ein Interesse an der Verhinderung des missbräuchlichen Verhaltens und an der Wiederherstellung der Gesetzmäßigkeit haben, kann das Vertrauensinteresse des Unternehmens nicht als überwiegend angesehen werden. Ansonsten würde man das Vertrauensinteresse eines einzelnen Unternehmens höher gewichten als das Interesse der Allgemeinheit an der Herstellung des gesetzmäßigen Zustandes.

Allerdings könnte auch hier die Konzeption des Telekommunikationsgesetzes als sektorspezifisches Gesetz zum GWB für die Annahme der Tatbestandswirkung einer Entgeltgenehmigung sprechen. Die Entscheidungen der Bundesnetzagentur, die als sektorspezifische Behörde für den Telekommunikationsmarkt geschaffen wurde, müssen grundsätzlich Gültigkeit besitzen. Der Gesetzgeber hat sich bewusst für eine Auslagerung der Aufgaben auf eine sektorspezifische Behörde entschieden, um so sicherzustellen, dass der Telekommunikationsmarkt zentral von einer Behörde gesteuert wird. Dieses Argument ist im Rahmen der Tatbestandswirkung der Entgeltgenehmigung für das Bundeskartellamt durchaus aussagekräftig.[568] Im Zusammenhang mit der Bindung des Zivilgerichts an die Genehmigung kann es jedoch nicht überzeugen. Zum einen wird die Stellung der Bundesnetzagentur als sektorspezifischer Behörde nicht dadurch berührt, dass das Zivilgericht die von ihr genehmigten Entgelte überprüft. Zum anderen darf die sektorspezifische Stellung der Bundesnetzagentur nicht dahingehend überbewertet werden, dass die von ihr erlassenen Entscheidungen absolute Gültigkeit besitzen und auch nicht mehr von den Zivilgerichten kontrolliert werden dürfen.

Die Annahme einer Tatbestandswirkung würde dazu führen, dass ein gegebenenfalls rechtswidriges Entgelt Bestand hat, weil es nicht mehr durch die Zivilgerichte überprüft werden kann. Grundsätzlich besteht zwar eine Überprüfungsmöglichkeit durch die Verwaltungsgerichte, allerdings ist vor den Verwaltungsgerichten nicht jedermann klagebefugt. Die Überprüfbarkeit der Genehmigung vor den Zivilgerichten hat für die Konkurrenten den Vorteil, dass sie auch die Verletzung von Normen geltend machen können, die nicht drittschützend sind. Sie können zum Beispiel im Falle eines ihrer Meinung nach überhöhten Entgeltes dieses Entgelt auf seine Missbräuchlichkeit im Sinne des § 19 Abs. 1 i.V.m. Abs. 4 Nr. 4 GWB prüfen lassen. Wird die Tatbestandswirkung bejaht, ist der Konkurrent, der nicht auf dem Verwaltungsrechtsweg vorgehen kann, quasi

---

568 Siehe Teil 3, B. III. 2. c) aa) (2) (b).

rechtsschutzlos gestellt, da das Zivilgericht nicht entgegen der Genehmigung entscheiden kann.

Hierin könnte ein Verstoß gegen Art. 19 Abs. 4 GG bestehen.[569] Nach Art. 19 Abs. 4 GG muss jedem, der durch die öffentliche Gewalt in seinen Rechten verletzt wird, der Rechtsweg offen stehen. Folglich darf niemand rechtsschutzlos gestellt sein, wenn er in seinen subjektiven Rechten verletzt wird.[570] Art. 19 Abs. 4 GG bezieht sich hierbei nur auf die Verletzung subjektiv-öffentlicher Rechte durch die öffentliche Gewalt, genauer gesagt durch die Verwaltung.[571] Da der Wettbewerber durch die Genehmigung der Bundesnetzagentur bzw. durch deren Wirkungen verletzt wird, liegt ein solcher Akt der öffentlichen Gewalt vor. Weitere Voraussetzung ist jedoch, dass der Wettbewerber in seinen subjektiven Rechten verletzt wird. Nur dann geniest er den Schutz des Art. 19 Abs. 4 GG. Es wurde bereits dargestellt, dass der Wettbewerber, der in seinen subjektiven Rechten verletzt ist, auf dem Verwaltungsrechtsweg vorgehen kann. In Anbetracht dessen, dass Zivil- und Verwaltungsrechtsweg im Hinblick auf Art. 19 Abs. 4 GG grundsätzlich gleichwertig sind und es gleichgültig ist, ob der Rechtsschutz durch ein Verwaltungsgericht oder ein ordentliches Gericht gewährt wird,[572] steht ihm für diesen Fall folglich der Rechtsweg offen und es liegt kein Verstoß gegen Art. 19 Abs. 4 GG vor. Nur wenn dem Wettbewerber kein subjektives Recht zusteht, ist ihm das Vorgehen auf dem Verwaltungsrechtsweg versagt. Dann gebietet Art. 19 Abs. 4 GG aber auch nicht, dass der Wettbewerber auf dem Zivilrechtsweg vorgehen können muss. Die Rechtsweggarantie des Art. 19 Abs. 4 GG gilt nämlich nur für denjenigen, der die Verletzung eigener subjektiver Rechte durch die öffentliche Gewalt geltend machen kann.[573] Die Rechtsweggarantie begründet die verfahrensmäßig geschützten Rechte des Einzelnen nicht, sondern setzt ihren Bestand voraus.[574] Mithin liegt keine Verletzung des Art. 19 Abs. 4 GG vor, wenn ein Wettbewerber, der selbst nicht in seinen Rechten verletzt wird, nicht erfolgreich auf dem Zivilrechtsweg gegen die Genehmigung bzw. deren Wirkungen vorgehen kann, weil die Zivilgerichte an die Genehmigung der Bundesnetzagentur gebunden sind.

---

569 Michalski/Bauriedl, CR 1998, 657, 660; Bauriedl, Zulässigkeit der Inhaltskontrolle, 1998, S. 38.

570 Stein/Frank, Staatsrecht, 20. Aufl., 2007, § 54 II; Ipsen, Staatsrecht II, 7. Aufl., 2004, Rn. 830 ff.; Degenhart, Staatsrecht I, 22. Aufl., 2006, Rn. 834.

571 Krüger/Sachs, in: Sachs, GG, 3. Aufl., 2003, Art. 19 Rn. 115 ff.; Michalski/Bauriedl, CR 1998, 657, 660.

572 Krüger/Sachs, in: Sachs, GG, 3. Aufl., 2003, Art. 19 Rn. 138 ff.

573 BVerfG, NVwZ 2001, 1148, 1149; Krüger/Sachs, in: Sachs, GG, 3. Aufl., 2003, Art. 19 Rn. 126 ff.

574 Krüger/Sachs, in: Sachs, GG, 3. Aufl., 2003, Art. 19 Rn. 128.

Zu bedenken ist auch, dass die ordentlichen Gerichte die Genehmigung nicht rechtsgültig aufheben können.[575] Bei Verwaltungsakten besteht ein Aufhebungsverbot gegenüber allen staatlichen Stellen, die nicht ausdrücklich zur Aufhebung des Verwaltungsaktes befugt sind.[576] Kommt das Zivilgericht etwa zu der Annahme, dass ein Entgelt nicht angemessen im Sinne des § 19 Abs. 1 i.V.m. Abs. 4 Nr. 4 GWB ist, kann es das Unternehmen zwar gemäß § 33 Abs. 1 GWB verurteilen, die Erhebung des Entgelts zu unterlassen, die Genehmigung aber nicht aufheben. Die Genehmigung besteht zumindest so lange weiter bis ein anderes Entgelt von der Bundesnetzagentur genehmigt wird. Dieser Zustand erzeugt Rechtsunklarheit, weil die bestehende Entgeltgenehmigung permanent gegen die Vorschriften des GWB verstoßen würde. Wäre das Zivilgericht an die Genehmigung gebunden, würde es hier nicht zur Unklarheit kommen.

Gegen die Tatbestandswirkung der Genehmigung könnten Unterschiede in der Stellung der jeweiligen Verfahrens- bzw. Prozessbeteiligten anzuführen sein.[577] Beteiligte des Entgeltgenehmigungsverfahrens sind der Antragsteller und die Bundesnetzagentur. Wettbewerber und andere Dritte sind grundsätzlich nicht am Verwaltungsverfahren beteiligt. Hiervon zu unterscheiden ist die prozessuale Konstellation im Zivilrechtsstreit: Falls ein Wettbewerber vor den Zivilgerichten klagt, wird der Prozess ausschließlich zwischen dem beantragenden Unternehmen und dessen Wettbewerber geführt. Die Bundesnetzagentur ist keine Partei. Gemäß § 139 TKG i.V.m. § 90 Abs. 1 Satz 1 GWB ist sie jedoch über alle Rechtsstreitigkeiten nach § 87 Abs. 1 GWB zu unterrichten.
Nach *Dahlke*[578] verbietet es dieser strukturelle Unterschied, von einer bindenden Wirkung des telekommunikationsrechtlichen Verfahrens auszugehen. Eine bestandskräftige Verwaltungsentscheidung, die ein Rechtsverhältnis zwischen Staat und Bürger betrifft, könne nicht eine andere zivilgerichtliche Konstellation beeinflussen, in der eine dritte Partei, zum Beispiel ein Wettbewerber, beteiligt ist. Diese Annahme widerspräche dem Grundsatz der Gewährung effektiven Rechtsschutzes aus Art. 19 Abs. 4 GG sowie dem verfassungsrechtlichen Anspruch auf rechtliches Gehör aus Art. 103 Abs. 1 GG, da die betroffene Partei keinen Einfluss auf die behördliche Entscheidung ausüben konnte. Wie bereits gesehen, liegt jedoch kein Verstoß gegen Art. 19 Abs. 4 GG vor, weil der Wettbewerber entweder nicht in subjektiven Rechten verletzt ist und sich deshalb nicht auf Art. 19 Abs. 4 GG berufen kann, oder weil er seine Rechtsverletzung

---

575 Michalski/Bauriedl, CR 1998, 657, 661.

576 Sachs, in: Stelkens/Bonk/Sachs, VwVfG, 6. Aufl., 2001, § 43 Rn. 29; Kopp/Ramsauer, VwVfG, 9. Aufl., 2005, § 48 Rn. 1.

577 Dahlke, Rechtssystematische Besonderheiten im TK-Recht, 2004, S. 189.

578 Dahlke, Rechtssystematische Besonderheiten im TK-Recht, 2004, S. 190.

vor dem Verwaltungsgericht geltend machen kann und ihm infolgedessen der Rechtsweg offen steht. Auch auf Art. 103 Abs. 1 GG kann sich der Wettbewerber nicht berufen, wenn er im behördlichen Verfahren nicht gehört wurde, da Art. 103 Abs. 1 GG auf das Verwaltungsverfahren nicht anwendbar ist.[579] Folglich sprechen die Unterschiede in der Stellung der Verfahrens- und Prozessbeteiligten nicht zwangsläufig gegen eine Tatbestandswirkung der Genehmigung für die Zivilgerichte.

Jedoch führen nach *Dahlke*[580] auch Unterschiede bei den Streitgegenständen im Verwaltungsverfahren und im Zivilprozess dazu, dass eine bindende Wirkung der Entscheidung der Bundesnetzagentur abzulehnen ist. Im Entgeltgenehmigungsverfahren gibt es zwar keinen „Streitgegenstand", da der Antrag auf Erlass der Genehmigung und die darauf folgende Genehmigung keinen Streit im rechtlichen Sinne darstellen.[581] Gegenstand des Entgeltgenehmigungsverfahrens ist jedoch die Erteilung einer Genehmigung auf Antrag des marktbeherrschenden Unternehmens.

Im Zivilprozess ist der Streitgegenstand entsprechend dem Wortlaut des § 253 Abs. 2 Nr. 2 ZPO zweigliedrig zu bestimmen: Maßgeblich ist danach der Klageantrag, in dem der Kläger die angestrebte Rechtsfolge konkretisiert, und der Lebenssachverhalt, aus dem der Kläger die begehrte Rechtsfolge herleitet.[582] Der zugrunde liegende Lebenssachverhalt kann demnach verallgemeinernd wie folgt bestimmt werden: Das die Genehmigung beantragende Unternehmen fordert ein genehmigtes Entgelt im Geschäftsverkehr. Dieses Entgelt ist nach Ansicht des Wettbewerbers missbräuchlich im Sinne des § 19 GWB. Aufgrund dieser Missbräuchlichkeit möchte der Wettbewerber, dass die Erhebung des Entgelts gemäß § 33 Abs. 1 GWB unterlassen wird bzw. er fordert gemäß § 33 Abs. 3, Abs. 1 GWB Schadensersatz.

Die „Streitgegenstände" im Entgeltgenehmigungsverfahren und im Zivilprozess unterscheiden sich folglich in sachlicher Hinsicht. Während im behördlichen Verfahren die Erteilung einer Genehmigung erstrebt wird, soll das Zivilgerichtsverfahren einen Verstoß gegen die Vorschriften des GWB offen legen und eventuell bestehende Ansprüche beurteilen. Vor diesem Hintergrund kann die ver-

---

579 Degenhart, in: Sachs, GG, 3. Aufl., 2003, Art. 103 Rn. 5 m.w.N.

580 Dahlke, Rechtssystematische Besonderheiten im TK-Recht, 2004, S. 191 ff.

581 Zum Begriff des Streitgegenstands: BGHZ 117, 1, 5; BGH, NJW 1993, 333, 334; Musielak, ZPO, 5. Aufl., 2007, Einl. Rn. 69 ff.; Leber, NVwZ 1996, 668, 669; Horn, JuS 1992, 680 ff.

582 Thomas, in: Thomas/Putzo, ZPO, 27. Aufl., 2005, Einl. II Rn. 33; Lüke, in: Lüke, ZPO, 2. Aufl., 2000, Vor § 253 Rn. 31; Hartmann, in: Baumbach/Lauterbach/Albers/Hartmann, ZPO, 62. Aufl., 2004, § 2 Rn. 5; Zeiss/Schreiber, Zivilprozessrecht, 10. Aufl., 2003, Rn. 311; Musielak, NJW 2000, 3593 m.w.N.

waltungsverfahrensrechtliche Entscheidung keinen Einfluss auf den Ausgang eines späteren gerichtlichen Verfahrens haben.[583]

Mithin sprechen die besseren Argumente gegen die Annahme einer Tatbestandswirkung. Die unabhängige Stellung der Gerichte gebietet es, dass das Zivilgericht nicht an den Inhalt der Genehmigung gebunden ist. Folglich müssen die Gerichte ihre Entscheidungen unbeeinflusst von einer etwaigen Behördenentscheidung treffen können. Dieses Verständnis wird durch das Verhältnis des GWB zum Telekommunikationsgesetz unterstützt: Auch wenn das Telekommunikationsgesetz sektorspezifisch zum GWB ist, sind die Gesetze nebeneinander anwendbar. Demnach sind sowohl die Verwaltungs- als auch die Zivilgerichte für die Beurteilung von telekommunikationsrechtlichen Sachverhalten zuständig. Wenn das Zivilgericht nun immer an das vorhergehende Verhalten der Bundesnetzagentur gebunden wäre und keine unabhängigen Entscheidungen treffen könnte, wäre das Nebeneinander der Gerichte sinnlos, da das Zivilgericht ohnehin nicht anders als die Bundesnetzagentur entscheiden könnte.

c) Ergebnis

Im Ergebnis ist festzuhalten, dass eine Klage des Konkurrenten vor dem Zivilgericht zulässig ist, wenn dieser die Verletzung des § 19 GWB rügt und die anderen Sachentscheidungsvoraussetzungen gegeben sind. Begründet ist die Klage bei einem Verstoß gegen die Normen des GWB. Das Vorliegen eines solchen Verstoßes kann grundsätzlich unabhängig vom Inhalt der Genehmigung geprüft werden, da diese für die Zivilgerichte keine Tatbestandswirkung entfaltet.[584]

III. Konstellation 3: Der Vertragspartner möchte gegen die Entgeltgenehmigung vorgehen

Wie in dem oben genannten Beispielsfall (Teil 4, A.), in dem ein Nachfrager von Vorleistungen gegen die Deutsche Telekom AG klagte, gezeigt, kann auch der Vertragspartner des marktbeherrschenden Unternehmens ein Interesse daran haben, gegen die Genehmigung bzw. gegen die zivilrechtlichen Wirkungen der Genehmigung vorzugehen. Hierbei kann der Nachfrager zum einen die Verletzung der Normen des Telekommunikationsgesetzes, zum anderen die Verletzung der Normen des GWB und des BGB rügen. Demzufolge könnte er sowohl den Verwaltungsrechtsweg als auch den Zivilrechtsweg beschreiten.

---

[583] Dahlke, Rechtssystematische Besonderheiten im TK-Recht, 2004, S. 195.
[584] Dahlke, Rechtssystematische Besonderheiten im TK-Recht, 2004, S. 211.

In Anbetracht dessen, dass diese Konstellation der zuvor behandelten Konstellation 2 ähnlich ist, sollen nur die problematischen Gesichtspunkte angesprochen werden; ansonsten ist auf die obigen Ausführungen zu verweisen.

1. Vorgehen auf dem Verwaltungsrechtsweg

Eine Klage des Vertragspartners vor dem Verwaltungsgericht hat Aussicht auf Erfolg, wenn sie zulässig und begründet ist. Zulässig ist die Klage, wenn die notwendigen Sachentscheidungsvoraussetzungen vorliegen. In diesem Zusammenhang ist insbesondere die Klagebefugnis des Nachfragers gemäß § 42 Abs. 2 VwGO problematisch.

a) Zulässigkeit einer verwaltungsgerichtlichen Klage

Möchte der Vertragspartner vor dem Verwaltungsgericht klagen, muss er klagebefugt im Sinne des § 42 Abs. 2 VwGO sein. Bei Dritten, d.h. bei Personen, an die sich der Verwaltungsakt nicht richtet, muss eine sogenannte drittschützende Norm vorliegen, damit sie die Verletzung eines subjektiven Rechts geltend machen können und klagebefugt sind.[585] Auf der Grundlage der herrschenden Schutznormtheorie vermitteln Drittschutz nur solche Vorschriften, die neben dem Schutz von öffentlichen Interessen auch dem Schutz von Individualinteressen dienen.[586] Infolgedessen ist festzustellen, welche Normen des Telekommunikationsgesetzes drittschützend sind und ob die Vertragspartner vom Schutzzweck einzelner Normen erfasst sind.

Wie bereits in Teil 4 A. II. gesehen, sind nur die Vorschriften von § 35 Abs. 3 i.V.m. § 28 TKG für den Drittschutz im Zusammenhang mit einer Entgeltgenehmigung maßgeblich. Nach § 35 Abs. 3 TKG ist die Genehmigung zu versagen, wenn ein Verstoß gegen § 28 TKG vorliegt. Die Vorschrift des § 28 TKG ist in unterschiedliche Alternativen unterteilt, für die gesondert untersucht werden muss, ob sie Drittschutz zugunsten eines Nachfragers von Telekommunikationsvorleistungen gewähren. Ausschlaggebend hierfür ist, dass sich aus den individualisierenden Tatbestandsmerkmalen der Norm ein Personenkreis entnehmen lässt, der von der Allgemeinheit abgrenzbar ist.[587]

---

[585] Hüttenbrink, in: Kuhla/Hüttenbrink/Endler, Verwaltungsprozess, 3. Aufl., 2002, Teil D Rn. 62 ff. m.w.N.

[586] BVerwGE 81, 329, 334; 72, 226, 229; Neumann/Bosch, CR 2001, 225, 226; Happ, in: Eyermann, VwGO, 12. Aufl., 2006, § 42 Rn. 84, 86.

[587] Schmitt-Glaeser/Horn, Verwaltungsprozessrecht, 15. Aufl., 2000, Rn. 167.

Gemäß § 28 Abs. 1 Nr. 1 TKG ist ein Entgelt missbräuchlich, wenn das Unternehmen dieses nur aufgrund seiner beträchtlichen Marktmacht auf dem jeweiligen Markt durchsetzen kann. Auch wenn hier die Nachfrager und somit die Vertragskunden nicht direkt als abgrenzbare Gruppe angesprochen werden, verfolgt § 28 Abs. 1 Nr. 1 TKG das Ziel, die Nachfrager vor überhöhten Entgelten zu schützen. Das Unternehmen mit beträchtlicher Marktmacht soll seine Preissetzungsmacht nicht zuungunsten der Nachfrager ausnützen können. Folglich dient diese Alternative zumindest auch dem Schutz des Kunden.
§ 28 Abs. 1 Nr. 3 TKG ist ebenfalls drittschützend. Hiernach ist ein Entgelt, welches einzelnen Nachfragern Vorteile gegenüber anderen Nachfragern gleichartiger oder ähnlicher Telekommunikationsdienste einräumt, missbräuchlich. Diese Alternative hebt den zu schützenden Personenkreis der Nachfrager ausdrücklich hervor und grenzt ihn von der Allgemeinheit ab. Folglich fallen die Nachfrager, die bestimmte Leistungen bei dem Untenehmen mit beträchtlicher Marktmacht anfordern, in den Schutzzweck der Norm.
Die anderen Vorschriften nehmen nicht ausdrücklich auf die Nachfrager bzw. Vertragskunden von Telekommunikationsleistungen Bezug. Dennoch zeigt der Sinn und Zweck der Entgeltregulierungsvorschriften, dass auch diese Alternativen drittschützenden Charakter haben. Deutlich wird der drittschützende Charakter anhand der Vorschrift des § 27 Abs. 1 TKG, nach der es Ziel der Regulierung ist, die missbräuchliche Ausbeutung, Behinderung oder Diskriminierung von Endnutzern oder von Wettbewerbern zu verhindern. Vertragskunden sind entweder Endnutzer von Telekommunikationsleistungen oder Wettbewerber bzw. zukünftige Wettbewerber des marktbeherrschenden Unternehmens, die Telekommunikationsleistungen nachfragen, um diese für ihre eigene Tätigkeit auf dem Telekommunikationsmarkt zu nutzen. Als solche sollen sie gemäß § 27 Abs. 1 TKG vor missbräuchlicher Ausbeutung, Behinderung oder Diskriminierung geschützt werden. Mithin dienen die Entgeltregulierungsvorschriften zumindest auch dem Schutz der Vertragskunden. Unterstützt wird diese Annahme durch § 2 Abs. 2 Nr. 1 TKG, wonach die Regulierung die Wahrung der Nutzer-, insbesondere der Verbraucherinteressen auf dem Gebiet der Telekommunikation zum Ziel hat und § 2 Abs. 2 Nr. 2 TKG, nach dem die Sicherstellung eines chancengleichen Wettbewerbs und die Förderung nachhaltig wettbewerbsorientierter Märkte durch die Regulierung sichergestellt werden soll. Als Endkunde soll der Vertragspartner demnach in seinen Nutzerinteressen geschützt werden, als Wettbewerber soll er von der Chancengleichheit des Wettbewerbs profitieren. Folglich deuten auch die Ziele der Regulierung auf den drittschützenden Charakter der Entgeltregulierungsvorschriften hin.

Die drittschützende Wirkung des § 28 TKG lässt sich auch historisch anhand der Vorgängerregelung des § 24 TKG-alt begründen (siehe bereits Teil 4 A. II.). Der Wortlaut des § 24 Abs. 2 TKG-alt belegt, dass diese Vorschrift auch dem Schutz der Nachfrager diente. Gestützt wird diese Auslegung durch den Sinn und

Zweck der Entgeltregulierung. Nach § 2 Abs. 2 Nr. 1 TKG-alt war die Wahrung der Interessen der Nutzer auf dem Gebiet der Telekommunikation ein wesentliches Ziel der Regulierung. Dieses Regulierungsziel belegt, dass die Regulierung auch dem Schutz Einzelner dienen sollte, denn die Interessen aller Nutzer können nur gewahrt werden, wenn sie im Einzelnen geschützt werden. Gilt dies für die Regulierung im Allgemeinen, so entfaltet diese Schutzrichtung ihre besondere Bedeutung bei der Einhaltung der Maßstäbe der Entgeltregulierung nach § 24 Abs. 2 TKG-alt[588] und muss infolgedessen für alle Alternativen des § 24 Abs. 2 TKG-alt gelten.

Die Annahme der drittschützenden Wirkung des § 28 TKG sagt aber noch nichts darüber aus, ob sich auch der einzelne Kunde darauf berufen kann. Dessen Interessen müssen vielmehr vom Schutzzweck der Norm umfasst sein. Die Interessen des Nutzers können nur erfasst sein, wenn sich die Auf- oder Abschläge, oder auch die diskriminierende Behandlung auf ihn auswirkten. Voraussetzung ist mithin, dass der Nutzer eine vertragliche Bindung mit dem marktbeherrschenden Unternehmen eingeht oder zumindest eingehen will. Erst dann kann er gegen einen genehmigten Tarif vorgehen, weil zuvor die Genehmigung keine unmittelbare Wirkung auf ihn bzw. auf sein Rechtsverhältnis mit dem marktbeherrschenden Unternehmen erzeugt.[589]

Auch ein anderer Gesichtspunkt spricht für die Klagebefugnis des Kunden. Wie bereits erläutert, handelt es sich bei einer Entgeltgenehmigung um einen privatrechtsgestaltenden Verwaltungsakt.[590] Nach der Rechtsprechung des Bundesverwaltungsgerichts[591] gewähren privatrechtsgestaltende Verwaltungsakte dann Drittschutz zugunsten der am Privatrechtsverhältnis beteiligten Parteien, wenn sie unmittelbar und zwingend kraft Gesetzes in ein privatrechtliches Rechtsverhältnis eingreifen. Hierzu darf kein weiterer Umsetzungsakt notwendig sein, und die Parteien dürfen keinen Gestaltungsspielraum bei der Festsetzung der Entgelte haben. Liegen diese Voraussetzungen vor, besteht zumindest die Möglichkeit, dass das von der allgemeinen Handlungsfreiheit des Art. 2 Abs. 1 GG umfasste Recht, den Inhalt von vertraglichen Vereinbarungen mit der Gegenseite frei von staatlichen Bindungen aushandeln zu können[592], verletzt ist.

---

588 VG Köln, MMR 2000, 227, 228.

589 Schuster/Stürmer, in: Büchner, TKG, 2. Aufl., 2000, § 25 Rn. 88.

590 Teil 3, A, II, 2.

591 BVerwGE 100, 230, 234.

592 BVerfGE 65, 210; 73, 270; 95, 303; Hillgruber, in: Umbach, GG Bd. 1, 1. Aufl., 2002, Art. 2 I Rn. 96; Leibholz/Rinck/Hesselberger, GG, Art. 2 Rn. 375; Di Fabio, in:

Zunächst ist folglich zu prüfen, ob bei der Entgeltgenehmigung ein weiterer Umsetzungsakt notwendig ist oder ob die Genehmigung unmittelbar regelnd in die bestehende Rechtslage eingreift. Wie § 37 TKG zeigt, entfaltet die Entgeltgenehmigung unmittelbare Wirkung gegenüber dem Vertragspartner: Er kann keine Entgelte mit dem Anbieter aushandeln, weil dieser gemäß § 37 Abs. 1 TKG nur die genehmigten Entgelte fordern darf. Bereits bestehende Verträge, die andere als die genehmigten Entgelte enthalten, werden nach § 37 Abs. 2 TKG mit der Maßgabe wirksam, dass das genehmigte Entgelt an die Stelle des vereinbarten Entgelts tritt. In beiden Fällen hat der Vertragspartner keine Verhandlungsmöglichkeit mehr und die Genehmigung greift unmittelbar regelnd in die bestehende Rechtslage ein. Folglich ist das Unmittelbarkeitserfordernis erfüllt.
Weiterhin dürfen die Vertragspartner bei der Festsetzung der Entgelte keinen Gestaltungsspielraum haben. Vor der Festsetzung der Entgelte hat jedoch das antragstellende Unternehmen insofern einen Gestaltungsspielraum, als es das zu beantragende Entgelt selbst festlegt.[593] Die Kunden haben hingegen keinen Gestaltungsspielraum bei der Festsetzung der Entgelte. Sie können nicht auf das Genehmigungsverfahren einwirken und auch bei den vertraglichen Verhandlungen sind sie gemäß § 37 Abs. 1 TKG an die Festsetzung der Bundesnetzagentur gebunden. Mit § 37 Abs. 1 TKG bringt das Gesetz zum Ausdruck, dass hinsichtlich der Bemessung des Entgeltes kein Spielraum der an dem Privatrechtsverhältnis beteiligten Parteien besteht.[594]
Mangels Gestaltungsspielraum bei den Vertragsverhandlungen besteht hier folglich die Möglichkeit, dass die Kunden in ihrer durch Art. 2 Abs. 1 GG gewährleisteten Vertragsfreiheit beeinträchtigt sind.[595]
Somit spricht auch der privatrechtsgestaltende Charakter der Entgeltgenehmigung für die Klagebefugnis des Kunden. Liegen auch die anderen Sachentscheidungsvoraussetzungen vor, ist eine Klage vor dem Verwaltungsgericht zulässig.

b) Begründetheit einer verwaltungsgerichtlichen Klage

Eine Anfechtungsklage ist begründet, wenn der Vertragspartner durch die Genehmigung in seinen subjektiven Rechten verletzt wird, § 42 Abs. 2 VwGO. Diese Verletzung ist einzelfallbezogen festzustellen.

Maunz/Dürig, GG, Art. 2 Rn. 101 ff.; Kunig, in: v. Münch/Kunig, GG Bd. 1, 5. Aufl., 2000, Art. 2 Rn. 16.

593 BGH, MMR 2004, 471, 474= CR 2004, 666 ff.= WM 2004, 2410 ff.

594 Neumann/Bosch, CR 2001, 225.

595 So im Ergebnis auch OVG Münster, MMR 2002, 129.

2. Vorgehen auf dem Zivilrechtsweg

Möchte der Vertragspartner die Verletzung zivilrechtlicher Normen geltend machen, muss er sich an die Zivilgerichte wenden. Da sich die Stellung des Vertragspartners in diesem Fall nicht von der Stellung eines Wettbewerbers unterscheidet und auch die im Rahmen des Rechtsschutzes relevanten Problemkreise sich entsprechen, kann hier auf die obigen Ausführungen zur Fallkonstellation 2 verwiesen werden.

B. Ergebnis zu Teil 4

Als Ergebnis zu Teil 4 ist festzuhalten, dass alle von der Entgeltgenehmigung unmittelbar oder mittelbar Betroffenen umfassende Rechtsschutzmöglichkeiten haben. Der Adressat der Genehmigung kann eine Verpflichtungsklage auf Erlass der beantragten Genehmigung erheben.

Klagt ein Wettbewerber vor dem Verwaltungsgericht gegen die Genehmigung eines Endkundenentgeltes, stellt sich bereits in der Zulässigkeit der Klage die Frage, ob er klagebefugt ist. Als Nicht-Adressat der Genehmigung, d.h. als Dritter, ist er nur klagebefugt, wenn er sich auf eine drittschützende Norm berufen kann. Wie bereits im TKG-alt ist auch im jetzt geltenden Telekommunikationsgesetz keine Regelung enthalten, die die Klagebefugnis Dritter ausdrücklich normiert. Durch Auslegung lässt sich allerdings ermitteln, dass zumindest die Regelungen des § 28 TKG drittschützend sind. Insbesondere der Wortlaut einzelner Alternativen des § 28 TKG und eine teleologische Auslegung anhand von § 27 Abs. 1 TKG, der die Regulierungsziele beinhaltet, bestätigen dieses Ergebnis.
Begründet ist die Klage des Wettbewerbers vor dem Verwaltungsgericht, wenn er durch die Genehmigung in seinen Rechten verletzt wird. Die Verletzung muss im Einzelfall festgestellt werden.

Aufgrund der parallelen Anwendbarkeit von Telekommunikationsgesetz und GWB kann der Wettbewerber auch auf dem Zivilrechtsweg gegen genehmigte Endkundenentgelte vorgehen. Die Landgerichte sind gemäß §§ 87 Abs. 1 Satz 1, 95 GWB auch für die Beurteilung telekommunikationsrechtlicher Sachverhalte zuständig, wenn diese die Vorschriften des GWB tangieren. Das Bestehen einer Entgeltgenehmigung schließt die Zuständigkeit der Zivilgerichte nicht aus. Folglich ist eine Klage vor den Zivilgerichten zulässig, wenn auch die anderen Sachentscheidungsvoraussetzungen gegeben sind.
Ist § 19 GWB durch das erhobene Entgelt verletzt, ist die Klage auch begründet. Die Verletzung der Vorschriften des GWB hängt hierbei maßgeblich von der Tatbestandswirkung der Genehmigung für die Zivilgerichte ab. Nur wenn die

Genehmigung bzw. deren Inhalt für die Zivilgerichte nicht bindend ist, kann das zuständige Zivilgericht die Entgelte am Maßstab des § 19 GWB messen und die Missbräuchlichkeit unabhängig vom Inhalt der Entgeltgenehmigung ermitteln. Die besseren Argumente sprechen gegen die Annahme einer Tatbestandswirkung der Genehmigung. Insbesondere die Unabhängigkeit der Gerichte und die parallele Stellung von GWB und Telekommunikationsgesetz und somit auch von Zivil- und Verwaltungsgerichten rechtfertigen es, den Zivilgerichten eine umfassende Prüfungskompetenz zuzubilligen.

Der Vertragspartner des marktbeherrschenden Unternehmens, der dessen Vorleistungen in Anspruch nimmt, kann ebenfalls sowohl auf dem Verwaltungsrechtsweg als auch auf dem Zivilrechtsweg gegen die Entgeltgenehmigung bzw. gegen deren Wirkungen vorgehen. Den Zivilrechtsweg wird er beschreiten, wenn er einen Unterlassungs- oder einen Schadensersatzanspruch gemäß § 33 i.V.m. § 19 Abs. 1 GWB geltend machen möchte. Diesen Anspruch kann das Zivilgericht unabhängig vom Inhalt der Genehmigung feststellen.

Vor dem Verwaltungsgericht ist der Vertragspartner zur Klage befugt, wenn er die Verletzung einer drittschützenden Norm geltend machen kann. Als Vertragspartner und somit als Nachfrager von Telekommunikationsleistungen kann er sich zumindest auf die Verletzung des § 28 TKG berufen. Neben dem Wortlaut einzelner Alternativen des § 28 TKG und dem in § 27 Abs. 1 TKG enthaltenen Schutzgedanken lässt sich der drittschützende Charakter und damit die Klagebefugnis des Vertragspartners auch anhand der in Art. 2 Abs. 1 GG verbürgten Vertragsfreiheit begründen.

Geht der Vertragspartner oder auch der Wettbewerber auf dem Zivilrechtsweg vor, ist zu beachten, dass das Zivilgericht die Genehmigung nicht aufheben kann. Bei Verwaltungsakten besteht ein Aufhebungsverbot gegenüber allen staatlichen Stellen, die nicht ausdrücklich zur Aufhebung des Verwaltungsaktes befugt sind.[596] Nach Eintritt der Wirksamkeit kommt die Aufhebung der Genehmigung durch die Bundesnetzagentur bzw. durch ein Verwaltungsgericht mangels spezieller Regelungen im Telekommunikationsgesetz nur noch unter den Voraussetzungen der §§ 48, 49 VwVfG in Betracht.[597] Denkbar ist auch, dass das regulierte Unternehmen das genehmigte Entgelt nicht mehr im Rechtsverkehr fordert und einen neuen Genehmigungsantrag stellt.

---

596 Sachs, in: Stelkens/Bonk/Sachs, VwVfG, 6. Aufl., 2001, § 43 Rn. 29; Kopp/Ramsauer, VwVfG, 9. Aufl., 2005, § 48 Rn. 1.

597 Kopp/Ramsauer, VwVfG, 9. Aufl., 2005, § 48 Rn. 1.

Teil 5: Zusammenfassung und abschließende Würdigung

Trotz der geplanten Rückführung der sektorspezifischen Regulierung im Telekommunikationsbereich und der damit verbundenen Überführung einzelner Telekommunikationsmärkte in den alleinigen Anwendungsbereich des GWB, kommt es auch unter der Geltung des neuen Telekommunikationsgesetzes zu Abgrenzungsproblemen zwischen allgemeinem Kartellrecht und sektorspezifischem Telekommunikationsrecht und zu Zuständigkeitsüberschneidungen zwischen den allgemeinen Kartellbehörden und der Bundesnetzagentur. Wie bereits unter der Geltung des Telekommunikationsgesetzes von 1996 äußern sich diese Abgrenzungsprobleme besonders deutlich im Falle der Erteilung einer telekommunikationsrechtlichen Entgeltgenehmigung durch die Bundesnetzagentur.

Die vorliegende Untersuchung hatte zum Ziel, die Wirkungen einer solchen Entgeltgenehmigung der Bundesnetzagentur für die von ihr unmittelbar und mittelbar Betroffenen darzustellen und zu klären, ob die im Rahmen der sektorspezifischen Regulierung erlassene Genehmigung für die Kartellbehörden und -gerichte bindend ist.

Die Wirkungen der Entgeltgenehmigung für die unmittelbar und mittelbar von ihr Betroffenen, d.h. für die Adressaten der Genehmigung und deren Konkurrenten und Vertragspartner, bestimmen sich zum einen anhand der Rechtsnatur der Genehmigung, zum anderen anhand der Vorschrift des § 37 TKG. Gemäß § 37 Abs. 1 TKG hat die Erteilung der Genehmigung zur Folge, dass der Betreiber eines öffentlichen Telekommunikationsnetzes, der über beträchtliche Marktmacht verfügt, verpflichtet ist, ausschließlich die von der Bundesnetzagentur genehmigten Entgelte zu verlangen. Enthält ein Vertrag über Telekommunikationsdienstleistungen andere als die genehmigten Entgelte, wird der Vertrag mit der Maßgabe wirksam, dass das genehmigte Entgelt an die Stelle des vereinbarten Entgelts tritt, § 37 Abs. 2 TKG.

Zur Frage der Bindungswirkung einer Genehmigung für das Bundeskartellamt kommt es, wenn die Kartellbehörden für die Beurteilung des telekommunikationsrechtlichen Sachverhalts zuständig sind und eine Entgeltgenehmigung vorliegt, d.h. wenn Überschneidungsmöglichkeiten zwischen den Entgeltvorschriften und dem GWB bestehen. Das Bundeskartellamt ist für die Prüfung eines telekommunikationsrechtlichen Sachverhalts zuständig, wenn dieser die Vorschriften des GWB betrifft. Gemäß § 2 Abs. 3 Satz 1 TKG sind die Vorschriften des GWB anwendbar, soweit nicht durch das Telekommunikationsgesetz ausdrücklich abschließende Regelungen getroffen werden. Entgegen teilweiser Kritik an dieser Vorschrift ist an dem Wortlaut des § 2 Abs. 3 Satz 1 TKG festzuhalten, mit der Folge, dass die Vorschriften des GWB mangels ausdrücklich abschließender Regelungen im Telekommunikationsgesetz immer anwendbar sind. Für diese Annahme spricht neben dem Wortlaut des § 2 Abs. 3 Satz 1 TKG die in § 2 Abs. 3 Satz 2 TKG enthaltene Klausel, nach der die Aufgaben und Zuständigkeit der Kartellbehörden unberührt bleiben. Zudem zeigt eine systematische Auslegung anhand von § 111 EnWG und der in § 123 Abs. 1 Satz 3 TKG enthaltene Verweis auf die §§ 19, 20 GWB, dass der Gesetzgeber von der parallelen Anwendbarkeit des allgemeinen Wettbewerbsrechts und des sektorspezifischen Rechts ausging. Unterstützt wird diese Auslegung durch die Leitlinien der Kommission zur Marktanalyse und Ermittlung beträchtlicher Marktmacht nach dem gemeinsamen Rechtsrahmen für elektronische Kommunikationsnetze und -dienste, die ausdrücklich die Möglichkeit paralleler Verfahren der sektorspezifischen Regulierung und des Wettbewerbsrechts nennen.

Zu Überschneidungen im Rahmen der Entgeltregulierung kommt es insbesondere, wenn das Bundeskartellamt ein Missbrauchsverfahren auf § 19 GWB stützt. Da die Regelung des § 19 GWB auch telekommunikationsrechtliche Sachverhalte erfasst, ist es vorstellbar, dass das Bundeskartellamt ein genehmigtes Entgelt im Missbrauchsverfahren berücksichtigen muss. Ob, und falls ja wie, sich die Genehmigung eines Entgelts durch die Bundesnetzagentur auf die Entscheidung des Bundeskartellamtes auswirkt, war fraglich, konnte aber durch Auslegung geklärt werden.

Wird ein genehmigungspflichtiges Entgelt von der Bundesnetzagentur genehmigt, ist festzustellen, dass dieses Entgelt trotz der Genehmigung grundsätzlich den Tatbestand des § 19 GWB erfüllen und mithin missbräuchlich im Sinne des § 19 GWB sein kann. Allerdings kann das Bundeskartellamt einen Verstoß gegen die Vorschriften des GWB aufgrund der Tatbestandswirkung der Entgeltgenehmigung nicht feststellen. Vielmehr ist es an den Inhalt der Genehmigung bei der Prüfung der Vorschriften des GWB gebunden. Die Tatbestandswirkung der Genehmigung ergibt sich zunächst aus allgemeinen Gesichtspunkten – zu denen unter anderem das Gebot, widersprüchliche Entscheidungen zu vermeiden, die Wahrung der staatlichen Kompetenzordnung und die Verfahrensökonomie zählen. Ein systematischer Vergleich mit § 113 Abs. 3 EnWG begründet zudem die inhaltliche Bindung der zuständigen Kartellbehörde. Der Umfang der Tatbestandswirkung bestimmt sich hierbei zum einen nach der in der Genehmigung getroffenen Regelung und zum anderen nach dem tatsächlichen Prüfungsumfang, also danach, ob die Prüfungsmaßstäbe von Bundesnetzagentur und Bundeskartellamt kongruent sind. Die Kongruenz der Prüfungsmaßstäbe wird grundsätzlich durch § 35 Abs. 3 Satz 2 TKG sichergestellt, der fordert, dass im Entgeltgenehmigungsverfahren die Anforderungen des GWB geprüft werden. Bei übereinstimmenden Prüfkriterien ist das Bundeskartellamt folglich an die Entscheidung der Bundesnetzagentur gebunden. Berücksichtigt die Bundesnetzagentur ausnahmsweise die Anforderungen des GWB entgegen § 35 Abs. 3 Satz 2 TKG nicht, ist das Bundeskartellamt auch nicht an die Entscheidung der Bundesnetzagentur gebunden. In diesem Fall kann das Bundeskartellamt das in § 19 Abs. 1 GWB geforderte missbräuchliche Verhalten ohne Rücksicht auf die erteilte Genehmigung feststellen. Diese Situation ist zu vermeiden, da sie sowohl die staatliche Kompetenzordnung als auch die Autorität der die Genehmigung erlassenden Bundesnetzagentur zweifelhaft erscheinen lässt und zudem zu gegenläufigen Entscheidungen der Bundesnetzagentur und des Bundeskartellamts führen kann. Die Vorschrift des § 123 TKG soll zwar durch ihre Abstimmungspflichten und vor allem durch die in § 123 Abs. 1 Satz 4 TKG normierte Regelung, nach der die beiden Behörden auf eine einheitliche und den Zusammenhang mit dem GWB wahrende Auslegung des Telekommunikationsgesetzes hinzuwirken haben, zur Vermeidung sich widersprechender Entscheidungen beitragen, kann diese aber nicht effektiv verhindern, da die einzuholende Stellungnahme des Bundeskartellamts für die Bundesnetzagentur nicht verbindlich ist und § 123 Abs. 1 Satz 4 TKG nur programmatischen Charakter hat. Ein möglicher Ausweg besteht darin, dass der Gesetzgeber die Bundesnetzagentur zu einer gewissenhaften Prüfung der wettbewerbsrechtlichen Vorschriften verpflichtet und diese Verpflichtung ausdrücklich in § 35 Abs. 3 Satz 2 TKG aufnimmt. Denkbar ist auch, dass der Gesetzgeber § 123 Abs. 1 Satz 2 TKG so ausgestaltet, dass die Bundesnetzagentur Genehmigungen nur im Einvernehmen mit dem Bundeskartellamt erlassen oder versagen kann.

Wird ein genehmigungspflichtiges Entgelt von der Bundesnetzagentur nicht genehmigt, ist auch der den Genehmigungsantrag ablehnende Bescheid aufgrund der Tatbestandswirkung für das Bundeskartellamt verbindlich, wenn der Prüfungsumfang von Bundesnetzagentur und Bundeskartellamt kongruent ist. Hat die Bundesnetzagentur im Entgeltgenehmigungsverfahren auch die Normen des GWB geprüft, ist das Bundeskartellamt an die Entscheidung der Bundesnetzagentur gebunden. Wurden die Normen des GWB hingegen nicht geprüft, etwa weil vorab bereits ein Verstoß gegen das Telekommunikationsgesetz festgestellt wurde und die Ablehnung auf diesen Verstoß gestützt wird, kann das Kartellamt daneben tätig werden und einen Verstoß gegen das GWB unabhängig von der Entscheidung der Bundesnetzagentur feststellen.

Ist (noch) kein Verwaltungsakt der Bundesnetzagentur ergangen, weil entweder das Entgelt nicht genehmigungspflichtig ist oder weil die Bundesnetzagentur bei einem genehmigungspflichtigem Entgelt noch kein Genehmigungsverfahren eingeleitet hat, ist das Bundeskartellamt bei seiner Entscheidung nicht gebunden. Mangels Verwaltungsakt besteht keine Tatbestandswirkung und auch die Wertungen des Telekommunikationsgesetzes sind vom Bundeskartellamt nicht zu berücksichtigen. Das Bundeskartellamt ist jedoch gemäß § 123 Abs. 1

Satz 3 TKG verpflichtet, der Bundesnetzagentur rechtzeitig vor Abschluss des kartellbehördlichen Verfahrens Gelegenheit zur Stellungnahme zu geben.

Da das Bundeskartellamt gemäß § 2 Abs. 3 TKG für die Prüfung telekommunikationsrechtlicher Sachverhalte zuständig ist, wenn diese die Vorschriften des GWB tangieren, bei Vorliegen einer Entgeltgenehmigung bzw. eines ablehnenden Bescheides aber an die in der Entscheidung der Bundesnetzagentur getroffenen Regelungen gebunden ist, stellt sich die Frage nach der Sinnhaftigkeit der in § 2 Abs. 3 TKG normierten Anordnung: § 2 Abs. 3 Satz 1 TKG erklärt die Vorschriften des GWB für anwendbar, und gemäß § 2 Abs. 3 Satz 2 TKG bleiben die Aufgaben und Zuständigkeiten der Kartellbehörden unberührt. Dennoch kann das Bundeskartellamt bei Vorliegen einer Entscheidung der Bundesnetzagentur nicht unabhängig entscheiden, sondern hat die getroffene Regelung seiner eigenen Prüfung zugrunde zu legen. Eine mögliche Begründung könnte darin zu suchen sein, dass der Gesetzgeber den Rechtsweg zu den Zivilgerichten eröffnen wollte, die nur zuständig sind, wenn die Vorschriften des GWB anwendbar sind. Insbesondere für die Wettbewerber und andere Dritte, die nicht auf dem Verwaltungsrechtsweg vorgehen können, ist die hierdurch eröffnete zivilgerichtliche Klagemöglichkeit vorteilhaft.

Will ein Wettbewerber des beantragenden Unternehmens gegen die Entgeltgenehmigung bzw. gegen deren Wirkungen vorgehen, stehen somit der Verwaltungsrechtsweg und der Zivilrechtsweg zur Wahl. Geht der Wettbewerber auf dem Verwaltungsrechtsweg gegen die Entgeltgenehmigung vor, stellt sich bereits in der Zulässigkeit der Klage die Frage, ob er klagebefugt im Sinne des § 42 Abs. 2 VwGO ist. Als Nicht-Adressat der Genehmigung, d.h. als Dritter, ist er nur klagebefugt, wenn er sich auf eine drittschützende Norm berufen kann. Wie bereits im TKG-alt ist auch im jetzt geltenden Telekommunikationsgesetz keine Regelung enthalten, die die Klagebefugnis Dritter normiert. Eine Auslegung der einzelnen Regulierungsvorschriften ergab jedoch, dass zumindest die Alternativen des § 28 TKG drittschützend sind. Insbesondere der Wortlaut der Vorschrift und eine teleologische Auslegung anhand von § 27 Abs. 1 TKG, der die Regulierungsziele enthält, bestätigen dieses Ergebnis. Beruft sich der Wettbewerber auf eine Verletzung des § 28 TKG ist er somit klagebefugt.

Aufgrund der parallelen Anwendbarkeit von Telekommunikationsgesetz und GWB kann der Wettbewerber auch auf dem Zivilrechtsweg vorgehen. Die Landgerichte sind gemäß §§ 87 Abs. 1 Satz 1, 95 GWB für die Beurteilung telekommunikationsrechtlicher Sachverhalte zuständig, wenn diese die Vorschriften des GWB tangieren. Das Bestehen einer Entgeltgenehmigung schließt die Zuständigkeit der Zivilgerichte nicht aus. Folglich ist eine Klage vor den Zivilgerichten zulässig, wenn auch die anderen Sachentscheidungsvoraussetzungen gegeben sind.

Wird § 19 GWB durch das erhobene Entgelt verletzt, ist die Klage auch begründet. Die Verletzung der Vorschriften des GWB hängt hierbei maßgeblich von der Tatbestandswirkung der Genehmigung für die Zivilgerichte ab. Nur wenn die Genehmigung bzw. deren Inhalt für die Zivilgerichte nicht bindend ist, kann das zuständige Zivilgericht die Entgelte am Maßstab des § 19 GWB messen und die Missbräuchlichkeit unabhängig vom Inhalt der Entgeltgenehmigung ermitteln. Die besseren Argumente sprechen gegen die Annahme einer Tatbestandswirkung der Genehmigung. Insbesondere die Unabhängigkeit der Gerichte und die parallele Stellung von GWB und Telekommunikationsgesetz, rechtfertigen es den Zivilgerichten eine umfassende Prüfungskompetenz zuzubilligen.

Der Vertragspartner des marktbeherrschenden Unternehmens kann ebenfalls sowohl auf dem Verwaltungsrechtsweg als auch auf dem Zivilrechtsweg gegen die Entgeltgenehmigung bzw. gegen deren Wirkungen vorgehen. Den Zivilrechtsweg wird er bestreiten, wenn er einen Unterlassungs- oder einen Schadensersatzanspruch gemäß § 33 i.V.m. § 19 Abs. 1 GWB geltend machen möchte. Diesen Anspruch kann das Zivilgericht unabhängig vom Inhalt der Genehmigung feststellen.

Vor dem Verwaltungsgericht ist der Vertragspartner zur Klage befugt, wenn er die Verletzung einer drittschützenden Norm geltend machen kann. Als Vertragspartner und somit als Nachfrager von Telekommunikationsleistungen kann er sich zumindest auf die Verletzung des § 28 TKG berufen. Neben dem Wortlaut einzelner Alternativen des § 28 TKG und dem in § 27 Abs. 1 TKG enthaltenen Schutzgedanken lässt sich der drittschützende Charakter und damit die Klagebefugnis des Vertragspartners auch anhand der in Art. 2 Abs. 1 GG verbürgten Vertragsfreiheit begründen.

Geht der Vertragspartner oder auch der Wettbewerber auf dem Zivilrechtsweg vor, ist zu beachten, dass das Zivilgericht die Entgeltgenehmigung nicht aufheben kann. Bei Verwaltungsakten besteht ein Aufhebungsverbot gegenüber allen staatlichen Stellen, die nicht ausdrücklich zur Aufhebung des Verwaltungsaktes befugt sind. Nach Eintritt der Wirksamkeit kommt die Aufhebung der Genehmigung durch die Bundesnetzagentur bzw. durch ein Verwaltungsgericht mangels spezieller Regelungen im Telekommunikationsgesetz nur noch unter den Voraussetzungen der §§ 48, 49 VwVfG in Betracht. Denkbar ist auch, dass das regulierte Unternehmen das genehmigte Entgelt nicht mehr im Rechtsverkehr fordert und einen neuen Genehmigungsantrag stellt.

Die genannten Abgrenzungs- und Zuständigkeitsprobleme ließen sich verringern, wenn der Gesetzgeber klarstellende Normen in das Telekommunikationsgesetz einfügen würde. Zunächst könnte er § 2 Abs. 3 Satz 1 TKG dahingehend

präzisieren, dass die einschlägigen Vorschriften des GWB immer neben den sektorspezifischen Regelungen zur Anwendung kommen. Falls er dies entgegen der hier vertretenen Ansicht nicht für richtig erachtet, sollte er der Klarstellung halber eine Vorschrift - die ähnlich § 111 EnWG - aufführt, welche Regelungen des Telekommunikationsgesetzes abschließend sind, in das Telekommunikationsgesetz einfügen.
Um sicherzustellen, dass die Vorschriften des GWB tatsächlich von der Bundesnetzagentur im Entgeltgenehmigungsverfahren geprüft werden, könnte eine entsprechende ausdrückliche Verpflichtung in § 35 Abs. 3 Satz 2 TKG aufgenommen werden. Denkbar ist auch, dass der Gesetzgeber § 123 Abs. 1 Satz 2 TKG derart ausgestaltet, dass die Bundesnetzagentur nur im Einvernehmen mit dem Bundeskartellamt entscheiden kann. Ähnlich wie in § 111 Abs. 3 EnWG könnte durch eine Vorschrift, die festlegt, dass die von der Bundesnetzagentur genehmigten Entgelte im kartellbehördlichen Verfahren als rechtmäßig zugrunde zu legen sind, zudem die Tatbestandswirkung der Entgeltgenehmigung positivrechtlich verankert werden. Durch diese Klarstellung würden widersprüchliche Entscheidungen von Bundesnetzagentur und Bundeskartellamt effektiv vermieden werden. Außerdem würde es die Rechtsanwendung erleichtern, wenn gesetzlich normiert wäre, welche Vorschriften des Telekommunikationsgesetzes drittschützend sind. Auch wenn eine Auslegung des § 28 TKG ergibt, dass dieser Nicht-Adressaten Drittschutz gewährt, wäre durch die ausdrückliche Normierung der Rechtsschutz und vor allem eine einheitliche Rechtsprechung in diesem Bereich gewährleistet.

Literaturverzeichnis

Achterberg, Norbert: *Allgemeines* Verwaltungsrecht, 1. Auflage, Heidelberg 1988.

Arndt, Hans-Wolfgang: Europarecht, 8. Auflage, Heidelberg 2006.

Arndt, Hans-Wolfgang/Fetzer, Thomas/Scherer, Joachim: Telekommunikationsgesetz, 1. Auflage, Berlin 2007.

Attendorn, Thorsten: Anmerkung zum Urteil des OLG Düsseldorf: Parallelzuständigkeit von RegTP und BKartA, MMR 2005, S. 543 ff.

Attendorn, Thorsten: Der Wettbewerb um den Endkunden - Stand der Regulierung und neue Impulse für den Zugang zum Telefonkunden und Internetnutzer, MMR 2003, S. 574 ff.

Attendorn, Thorsten: Von Gleichheit, Gleichwertigkeit und Chancengleichheit - Eine Skizze des neuen tk-rechtlichen Gleichbehandlungsgebotes, MMR 2005, S. 353 ff.

Bader, Johann/Funke-Kaiser, Michael/Kuntze, Stefan/Albedyll, Jörg von: Verwaltungsgerichtsordnung - Kommentar anhand der höchstrichterlichen Rechtsprechung, 3. Auflage, Heidelberg 2005.

Bamberger, Heinz Georg/Roth, Herbert: Kommentar zum Bürgerlichen Gesetzbuch, München, Loseblatt.

Bartosch, Andreas: Europäisches Telekommunikationsrecht in den Jahren 2000 und 2001, EuZW 2002, S. 389 ff.

Battis, Ulrich: Allgemeines Verwaltungsrecht, 3. Auflage, Heidelberg 2002.

Baumbach, Adolf/Lauterbach, Wolfgang/Albers, Jan/Hartmann, Peter: Zivilprozessordnung, 62. Auflage, München 2004.

Bauriedl, Hubert: Die Zulässigkeit der Inhaltskontrolle staatlich genehmigter Preise, Dissertation, Bayreuth 1998.

Bechtold, Rainer: Kartellgesetz - Gesetz gegen Wettbewerbsbeschränkungen, 4. Auflage, München 2006.

Becker, Peter: Zum Rechtsweg gegen die Entscheidungen der REGTP: Ab ins Desaster?, ZNER 2004, S. 130 ff.

Becker, Peter/Riedel, Martin: Europarechtliche Mindestvorgaben für die Regulierung und die Schaffung nationaler Regulierungsbehörden mit Überlegungen zu einer möglichen Umsetzung in nationales Recht, ZNER 2003, S. 170 ff.

Bleckmann, Albert: Europarecht - Das Recht der Europäischen Union und der Europäischen Gemeinschaften, 6. Auflage, Köln, Berlin, Bonn, München 1997.

Bleckmann, Albert: Zu den Methoden der Gesetzesauslegung in der Rechtsprechung des BVerfG, JuS 2002, S. 942 ff.

Bosch, Tobias: Alter Wein in neuen Schläuchen? - Dürfen Zusammenschaltungsentgelte nicht marktmächtiger Unternehmen unter dem neuen TKG reguliert werden?, K & R 2005, S. 208 ff.

Braun, Joachim: Die präjudizielle Wirkung bestandskräftiger Verwaltungsakte; Ein Beitrag zur Auseinandersetzung um Notwendigkeit und Grenzen der materiellen Bestandskraft belastender Verwaltungsakte, 1. Auflage, Frankfurt, Bern 1981.

Brugger, Winfried: Konkretisierung des Rechts und Auslegung der Gesetze, AöR 119 (1994), S. 1 ff.

Brüning, Christoph: Einheit der Rechtsordnung, NVwZ 2002, S. 33 ff.

Büchner, Wolfgang: Beck'scher TKG-Kommentar, 2. Auflage, München 2000.

Büdenbender, Ulrich/Rosin, Peter: Gesetzesentwurf für eine Umsetzung der Beschleunigungsrichtlinie Strom und Gas in eine EnWG-Novelle 2004, ET 2003, S. 746 ff.

Bull, Hans Peter/Mehde, Veith: Allgemeines Verwaltungsrecht mit Verwaltungslehre, 7. Auflage, Heidelberg 2005.

Bunte, Hermann-Josef: Kartellrecht - Lehrbuch für Studium und Praxis, 1. Auflage, München 2003.

Bunte, Hermann-Josef: Sechste GWB-Novelle und Missbrauch wegen Weigerung des Zugangs zu einer „wesentlichen Einrichtung", WuW 1997, S. 302 ff.

Busch, Berthold: Regulierung des Post- und Fernmeldewesens; eine ordnungstheoretische Untersuchung, Köln 1987.

Bussche, Axel von dem/Meiborn, Wolfgang von: Mythos „Kosten-Preis-Schere", WuW 1999, S. 1171 ff.

Dahlke, Peter Harry: Rechtssystematische Besonderheiten im Telekommunikationsrecht, 1. Auflage, Lohmar 2004.

Danwitz, Thomas von: Die Universaldienstfinanzierungsabgaben im Telekommunikationsgesetz und im Postgesetz als verfassungswidrige Sonderabgaben, NVwZ 2000, S. 615 ff.

Danwitz, Thomas von: Was ist eigentlich Regulierung?, DÖV 2004, S. 977 ff.

Degenhart, Christoph: Staatsrecht I - Staatsorganisationsrecht, 22. Auflage, Heidelberg 2006.

Doll, Roland/Nigge, Ralf: Die Prüfung des Regulierungsbedarfs auf TK-Märkten nach dem neuen TKG, MMR 2004, S. 519 ff.

Doll, Roland/Rommel, Wolrad/Wehmeyer, Axel: Der Referentenentwurf für ein neues TKG - Einstieg in den Ausstieg aus der Regulierung, MMR 2003, S. 522 ff.

Domke, Ursula: Rechtsfragen der Bestandskraft von Verwaltungsakten, Mannheim 1989.

Dreher, Meinrad: Die Verweigerung des Zugangs zu einer wesentlichen Einrichtung als Missbrauch der Marktbeherrschung, DB 1999, S. 833 ff.

Dreier, Horst: Grundgesetz, 1. Auflage, Tübingen 2000.

Dreier, Christoph/Hefekäuser, Hans-Willi: Der gesetzliche Rahmen für Netzzugang und Netzzusammenschaltungen, CR 1997, S. 110 ff.

Ehlers, Dirk: Bestandskraft von vor der Vergabe der UMTS-Lizenzen erlassenen verfahrensleitenden Verfügungen der RegTP, K & R 2001, S. 1 ff.

Ellinghaus, Ulrich: Der Stand der Telekommunikationsgesetzgebung, MMR 2003, S. 91 ff.

Ellinghaus, Ulrich: Regulierungsverfahren, gerichtlicher Rechtsschutz und richterliche Kontrolldichte im neuen TKG, MMR 2004, S. 293 ff.

Enaux, Christoph/Koenig, Michael: Missbrauchs- und Sanktionsnormen in der GWB-Novelle, dem TKG und dem Entwurf zum EnWG, N & R 2005, S. 2 ff.

Engel, Christoph: Der Weg der deutschen Telekommunikation in den Wettbewerb, MMR Beilage 3/1999, S. 7 ff.

Engisch, Karl: Die Einheit der Rechtsordnung, Heidelberg 1935.

Erichsen, Hans-Uwe: Konkurrentenklage im öffentlichen Recht, Jura 1994, S. 385 ff.

Erichsen, Hans-Uwe/Ehlers, Dirk: Allgemeines Verwaltungsrecht, 13. Auflage, Berlin 2006.

Erichsen, Hans-Uwe/Knoke, Ulrich: Bestandskraft von Verwaltungsakten, NVwZ 1983, S. 185 ff.

Eyermann, Erich: Verwaltungsgerichtsordnung, 12. Auflage, München 2006.

Freund, Matthias: Infrastrukturgewährleistung in der Telekommunikation, NVwZ 2003, S. 408 ff.

Fuhr, Karl-Michael/Kerkhoff, Bärbel: Entgelte für die Gewährung von Netzzugang gemäß § 39 TKG, NJW 1997, S. 3209 ff.

Fuhr, Karl-Michael/Kerkhoff, Bärbel: Regulierung als Voraussetzung für Wettbewerb in den Telekommunikationsmärkten - Eine Replik, MMR 1999, S. 213 ff.

Gabler, Andreas/Stumpf, Cordula: Netzzugang, Netznutzungsentgelte und Regulierung in Energienetzen nach der Energierechtsnovelle, NJW 2005, S. 3174 ff.

Geppert, Martin/Ruhle, Ernst-Olav: Anforderungen an die Novellierung des TKG im Hinblick auf die Entgeltregulierung, MMR 2003, S. 319 ff.

Gerpott, Torsten J.: Konsistente Entgeltregulierung nach dem neuen TKG; Systematisierung der Anwendungsfelder und Regulierungsherausforderungen, K & R 2005, S. 108 ff.

Gerstner, Stephan: Preiskontrolle beim Infrastrukturzugang, WuW 2002, S. 131 ff.

Glassen, Helmut: Frankfurter Kommentar zum Gesetz gegen Wettbewerbsbeschränkungen: mit einer Darstellung ausländischer Kartellrechtsordnungen, Köln, Loseblatt.

Gounalakis, Georgios: Das TK-Sonderkartellrecht und die Regelungen zur Belegung von Übertragungskapazitäten auf dem Prüfstand, K & R 2003, S. 49 ff.

Gramlich, Ludwig: Die Regulierungsbehörde für Telekommunikation und Post im Jahr 2004, CR 2005, S. 560 ff.

Groebel, Annegret: Neuerungen im Bereich der Entgeltregulierung, K & R Beilage 1/2004, S. 18 ff.

Großkopf, Volker/Ritgen, Klaus: Entgeltgenehmigung nach dem Telekommunikationsgesetz, CR 1998, S. 86 ff.

Gurlit, Elke: Neuregelungen des Verfahrens- und Prozessrechts im Regierungsentwurf zur Neufassung des TKG, K & R Beilage 1/2004, S. 32 ff.

Haus, Florian C.: Kommunikationskartellrecht - Ein Rahmen für den Wettbewerb in Kommunikationsmärkten, WuW 2004, S. 171 ff.

Haus, Florian C.: Zum Verhältnis von Kartellrecht und Regulierungsrecht; Zugleich eine Besprechung des Urteils des U.S.-Supreme Court vom 13. Januar 2004, No. 02/682, Verizon Communications Inc., Petitioner v. Law Offices of Curtis V. Trinko LLP, N & R 2004, S. 143 ff.

Hefekäuser, Hans-Willi: Rückführung der Regulierung, MMR 1999, Heft 10, XIV.

Hefekäuser, Hans-Willi: Telekommunikationsmärkte zwischen Regulierung und Wettbewerb, MMR 1999, S. 144 ff.

Heine, Robert/Neun, Andreas: Konkurrentenklagen im Telekommunikationsrecht - Die gerichtliche Kontrolle von Entscheidungen der RegTP, MMR 2001, S. 252 ff.

Herdegen, Matthias: Europarecht, 8. Auflage, München 2006.

Hermes, Georg: Staatliche Infrastrukturverantwortung: rechtliche Grundstrukturen netzgebundener Transport- und Übertragungssysteme zwischen Daseinsvorsorge und Wettbewerbsregulierung am Beispiel der leitungsgebundenen Energieversorgung in Europa, Tübingen 1998.

Herzberg, Rolf D.: Die ratio legis als Schlüssel zum Gesetzesverständnis? - Eine Skizze und Kritik der überkommenen Auslegungsmethodik, JuS 2005, S. 1 ff.

Heun, Sven-Erik: Das neue Telekommunikationsgesetz 2004, CR 2004, S. 893 ff.

Heun, Sven-Erik: Die Regulierung der Telekommunikationsmärkte in den letzten 20 Jahren, CR 2005, S. 725 ff.

Heun, Sven-Erik: Handbuch Telekommunikationsrecht, 1. Auflage, Köln 2002.

Hilger, Bernd: Die Legalisierungswirkung von Genehmigungen, Frankfurt 1996.

Hipp, Anette/Hufeld, Ulrich: Grundfälle zur Klagebefugnis im Verwaltungsprozessrecht, JuS 1998, 802 ff.

Hoeren, Thomas/Sieber, Ulrich: Handbuch Multimediarecht, München, Loseblatt.

Höffler, Felix: Konsistenzgebot im neuen TKG: Anforderungen und Zielkonflikte, MMR Beilage 1/2005, S. 6 ff.

Hoffmann, Uwe: Zur Abgrenzung privatrechtliche und öffentlich-rechtliche Streitigkeit, JR 1996, S. 158 ff.

Holthoff-Frank, Klaus/Paulus, Melanie: Wettbewerb auf TK- und Postmärkten? - Zum Sondergutachten der Monopolkommission, MMR 2000, S. 187 ff.

Holzhäuser, Michael: Besonderer Netzzugang: Das Verhältnis von § 33 und § 35 TKG, MMR 2000, S. 466 ff.

Holznagel, Bernd: Geheimnisschutz versus effektiver Rechtsschutz - Eine kritische Bestandsaufnahme der §§ 75a TKG und 99 Abs. 2 VwGO, MMR Beilage 2/2002, S. 34 ff.

Holznagel, Bernd: Rechtsschutz und TK-Regulierung im Referentenentwurf zum TKG - Neue Ansätze für eine Verfahrensbeschleunigung, MMR 2003, S. 513 ff.

Holznagel, Bernd/Enaux, Christoph/Nienhaus, Christian: Grundzüge des Telekommunikationsrechts, 2. Auflage, München 2001.

Holznagel, Bernd/Hombergs, Anne/Rosengarten, Volker: Die Zulässigkeit von Optionstarifen der T-Com nach dem neuen TKG, K & R 2004, S. 505 ff.

Holznagel, Bernd/Werthmann, Christoph: Spezifische Bedeutung des Rechtswegs im Rahmen der Energierechtsnovelle, IR 2004, S. 74 ff.

Horn, Lutz: Die Lehre vom Streitgegenstand, JuS 1992, S. 680 ff.

Hufen, Friedhelm: Verwaltungsprozessrecht, 6. Auflage, München 2005.

Hufnagel, Frank-Erich/Nolte, Norbert: Multimedia und Telekommunikation, AfP 2002, S. 27 ff.

Husch, Gertrud/Kemmler, Anne/Ohlenburg, Anna: Die Umsetzung des EU-Rechts-rahmens für elektronische Telekommunikation: Ein erster Überblick, MMR 2003, S. 139 ff.

Huxholl, Christian: Die Erledigung eines Verwaltungsakts im Widerspruchsverfahren, Münster 1993.

Immenga, Ulrich: Auslegung des Marktbeherrschungsbegriffs im TKG, MMR 2000, S. 141 ff.

Immenga, Ulrich/Mestmäcker, Ernst-Joachim: Gesetz gegen Wettbewerbsbeschränkungen, 3. Auflage, München 2001.

Ipsen, Jörn: Allgemeines Verwaltungsrecht, 4. Auflage, Köln, Berlin, München 2005.

Ipsen, Jörn: Staatsrecht II, Grundrechte, 7. Auflage, München 2004.

Ipsen, Jörn/Koch, Thorsten: Öffentliches und privates Recht - Abgrenzungsprobleme bei der Benutzung öffentlicher Einrichtungen, JuS 1992, S. 809 ff.

Jarass, Hans D.: Konkurrenz, Konzentration und Bindungswirkung von Genehmigungen; Probleme und Lösungen am Beispiel der baulichen Anlagen, 1. Auflage, Berlin 1984.

Jarass, Hans D./Pieroth, Bodo: Grundgesetz für die Bundesrepublik Deutschland, 8. Auflage, München 2006.

Jochum, Heike: Steht die Zugangsregulierung im Ermessen der Regulierungsbehörde für Telekommunikation und Post?, MMR 2005, S. 161 ff.

Kind, Benedikt/Geppert, Martin/Schütze, Marc/Wiesche, Jens Schulze zur: Änderung des Rechtsweges im Rahmen der TKG-Novelle?, MMR Beilage 12/2003, S. 3 ff.

Kirchhof, Paul: Der bestandskräftige Steuerbescheid im Steuerverfahren und im Steuerstrafverfahren, NJW 1985, S. 2977 ff.

Kissel, Otto Rudolf/Mayer, Herbert: Gerichtsverfassungsgesetz, 4. Auflage, München 2005.

Kleinlein, Kornelius/Enaux, Christoph: Die Rechtswirkung der Entgeltgenehmigung im Telekommunikationsrecht, Rückwirkung, Vorleistungspflicht, Rechtsschutz, K & R 2003, S. 275 ff.

Klotz, Robert: Der Referentenentwurf zum TKG im Licht der europarechtlichen Vorgaben, MMR 2003, S. 495 ff.

Klotz, Robert: Die Beurteilung des Regierungsentwurfs zum TKG aus Brüsseler Sicht, Telekommunikations- und Medienrecht-Tagungsband 2004, S. 5 ff.

Knack, Hans-Joachim: Verwaltungsverfahrensgesetz, 8. Auflage, Köln, Berlin, Bonn, München 2004.

Knauth, Peter: Regulierungsschwerpunkte und offene Fragen bei der Umsetzung der Telekommunikationsrichtlinien - Die Eckpunkte der Bundesregierung zum Sondergutachten der Monopolkommission, K & R Beilage 1/2003, S. 24 ff.

Knauth, Peter/Krüger, Frank: Grundlegende Neuerungen des TKG-Regierungsentwurfs, K & R Beilage 1/2004, S. 3 ff.

Knöpfle, Franz: „Tatbestands"- und „Feststellungswirkung" als Grundlage der Verbindlichkeit von gerichtlichen Entscheidungen und Verwaltungsakten, BayVBl. 1982, S. 225 ff.

Koenig, Christian/Braun, Jens-Daniel: Defizite des deutschen Telekommunikationsrechts mit Blick auf die Internet-Märkte und Abhilfemöglichkeiten; Das deutsche Telekommunikationsrecht vor den Herausforderungen des Internet-Zeitalters, K & R Beilage 2 zu Heft 5/2002, S. 1 ff.

Koenig, Christian/Braun, Jens-Daniel: Element Based Charging ante Portas: Die Regulierung der Zusammenschaltungsentgelte am Scheideweg, MMR 2001, S. 563 ff.

Koenig, Christian/Loetz, Sascha/Neumann, Andreas: Telekommunikationsrecht, 1. Auflage, Heidelberg 2004.

Koenig, Christian/Neumann, Andreas: Zusammenschaltungs-Entgeltregulierung unterhalb der Schwelle „beträchtlicher Marktmacht"?, RTKom 2000, S. 27 ff.

Koenig, Christian/Vogelsang, Ingo/Kühling, Jürgen/Loetz, Sascha/Neumann, Andreas: Der Begriff des funktionsfähigen Wettbewerbs im deutschen Telekommunikationsrecht, K & R 2003, S. 8 ff.

Koenig, Christian/Vogelsang, Ingo/Winkler, Kay E.: Marktregulierung im Bereich der Mobilfunkterminierung, K & R Beilage 1/2005, S. 1 ff.

Koenig, Christian/Winkler, Kay E.: Die Regulierung alternativer Festnetzbetreiber im neuen TKG, MMR 2004, S. 783 ff.

Kopp, Ferdinand: Die Bestandskraft von Verwaltungsakten, DVBl. 1983, S. 392 ff.

Kopp, Ferdinand/Ramsauer, Ulrich: Verwaltungsverfahrensgesetz, 9. Auflage, München 2005.

Kopp, Ferdinand/Schenke, Wolf-Rüdiger: Verwaltungsgerichtsordnung, 14. Auflage, München 2005.

Kordel, Guido: Zum Missbrauch einer marktbeherrschenden Stellung, EWIR 2004, S. 1033 ff.

Krautscheid, Andreas: Rechtspolitische Vorschläge zur Novellierung der TKG-Verfahrensfragen, MMR Beilage 2/2002, S. 30 ff.

Krings, Günter: Für mehr Wettbewerb in der Telekommunikation, K & R Beilage 1/2004, S. 6 ff.

Kudlich, Hans: Die Kanones der Auslegung als Hilfsmittel für die Entscheidung von Bedeutungskonflikten, JA 2004, S. 74 ff.

Kuhla, Wolfgang/Hüttenbrink, Jost/Endler, Jan: Der Verwaltungsprozess, 3. Auflage, München 2002.

Kühling, Jürgen: Eckpunkte der Entgeltregulierung in einem künftigen Energiewirtschaftsgesetz, N & R 2004, S. 12 ff.

Kühling, Jürgen: Sektorspezifische Regulierung in den Netzwirtschaften. Typologie, Wirtschaftsverwaltungsrecht, Wirtschaftsverfassungsrecht, München 2004.

Kurth, Matthias: Eröffnungsrede des TK-Forums: Marktabgrenzung und Marktbeherrschung im Spannungsfeld zwischen Wettbewerb und Regulierung, MMR Beilage 7/2002, S. 3 ff.

Ladeur, Karl-Heinz: Drittschutz des Entgeltregulierungsverfahrens nach §§ 23 ff. TKG ?, CR 2000, S. 433 ff.

Ladeur, Karl-Heinz/Möllers, Christoph: Der europäische Regulierungsverbund der Telekommunikation im deutschen Verwaltungsrecht, DVBl. 2005, S. 525 ff.

Larenz, Karl/Canaris, Claus-Wilhelm: Methodenlehre der Rechtswissenschaft, 4. Auflage, Berlin 2006.

Lau, Ulrich: Wer behindert wen - die Rechtsprechung die Regulierung oder die Regulierung die Rechtsprechung ?, MMR Beilage 2/2002, S. 3 ff.

Leber, Wolfgang: Rechtsbehelfsbelehrung, Streitgegenstand und Klagebegehren, NVwZ 1996, S. 668 ff.

Leibholz, Gerhard/Rinck, Hans-Justus/Hesselberger, Dieter: Grundgesetz für die Bundesrepublik Deutschland: Kommentar anhand der Rechtsprechung des Bundesverfassungsgerichts, 6. Auflage, Köln, Loseblatt.

Lorenz, Dieter: Verwaltungsprozessrecht, 1. Auflage, Berlin 2000.

Lorenz, Stephan: Richtlinienkonforme Auslegung, Mindestharmonisierung und der « Krieg der Senate » - Zur Anwendung des Haustürgeschäfte-Widerrufsgesetz auf Bürgschaften, NJW 1998, S. 2937 ff.

Lüke, Gerhard: Münchener Kommentar zur Zivilprozessordnung, 2. Auflage, München 2000.

Lutz, Helmut: Durchleitung von Gas nach Inkrafttreten des Gesetzes zur Neuregelung des Energiewirtschaftsrechts und der Sechsten GWB-Novelle, RdE 1999, S. 102 ff.

Mangoldt, Hermann von/Klein, Friedrich/Starck, Christian: Das Bonner Grundgesetz, 4. Auflage, München 2000.

Manssen, Gerrit: Privatrechtsgestaltung durch Hoheitsakt, Tübingen 1994.

Manssen, Gerrit: Telekommunikations- und Multimediarecht, Berlin, Loseblatt.

Martenczuk, Bernd: Regulierungsbehörde contra Bundeskartellamt? Das Verhältnis der Kompetenzen auf dem Gebiet der Telekommunikation, CR 1999, S. 363 ff.

Martens, Joachim: Die Rechtsprechung zum Verwaltungsverfahrensrecht, NVwZ 1982, S. 480 ff.

Maunz, Theodor/Dürig, Günter: Grundgesetz, München, Loseblatt.

Maurer, Hartmut: Allgemeines Verwaltungsrecht, 16. Auflage, München 2006.

Mayen, Thomas: Marktregulierung nach dem novellierten TKG, CR 2005, S. 21 ff.

Mayen, Thomas: Konsistenz als Rechtsgebot, CR 2005, S. 484 ff.

Merten, Detlef: Bestandskraft von Verwaltungsakten, NJW 1983, S. 1993 ff.

Michalski, Lutz/Bauriedl, Hubert: Bindungswirkung behördlich genehmigter Telefontarife für die Zivilgerichte, CR 1998, S. 657 ff.

Monopolkommission: Die Telekommunikation im Wettbewerb: Sondergutachten der Monopolkommission gemäß § 24b Abs. 5 Satz 4 GWB, Baden-Baden 1996.

Monopolkommission: Telekommunikation und Post 2003 - Wettbewerbsintensivierung in der Telekommunikation - Zementierung des Postmonopols: Sondergutachten der Monopolkommission gemäß § 81 Abs. 3 Telekommunikationsgesetz und § 44 Postgesetz, Baden-Baden 2004.

Monopolkommission: Wettbewerb auf den Telekommunikations- und Postmärkten?: Sondergutachten der Monopolkommission gemäß § 81 Telekommunikationsgesetz und § 44 Postgesetz, Baden-Baden 2000.

Monopolkommission: Wettbewerbsentwicklung bei der Telekommunikation 2005 - Dynamik unter neuen Rahmenbedingungen: Sondergutachten der Monopolkommission gemäß § 121 Abs. 2 Telekommunikationsgesetz, Baden-Baden 2006.

Monopolkommission: Wettbewerbsentwicklung bei Telekommunikation und Post 2001 - Unsicherheit und Stillstand: Sondergutachten der Monopolkommission gemäß § 81 Abs. 3 Telekommunikationsgesetz und § 44 Postgesetz, Baden-Baden 2002.

Monopolkommission: Zur Neuordnung der Telekommunikation: Sondergutachten der Monopolkommission gemäß § 24b Abs. 5 Satz 4 GWB, Baden-Baden 1991.

Monopolkomission: Zur Reform des Telekommunikationsgesetzes: Sondergutachten der Monopolkommission gemäß § 44 Abs. 1 Satz 4 GWB, Baden-Baden 2004.

Möschel, Wernhard: Hat das Telekommunikationsgesetz seine Bewährungsprobe bestanden?, K & R 2002, S. 161 ff.

Möschel, Wernhard: Ist das Verhältnis von TKG und GWB neu zu durchdenken?, K & R 2001, S. 619 ff.

Möschel, Wernhard: Regulierungswirrwarr in der Telekommunikation, MMR Beilage 3/1999, S. 3 ff.

Möschel, Wernhard/Haug, Jochen: Der Referentenentwurf zur Novellierung des TKG aus wettbewerbsrechtlicher Sicht, MMR 2003, S. 505 ff.

Möstl, Markus: Lizenzgebühren im Bereich von Post und Telekommunikation, NVwZ 2001, S. 735 ff.

Müller, Birgit: Zugangsverpflichtungen von Netzbetreibern mit beträchtlicher Marktmacht, CR 2004, S. 655 ff.

Müller, Philipp: Grundsatzfragen der Energiemarktregulierung, NVwZ 2005, S. 782 ff.

Müller, Ulf: Anmerkung zum Urteil des LG Frankfurt/M.: Verpflichtung zur Lieferung von Endkundenprodukten an Wettbewerber, MMR 2005, S. 553 ff.

Müller, Ulf/Schuster, Fabian: 18 Monate Regulierungsbehörde - eine kritische Bestandsaufnahme, MMR 1999, S. 507 ff.

v. Münch, Ingo/Kunig, Philip: Grundgesetz-Kommentar, Bd. 1, 5. Auflage, München 2000.

Musielak, Hans-Joachim: Der rechtskräftig entschiedene Lebenssachverhalt: Versuch einer Abgrenzung, NJW 2000, S. 3593 ff.

Musielak, Hans-Joachim: Kommentar zur Zivilprozessordnung: mit Gerichtsverfassungsgesetz, 5. Auflage, München 2007.

Nacimiento, Grace: Telekommunikationsrecht: Rechtsprechungs- und Praxisübersicht 2003/2004; Das TKG zwischen alt und neu, K & R 2005, S. 1 ff.

Nett, Lorenz: Price-Cap-Regulierung im Markt für Telekommunikation in Deutschland, ZögU 1998, S. 350 ff.

Neumann, Holger/Bosch, Tobias: Rechtsschutz für Wettbewerber im Rahmen des telekommunikationsrechtlichen Entgeltregulierungsverfahren, CR 2001, S. 225 ff.

Nolte, Horst: Das Recht auf Netzzugang nach dem Telekommunikationsgesetz, BB 1996, S. 2629 ff.

Nolte, Norbert/König, Annegret: Konsistente Entgeltregulierung im neuen TKG, MMR 2005, S. 512 ff.

Obermayer, Klaus: Kommentar zum Verwaltungsverfahrensgesetz, 3. Auflage, Neuwied, Kriftel 1999.

Ortloff, Karsten-Michael: Inhalt und Bindungswirkung der Baugenehmigung, NJW 1987, S. 1665 ff.

Ossenbühl, Fritz: Verwaltungsrecht als Vorgabe für Zivil- und Strafrecht, DVBl. 1990, S. 963 ff.

Paulweber, Michael: Regulierungszuständigkeiten in der Telekommunikation: sektorspezifische Wettbewerbsaufsicht nach dem TKG durch die Regulierungsbehörde im Verhältnis zu den kartellrechtlichen Kompetenzen des Bundeskartellamts und der Europäischen Kommission, 1. Auflage, Baden-Baden 1999.

Peine, Franz-Joseph: Allgemeines Verwaltungsrecht, 8. Auflage, Heidelberg 2006.

Peine, Franz-Joseph: Die Legalisierungswirkung, JZ 1990, S. 201 ff.

Peine, Franz-Joseph: Privatrechtsgestaltung durch Anlagengenehmigung, NJW 1990, S. 2442 ff.

Pfeiffer, Gerd: Karlsruher Kommentar zur Strafprozessordnung und zum Gerichtsverfassungsgesetz mit Einführungsgesetz, 5. Auflage, München 2005.

Piepenbrock, Hermann-Josef: Anmerkung zum Urteil des OLG Düsseldorf: Bindungswirkung von RegTP-Beschlüssen, MMR 2002, S. 320 ff.

Piepenbrock, Hermann-Josef/Schuster, Fabian: GWB und TKG: Gegeneinander, Nebeneinander oder Miteinander, CR 2002, S. 98 ff.

Rädler, Peter: Anmerkung zum Urteil des OLG Düsseldorf: Zuständigkeit der Zivilgerichte bei Beschlüssen der RegTP, CR 2002, S. 432 ff.

Rädler, Peter/Elspaß, Mathias: Regulierung im Winterschlaf?, CR 2004, S. 418 ff.

Randak, Michael: Bindungswirkungen von Verwaltungsakten, JuS 1992, S. 33 ff.

Redeker, Konrad/v. Oertzen, Hans-Joachim: Verwaltungsgerichtsordnung, 14. Auflage, Stuttgart 2004.

Reinke, Peter F.: Der Zweck des Telekommunikationsgesetzes: eine öffentlich-rechtliche Untersuchung des § 1 TKG, Frankfurt 2001.

Renck, Ludwig: Über die Unterscheidung zwischen öffentlichem und privatem Recht, JuS 1986, S. 268 ff.

Riehmer, Klaus: Konfliktlösung bei Netzzugang und Zusammenschaltung in der Telekommunikation, MMR 1998, S. 59 ff.

Robert, Michael: Die besondere Missbrauchsaufsicht nach § 42 TKG; Eine Generalklausel mit Risiken und Nebenwirkungen?, K & R 2005, S. 354 ff.

Röger, Ralf: Die Regulierungsbehörde für Telekommunikation und Post als zukünftiger Energiemarktregulierer, DÖV 2004, S. 1025 ff.

Röger, Ralf: Neue Regulierungsansätze im Telekommunikationsrecht - eine erste Analyse des neuen Telekommunikationsgesetzes 2004, DVBl. 2005, S. 143 ff.

Rommel, Wolrad/Hoffmann-Steudner, Vesta: Anmerkung zum Urteil des OLG Düsseldorf: Bindungswirkung von RegTP-Beschlüssen, MMR 2002, S. 323 ff.

Rottmann, Michael: Zu den verfassungsrechtlichen Aspekten der Postreform I, ArchivPT 1994, S. 193 ff.

Ruffert, Matthias: Regulierung im System des Verwaltungsrechts, AöR 124 (1999), S. 237 ff.

Sach, Karsten: Genehmigung als Schutzschild? Die Rechtsstellung des Inhabers einer immissionsschutzrechtlichen Genehmigung, Berlin 1994.

Sachs, Michael: Grundgesetz, 3. Auflage, München 2003.

Säcker, Franz Jürgen: Berliner Kommentar zum Telekommunikationsgesetz, 1. Auflage, Frankfurt 2006.

Säcker, Franz Jürgen: Das Regulierungsrecht im Spannungsfeld von öffentlichem und privatem Recht; Zur Reform des deutschen Energie- und Telekommunikationsrechts, AöR 130 (2005), S. 180 ff.

Säcker, Franz Jürgen: Der Referentenentwurf zum Energiewirtschaftsgesetz – ordnungspolitische und rechtsdogmatische Grundsatzbemerkungen, N & R 2004, S. 46 ff.

Säcker, Franz Jürgen: Freiheit durch Wettbewerb - Wettbewerb durch Regulierung, ZNER 2004, S. 98 ff.

Säcker, Franz Jürgen: Vom Referentenentwurf zum Regierungsentwurf eines TKG, K & R Beilage 1/2004, Editorial.

Säcker, Franz Jürgen/Callies, Gralf-Peter: Billing und Inkasso fremder Telekommunikationsdienstleistungen (II); Zur Auslegung von § 33 TKG und § 15 TKG, K & R 1999, S. 337 ff.

Salje, Peter: Marktbeherrschung auf Telekommunikationsmärkten, K & R 1998, S. 331 ff.

Schalast, Christoph: Aufgaben der Regulierungsbehörde für Telekommunikation und Post im Bereich der Breitbandkabelnetze, BuW 2000, S. 275 ff.

Schalast, Christoph/Rößner, Sören: Entgeltregulierung nach dem TKG: Der Beispielsfall Breitbandkabelmarkt, WuW 2004, S. 595 ff.

Schebstadt, Arnd: Sektorspezifische Regulierung - Im Grenzgebiet zwischen Marktaufsicht und Marktgestaltung, WuW 2005, S. 6 ff.

Schenke, Wolf-Rüdiger: Verwaltungsprozessrecht, 10. Auflage, Heidelberg 2005.

Scherer, Joachim: Das neue Telekommunikationsgesetz, NJW 2004, S. 3001 ff.

Scherer, Joachim: Die Entwicklung des Telekommunikationsrechts in den Jahren 1996 und 1997, NJW 1998, S. 1607 ff.

Scherer, Joachim: Die Entwicklung des Telekommunikationsrechts in den Jahren 1998 und 1999, NJW 2000, S. 776 ff.

Scherer, Joachim: Die Umgestaltung des europäischen und deutschen Telekommunikationsrechts durch das EU-Richtlinienpaket - Teil I, K & R 2002, S. 273 ff.

Scherer, Joachim: Streitbeilegung und Rechtsschutz im künftigen TK-Recht - Gemeinschaftsrechtliche Vorgaben und Gestaltungsspielräume, MMR Beilage 2/2002, S. 23 ff.

Scherer, Joachim/Mögelin, Chris: Regulierung im Übergang - Zu den rechtlichen Grundlagen für die Tätigkeit der Regulierungsbehörde bis zum Abschluss von Marktdefinitions- und Marktanalyseverfahren, K & R Beilage 4/2004, S. 3 ff.

Scheurle, Klaus-Dieter/Mayen, Thomas: Telekommunikationsgesetz, 1. Auflage, München 2002.

Schlack, Ulrich: Preishöhenkontrolle bei Netzentgelten; Konkurrenzen im Rahmen der Missbrauchsaufsicht gem. § 19 GWB, ZNER 2001, S. 129 ff.

Schlette, Volker: Die Klagebefugnis - § 42 II VwGO, Jura 2004, S. 90 ff.

Schlichter, Otto: Schutznormtheorie und nachbarschützende Festsetzungen im Bebauungsplan, in: Erbguth, Wilfried [Hrsg.]: Planung, Festschrift für Werner Hoppe zum 70. Geburtstag, München 2000, S. 1031 ff.

Schmidt, Frank: Konsistenzgebot und Entgeltregulierung, MMR Beilage 1/2005, S. 15 ff.

Schmidt, Kurt: Entgeltregulierung für Telekommunikationsdienstleistungen, K & R 1999, S. 385 ff.

Schmidt, Rolf: Die Stellung des Konkurrenten im Verwaltungsprozess, JuS 1999, S. 1107 ff.

Schmidt-Bleibtreu, Bruno/Klein, Franz: Kommentar zum Grundgesetz, 10. Auflage, Neuwied, Kriftel 2004.

Schmitt-Glaeser, Walter/Horn, Hans-Detlev: Verwaltungsprozessrecht, 15. Auflage, Stuttgart 2000.

Schmittmann, Michael: Wettbewerbsrecht in deregulierten Kommunikationsmärkten, K & R 1998, S. 1 ff.

Schmitz, Peter: Inhalt und Gestaltung von Telekommunikationsverträgen, MMR 2001, S. 150 ff.

Schoch, Hansjochen: Nachbarschutz im öffentlichen Baurecht, Jura 2004, S. 317 ff.

Schoch, Friedrich/Schmidt-Aßmann, Eberhard/Pietzner, Rainer: Verwaltungsgerichtsordnung, München, Loseblatt.

Schroeder, Dirk: Telekommunikationsgesetz und GWB, WuW 1999, S. 14 ff.

Schulz, Christian/Werthmann, Christoph: Rechtsschutz und TK-Regulierung - Problemfelder und Lösungsansätze, MMR Beilage 2/2002, S. 38 ff.

Schuster, Fabian: Besonderer Netzzugang und Entgeltgenehmigung - „Dial & Benefit", MMR 2004, S. 473 ff.

Schuster, Fabian: EBC, Flatrate, T-DSL, TAL - quo vadis Entgeltregulierung, MMR 2001, S. 298 ff.

Schuster, Fabian: Grundsatzfragen des TK-Vertragsrechts, CR 2005, S. 730 ff.

Schütz, Raimund: Gerichtliche Kontrolle von Regulierungsentscheidungen; Auswirkungen auf die Märkte für Telekommunikation aus der Sicht der Wettbewerber, MMR Beilage 12/2002, S. 18 ff.

Schütz, Raimund: Kommunikationsrecht: Regulierung von Telekommunikation und elektronischen Medien, 1. Auflage, München 2005.

Schütz, Raimund: Referentenentwurf zum TKG – Weniger Wettbewerb, mehr Bürokratie?, MMR 2003, S. 518 ff.

Schütz, Raimund/Attendorn, Thorsten: Das neue Telekommunikationsrecht der Europäischen Union - Was muss Deutschland ändern?, MMR Beilage 4/2002, S. 3 ff.

Schütz, Raimund/Müller, Rolf-Georg: Entgeltregulierung in der Telekommunikation, MMR 1999, S. 128 ff.

Schütz, Raimund/Nüsken, Jan-Peter: Gebühr für Telekommunikationslizenz - Rechtswidrige Haushaltssanierung auf Kosten des Wettbewerbs?, MMR 1998, S. 523 ff.

Schütze, Marc: Endkundenentgeltregulierung in der Übergangsphase zum neuen TKG, CR 2004, S. 816 ff.

Schütze, Marc: Entgeltkontrolle bei Bereitstellung von TK-Vorleistungen, CR 2005, S. 332 ff.

Seibert, Max-Jürgen: Die Bindungswirkung von Verwaltungsakten, 1. Auflage, Baden-Baden 1989.

Sendler, Horst: Grundrecht auf Widerspruchsfreiheit der Rechtsordnung? - Eine Reise nach Absurdistan?, NJW 1998, S. 2875 ff.

Senger, Marion: Das Gebot der konsistenten Entgeltregulierung im Telekommunikationsrecht, N & R 2005, S. 138 ff.

Sodan, Helge/Ziekow, Jan: Grundkurs Öffentliches Recht: Staats- und Verwaltungsrecht, 2. Auflage, München 2007.

Spoerr, Wolfgang: Zusammenschaltung und offener Netzzugang, MMR 2000, S. 674 ff.

Spoerr, Wolfgang/Sellmann, Christian: Zugangsregulierung, Entgeltregulierung und Missbrauchsaufsicht vom TKG 1996 bis zum TKG 2004: Rückblick und Ausblick, N & R 2004, S. 98 ff.

Stamm, Barbara: Die Entgeltregulierung im Telekommunikationsgesetz, Berlin 2001.

Stegh, Ralph: Erfahrungen mit der gerichtlichen Kontrolle von Regulierungsentscheidungen - Die bisherige Praxis aus der Sicht der Verwaltungsgerichte, MMR Beilage 2/2002, S. 12 ff.

Stein, Ekkehart/Frank, Götz: Staatsrecht, 20. Auflage, Tübingen 2007.

Steinwärder, Philipp: Standardangebot für Zugangsleistungen – Ein neues Instrument zur Regulierung von Unternehmen mit beträchtlicher Marktmacht, MMR 2005, S. 84 ff.

Stelkens, Paul/Bonk, Heinz Joachim/Sachs, Michael: Verwaltungsverfahrensgesetz, 6. Auflage, München 2001.

Stober, Rolf: Telekommunikation zwischen öffentlich-rechtlicher Steuerung und privatwirtschaftlicher Verantwortung - Entwicklung und Regulierungsbedarf aus wirtschaftsverwaltungs- und verbraucherschutzrechtlicher Perspektive, DÖV 2004, S. 221 ff.

Stotz, Christian: Genehmigungspflicht für Endkundenentgelte, MMR 2004, S. 834 ff.

Streinz, Rudolf: Europarecht, 7. Auflage, Heidelberg 2005.

Tettinger, Peter J./Wahrendorf, Volker: Verwaltungsprozessrecht, 3. Auflage, Köln, Berlin, Bonn, München 2005.

Theobald, Christian: Aktuelle Entwicklungen des Infrastrukturrechts, NJW 2003, S. 324 ff.

Theobald, Christian/Hummel, Konrad: Entgeltregulierung in Netzwirtschaften, N & R 2004, S. 2 ff.

Thiel, Markus/Garcia-Scholz, Stephan: Die Eröffnung des Verwaltungsrechtswegs, JA 2001, S. 957 ff.

Thomas, Heinz/Putzo, Hans: Zivilprozessordnung: mit Gerichtsverfassungsgesetz, den Einführungsgesetzen und europarechtlichen Vorschriften, 27. Auflage, München 2005.

Thomaschki, Kathrin: Missbrauchsaufsicht und nachträgliche Entgeltkontrolle im TKG-E, K & R Beilage 1/2004, S. 21 ff.

Thomaschki, Kathrin: Referentenentwurf zum TKG - Auswirkungen auf die Praxis der Marktregulierung, MMR 2003, S. 500 ff.

Tränkle, Claudia: Die „essential-facilities"-Doktrin im europäischen Wettbewerbsrecht: eine rechtsvergleichende Untersuchung der „essential-facilities"-Doktrin im Rahmen der Rechtsprechung zu Art. 82 (ex-Art. 86) EGV und § 19 Abs. IV Nr. 4 GWB unter Berücksichtigung der Rechtsprechung zu Section 2 Sherman Act im US-amerikanischen Antitrustrecht, Tübingen 2001.

Trute, Hans-Heinrich: Das Telekommunikationsrecht - Eine Herausforderung für die Verwaltungsgerichte, in: Schmidt-Aßmann, Eberhard [Hrsg.]: Festgabe 50 Jahre Bundesverwaltungsgericht, München 2003, S. 857 ff.

Trute, Hans-Heinrich/Spoerr, Wolfgang/Bosch, Wolfgang: Telekommunikationsgesetz mit FTEG, 1. Auflage, Berlin, New York 2001.

Tschentscher, Axel: Der privatrechtsgestaltende Verwaltungsakt als Koordinationsinstrument zwischen öffentlichem Recht und Privatrecht, DVBl. 2003, S. 1424 ff.

Tschentscher, Thomas/Neumann, Holger: Das telekommunikationsrechtliche Entgeltregulierungsverfahren - Verfahrensfragen, Missbrauchsaufsicht, Entbündelung, BB 1997, S. 2437 ff.

Ule, Carl Hermann/Laubinger, Hans-Werner: Verwaltungsverfahrensrecht, 4. Auflage, Köln, Berlin, Bonn, München 1995.

Umbach, Dieter C.: Grundgesetz, Mitarbeiterkommentar und Handbuch, 1. Auflage, Heidelberg 2002.

Unberath, Hannes: Die richtlinienkonforme Auslegung am Beispiel der Kaufrechtsrichtlinie, ZEuP 2005, S. 5 ff.

Vogelsang, Ingo: Behandlung von Optionstarifen im Rahmen der Price-Cap-Regulierung, MMR 2000, S. 731 ff.

Vogenauer, Stephan: Zur richtlinienkonformen Auslegung nationalen Rechts, ZEuP 1997, S. 159 ff.

Wagner, Gerhard: Öffentlich-rechtliche Genehmigung und zivilrechtliche Rechtswidrigkeit, Köln, Berlin, Bonn, München 1989.

Wank, Rolf: Die Auslegung von Gesetzen, 3. Auflage, Köln, Berlin, München 2005.

Wegmann, Winfried: Europa- und verfassungsrechtliche Anmerkungen zum Regierungs- und Referentenentwurf für ein neues TKG, K & R Beilage 1/2004, S. 25 ff.

Wegmann, Winfried: Multipolare Marktzugangskonflikte im Telekommunikationsrecht - Zum Drittschutz bei der Lizensierung von Telekommunikationsunternehmen, DVBl. 2002, S. 1446 ff.

Weißhaar, Volker/Koenig, Michael: Anspruch auf Netzzugang und -zusammenschaltung im Lichte des EU-Rechts, MMR 1998, S. 475 ff.

Wertenbruch, Wilhelm: Zum privatrechtsgestaltenden Verwaltungsakt, in: Schmidt, Rudolf/Seidl, Erwin [Hrsg.]: Aktuelle Fragen aus modernem Recht und Rechtsgeschichte, Gedächtnisschrift für Rudolf Schmidt, Berlin 1966.

Wichert-Nick, Dorothea von: Missbrauchsaufsicht im lokalen TK-Markt - von der sektorspezifischen Regulierung zum allgemeinen Wettbewerbsrecht, MMR 1999, S. 711 ff.

Wiedemann, Gerhard: Handbuch des Kartellrechts, 1. Auflage, München 1999.

Wiesche, Jens Schulze zur: Anmerkung zum Urteil des OLG Düsseldorf: Zulässigkeit von Kartellrechtsklagen im TK-Bereich, MMR 2004, S. 249 ff.

Wissmann, Martin/Klümper, Mathias: Effizienter Rechtsschutz und Rechtsweg im künftigen Kommunikationsrecht - Deregulierung durch Stärkung des Kartellrechts erfordert auch eine Anpassung des Rechtswegs, K & R 2003, S. 52 ff.

Wissmann, Martin/Kreitlow, Torsten: Der EU-Telekommunikationssektor - Entwicklungen im Jahre 2003/2004, EWS 2004, S. 247 ff.

Wolff, Hans-Julius/Bachof, Otto/Stober, Rolf: Verwaltungsrecht, Band 1, 11. Auflage, München 1999.

Zacharias, Diana: Rücknahme und Widerruf von Vertragsgenehmigungen, NVwZ 2002, S. 1306 ff.

Zagouras, Georgius: Konvergenz und Kartellrecht: die Regulierung des Wettbewerbs im Bereich der Medien und Kommunikationsplattformen nach GWB, TKG und RStV sowie Optionen für eine Umstrukturierung, München 2002.

Zeiss, Walter/Schreiber, Klaus: Zivilprozessrecht, 10. Auflage, Tübingen 2003.

Zerres, Achim: Erfahrungen mit der gerichtlichen Kontrolle von Regulierungsentscheidungen – Die bisherige Praxis aus Sicht der Regulierungsbehörde für Telekommunikation und Post, MMR Beilage 2/2002, S. 8 ff.

Zippelius, Reinhold/Würtenberger, Thomas: Deutsches Staatsrecht, ein Studienbuch, 31. Auflage, München 2005.

Zöller, Richard: Zivilprozessordnung mit Gerichtsverfassungsgesetz und den Einführungsgesetzen, mit Internationalem Zivilprozessrecht, EG-Verordnungen, Kostenanmerkungen, 25. Auflage, Köln 2005.

Zwach, Ulrich: Gerichtliche Kontrolle von Regulierungsentscheidungen - Auswirkungen auf die Märkte der Telekommunikation aus Sicht der Deutschen Telekom, MMR Beilage 2/2002, S. 15 ff.

Zwach, Ulrich: Zum Regierungsentwurf eines neuen Telekommunikationsgesetzes, Telekommunikations- und Medienrecht-Tagungsband 2004, S. 9 ff.

Peter Lang · Internationaler Verlag der Wissenschaften

Daniel Hofmann

Die telekommunikationsrechtliche Entgeltregulierung als Form der sektorspezifischen Preismissbrauchsaufsicht

Wirksamkeit und Grenzen

Frankfurt am Main, Berlin, Bern, Bruxelles, New York, Oxford, Wien, 2007.
439 S.
Europäische Hochschulschriften: Reihe 2, Rechtswissenschaft. Bd. 4505
ISBN 978-3-631-55888-1 · br. € 68.50*

Der Preis ist einer der zentralen Wettbewerbsparameter. Daher stellt die Kontrolle der Preise in einer wettbewerblich orientierten Marktwirtschaft einen Fremdkörper dar, der besonderer Rechtfertigung bedarf. Der Kern der Arbeit – die größtenteils noch vor Inkrafttreten des TKG-2004 entstanden ist – besteht aus einer umfassenden Gegenüberstellung der telekommunikationsrechtlichen Entgeltregulierung und der allgemeinen kartellrechtlichen Preismissbrauchsaufsicht. Ausgehend von dieser Gegenüberstellung wird die Leistungsfähigkeit und die Rechtfertigung der Entgeltregulierung untersucht. Sodann werden Ansätze zur Deregulierung dargestellt und mit dem neuen Regulierungsregime des TKG-2004 verglichen.

Aus dem Inhalt: Entwicklung und Anwendungsbereich der Entgeltregulierung · Die Entgeltregulierung als Form der Preismissbrauchsaufsicht · Die Verfahren der Entgeltregulierung · Wirksamkeit und Grenzen der Regulierung und Ansätze zur Deregulierung · Das TKG-2004 als weiterer Schritt in Richtung Deregulierung